★ AUSGEWÄHLTE ★ WESTERNHENGSTE

Appaloosa ★ Quarter Horse ★ Paint Horse

Das Jahrbuch der europäischen Zucht

IMPRESSUM

Herausgeber

FORUM Zeitschriften & Spezialmedien GmbH
Geschäftsführerin: Rosina Jennissen
Mandichostraße 18
D-86504 Merching
Tel. +49 (0)8233/381 361
Fax +49 (0)8233/381 212
service@forum-zeitschriften.de
www.forum-zeitschriften.de

Objektleitung

Sabine Wiencirz

Mitwirkende

Dr. Sabine Anders, Ramona Billing (Hengstpoträts), Marlen Blaube, Jorinde Buck, Dr. Hedi Dessureault,
Christine Hartmann, Christina Hubmann, Regina Käsmayr, Jessica Kaup, Sabine Konhäuser,
Daniela Lindner, Birgit Meinl, Burkhard Müller, Petra Roth-Leckebusch, Carola Steen

Englische Übersetzung

Dr. Sabine Anders, Ramona Billing, Frigga Kaufmann

Layout, Satz

Engel & Wachs
Mediengestaltung im Quartier 22
Provinostraße 22
D-86153 Augsburg
Tel. +49 (0)821/24647 0
Fax +49 (0)821/24647 80
info@engel-wachs.de
www.engel-wachs.de

Druck

KESSLER Druck + Medien GmbH & Co. KG
Michael-Schäffer-Straße 1
D-86399 Bobingen
Tel.: +49 (0)8234/9619 27
Fax.: +49 (0)8234/9619 33
info@kesslerdruck.de
www.kesslerdruck.de

Umschlagfotos

©Horses In Media/K.J. Guni, www.horsesinmedia.de (Paint Horse),
©K.J. Guni, www.kjguni.de (Appaloosa),
©Natalie Veekmans, www.veekmans.be (American Quarter Horse)

1. Ausgabe 2010

ISBN: 978-3-9813704-0-9

EDITORIAL

Liebe Leserinnen und Leser,

Sie halten gerade die erste Ausgabe des einzigartigen Nachschlagewerks „Ausgewählte Westernhengste" in Händen. Gehen Sie auf Schatzsuche und entdecken Sie eine echte Perle, einen Hengst, der ganz individuell zu Ihrer Stute passt. Oder lassen Sie sich einfach von den tollen Hengsten verzaubern.

Die erste Ausgabe, das war eine Idee, vielmehr eine Vision, geboren aus dem seit 20 Jahren bestehenden Zuchtklassiker der Warmblutszene „Ausgewählte Hengste Deutschlands" von Bernd Eylers.

Die erste Ausgabe, das sind Recherchen, Überlegungen, Gespräche und eine Achterbahnfahrt der Gefühle: Schaffen wir es oder nicht? Vielen Dank allen, die uns hier mit Meinungen, Tipps, Hintergrundwissen, Erfahrungen aber auch nötiger Skepsis begleitet und unterstützt haben.

Die erste Ausgabe, das ist ein Wettlauf gegen die Zeit, denn wir hatten ein Ziel – die Americana. Vielen Dank an alle fleißigen Hände: von der Grafik über den Verkauf bis hin zu den Redakteuren, Fotografen und auch dem Team im Verlag selbst.

Die erste Ausgabe, das sind aber auch 100 Hengstportraits – vom Topvererber über den Spitzensportler bis hin zum Nachwuchsstar mit vielen Bildern, Fakten, Wissenswertem. Vielen Dank an alle Hengstbesitzer, die das Vertrauen in dieses Erstlingswerk, unsere Kompetenz und unsere Erfahrung mit dem Pendant im Warmblutbereich „Ausgewählte Hengste Deutschlands" hatten.

Die erste Ausgabe, das ist Zuchtfeeling pur mit über 50 Seiten Fachartikeln über Hengstlegenden, Züchterpersönlichkeiten und Zuchtwissen. Vielen Dank an alle Beteiligten, die mit ihrem Wissen und ihren Erzählungen das Know-How lieferten.

Die erste Ausgabe, das ist aber noch mehr: Es ist ein alle drei Westernpferderassen – American Quarter Horse, American Paint Horse und Appaloosa – einschließendes Buch, dass dem in Europa vergleichsweise jungen, aber mehr als aufstrebenden Sport seinen Respekt zollen, ja ihn würdigen möchte – über alle Verbände, Rassen und Disziplinen hinweg. Auch hier vielen Dank für jegliche Unterstützung.

Liebe Leserinnen und Leser, Sie sehen: Die erste Ausgabe von „Ausgewählte Westernhengste" ist das Werk vieler Hände. Ich bin stolz, dass wir es jetzt in Händen halten können. Ihnen wünsche ich nun schöne Stunden beim Lesen und Stöbern und hoffe, dass Sie auch noch nach Jahren immer mal wieder in dieser ersten Ausgabe blättern werden und sich, wie ich, schon auf die nächste Ausgabe in zwei Jahren freuen.

Ihre
Sabine Wiencirz, Objektleitung

INHALTSVERZEICHNIS

Hengstgeschichten

Züchterpersönlichkeiten

Zuchtwissen

Inserenten

www.westernhengste.de

ERLÄUTERUNGEN

Ausgewählte Hengste: Jahrbuch, das 100 ausgewählte Hengste der Westernpferderassen vorstellt. Neben bekannten Vererbern wurden auch vielversprechende Nachwuchshengste aller Disziplinen aufgenommen.

Titel: Neben dem Namen des Pferdes befindet sich der Spitzname, darunter die Rasse, Lebensnummer, Farbe, Geburtsjahr und Stockmaß.

Rasseschlüssel: AQHA = American Quarter Horse, APHA = American Paint Horse, ApHC = Appaloosa, TB = Vollblut

Doppelregistrierung bei AQHA/APHA: Ursprünglich registrierte die AQHA keine Pferde, deren weiße Abzeichen über ein bestimmtes Maß hinausgingen (auch wenn sie aus reinen Quarter Horse Eltern kamen). Das hat sich vor einigen Jahren geändert. Eine AQHA Registrierung ist jetzt möglich, wenn beide Eltern reinrassige Quarter Horses sind.

Lebensnummer: Jeder der drei Rasseverbände in den USA vergibt für jedes Fohlen eine Lebensnummer. So wird z.B. jedes American Quarter Horse weltweit direkt in den USA bei der AQHA registriert. Die Nummer beweist die Anerkennung durch den Verband und damit die Reinrassigkeit.

Farben: Bay = Braun, Brown = Schwarzbraun, Chestnut = Kohlfuchs oder Dunkelfuchs, Dun = Falbe (mit Aalstrich), Palomino = Fuchs mit weißem Langhaar, Sorrel = Fuchs, Black = Rappe, Buckskin = Falbe ohne Aalstrich, Blue/Red Roan = Blau-/Rotschimmel Tobiano/Overo= Scheckzeichnungen

Deckeinsatz: FS = Frischsperma, KS = Kühlsperma, NS = Natursprung, TG = Tiefgefriersperma

Gentest

Mit Gentests können Erbkrankheiten und Fellfarbanlagen erkannt werden (durch DNA-Test anhand von Blutprobe oder Mähnen- oder Schweifhaaren). Westernpferde werden hauptsächlich auf HYPP, HERDA, OLWS, PSSM Typ 1 und GBED getestet.

HYPP: (Hyperkalemische Periodische Paralyse) Stoffwechselerkrankung, die auf den großen Vererber Impressive zurückgeht. Eine Funktionsstörung der Na+-Kanäle der Muskelzellen führt zu Muskelkrämpfen bis hin zum Kollaps. Einzel- und Doppelgenträger sind betroffen. Bedingter Sporteinsatz möglich.

HERDA: (Hereditary Equine Regional Dermal Asthenia) Bindegewebeschwäche. Die Haut, besonders am Rücken, ist extrem empfindlich und reißt, die Pferde sind unreitbar. Nur Doppelgenträger entwickeln Symptome, werden aber meist symptomfrei geboren.

OLWS: (Overo Lethal White Syndrom) Das Gen bewirkt eine Störung der Neuralleistenzellen, die Darmfunktion ist beeinträchtigt. Die weißgeborenen Fohlen sterben wenige Tage nach der Geburt. OLWS betrifft nur Doppelgenträger für die Frame Overo Scheckung; Einzelgenträger sind gesunde Frame Overo Schecken.

PSSM Typ 1: (Polysaccharide Storage Myopathy) Muskelerkrankung mit einer Störung im Kohlenhydrat-Stoffwechsel (Glucogen-Speicher-Störung) mit kreuzverschlagähnlichen Symptomen. PSSM lässt sich durch Bewegung und Fütterung (wenig Stärke und Glukose, mehr Fett) gut managen.

GBED: (Glycogen Branching Enzyme Deficiency) Störung des Glykogen-Stoffwechsels bei Doppelgenträgern, die zu Trächtigkeitsverlust, Totgeburt und Geburt lebensschwacher Fohlen mit frühem Tod führt.

Der **DNA-Test** zeigt, ob ein Pferd heterozygot oder homozygot veranlagt ist. Erhält der Hengst eine negative Auswertung eines Tests (zwei gesunde Genvarianten), wird dies durch den Zusatz n/n vermerkt. Sind die Eltern bereits n/n getestet, erübrigt sich eine Untersuchung beim Fohlen. Pferde, die positiv auf dominante Gendefekte getestet wurden (HYPP, PSSM) werden nicht zur Zucht eingesetzt.

Körung: Bei der Körung werden für jeden Hengst Noten für Typ, Gebäude, Gliedmaßen/Hufe, Gangkorrektheit und -qualität vergeben, aus dem Durchschnitt ergibt sich die Gesamtnote. Das Prädikat ‚gekört' wird vergeben ab der Note 7,0 oder besser. In den USA gibt es keine Körung. In Deutschland bieten die DQHA, PHCG und ApHCG Körungen an. Durch Leistungsprüfungen kann ein Hengst das Prädikat ‚leistungsgeprüft' erhalten.

Eigenleistung: Show Record, i.e. Gewinnsumme (Lifetime Earnings/LTE), Siege und Platzierungen

Leistung Nachkommen: Gewinnsumme und Erfolge der Nachkommen

Einbezahlung: Häufig nicht angegeben, da sich die Einzahlung jährlich ändern kann und die Angaben schnell ihre Gültigkeit verlieren.

Textgestaltung

Inhalt: Stand ist Juni 2010. Erfolge und Titel dürfen nur als Momentaufnahme des Leistungsvermögens verstanden werden.

Stammbaum: Im Vier-Generationen-Pedigree stehen die Eltern des Hengstes untereinander – der Vater oben, die Mutter unten.

Fett markiert: Diese Hengste gehen mehrfach auf einen Vorfahren zurück. Dabei wurden nur die dargestellten Generationen berücksichtigt.

() in rot = Sind die Vorfahren vom Paint oder Appaloosa ein Quarter Horse oder ein Thoroughbred (Vollblüter), wurde dies markiert. (QH) = Quarter Horse, (TB) = Thoroughbred (Vollblut)

Weitere Informationen: Alle Daten beruhen auf Angaben der Besitzer. Ihre Richtigkeit wurde, soweit möglich, überprüft, aber eine Gewähr wird nicht übernommen.

Fotografen: Für evtl. Fehler bitten wir um Entschuldigung. Die Bilder der Hengstportraits wurden uns von den Hengsthaltern gestellt, bei Unklarheiten setzen Sie sich bitte mit diesen in Verbindung.

ABKÜRZUNGEN

All Around Champion: ein Pferd, das in wenigstens 3 AQHA Disziplinen einer Division (Open, Amateur oder Youth) geht

Amateur: Reiter, der in den letzten 5 Jahren kein fremdes Pferd vorgestellt oder gegen Geld trainiert bzw. Reitunterricht gegeben hat. Amateure dürfen nur eigene Pferde oder die eines nahen Verwandten vorstellen.

APHA: American Paint Horse Association

ApHC: Appaloosa Horse Club

ApHCG: Appaloosa Horse Club Germany

Approved: anerkannt, z.B. ein Turnier, das von der AQHA anerkannt ist und in dessen Klassen dadurch Punkte errungen werden können. Die Ergebnisse werden registriert.

AQHA: American Quarter Horse Association

AQHA Champion: Auszeichnung für mindestens 35 Punkte auf 5 oder mehr Turnieren (je mindestens 15 Punkte in Halter und in Performance, in den Reitklassen in 2 Disziplinen wenigstens 5 Punkte)

Bit: Gebiss, bei Reining einhändig auf Kandare geritten

Champion of Champions: der beste Absetzer (Weanling) eines Jahrgangs auf der Futurity

CoA: Certificate of Achievement (Auszeichnung der NCHA für besondere Leistungen)

Conformation: Gebäude, Exterieur

Cowsense: die Fähigkeit des Pferdes, selbstständig auf Kühe zu reagieren bzw. ihre Bewegungen vorwegzunehmen

Crop Out: geschecktes Fohlen aus zwei reinblütigen Quarter Horses

DQHA: Deutsche Quarter Horse Association

EWU: Erste Westernreiter Union Deutschlands

FEI: Weltreiterverband; seit 2000 ist Reining offizielle FEI Disziplin

Foundation gezogen: auf die sogenannten Foundation Sires (Gründerhengste) zurückgehend

Futurity: Nachwuchschampionat; Alter variiert (z.B. NRHA Futurity USA 3-jährig, NRHA Germany 3- und 4-jährig)

Go-Round: Vorlauf

Grand Champion: bestes Pferd aller Halter Klassen einer Show

Hall of Fame: Ruhmeshalle

Halter: Disziplin, bei der die Pferde schön herausgebracht an der Hand vorgestellt werden, unterteilt nach Alter und Geschlecht, Kriterien sind Balance, korrekte Stellung, Bemuskelung und Typ

Highpoint Horse: bestes Pferd (Open) oder beste Pferd-Reiter-Kombination (Youth /Amateur) (alle Punkte eines Jahres)

Incentive Fund: Programm der AQHA, in das ein Hengst und seine Nachkommen einbezahlt werden. Die Besitzer und Züchter erhalten jährlich Geld für jeden Punkt des Nachkommens.

Leading Sire: führender Vererber

LTE: Lifetime Earnings, Gewinnsumme eines Pferdes (Angabe pro Verband)

Maturity: Wettbewerb für ältere Pferde

NCHA: National Cutting Horse Association

NRCHA: National Reined Cowhorse Association

NRHA: National Reining Horse Associaton

NRHA World Champion: gewinnreichstes Pferd einer Turniersaison (nach NRHA Preisgeldern)

NSBA: National Snaffle Bit Association

Performance-Klassen: Reitklassen im Unterschied zu Halter-Klassen

Points: Punkte, die ein Pferd auf AQHA Shows erreichen kann. Die Vergabe richtet sich nach der Teilnehmerzahl, d.h. je mehr Pferde in einer Prüfung starten, desto mehr Punkte bekommen die Erstplatzierten (siehe Tabelle im Regelbuch).

Register of Merit (ROM): Auszeichnung für Pferde, die in einer Disziplin eine bestimmte Anzahl an Punkten gewonnen haben

SBH: Snaffle Bit Hackamore (Reining); Pferde werden beidhändig mit Trense oder Bosal vorgestellt (bei NRHA Breeders Futurity nur 3-jährige)

Score: Bewertung, Punktezahl für einen Ritt

Superior: Auszeichnung für ein Pferd bzw. für eine Pferd-Reiter-Kombination (Amateur, Youth), die in einer Disziplin mindestens 50 Punkte errungen hat.

Supreme Champion: Auszeichnung gemäß Regelbuch

Youth Class: Prüfung für Jugendliche bis 18 Jahre (bzw. bis 14)

UT Millhouse, black, white with spots over entire body

Jury Duty, white with spots

UTC Maggie Royal Te, chestnut or sorrel, white with spots over entire body

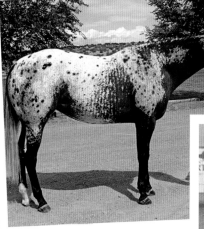

bay, white with spots over entire body

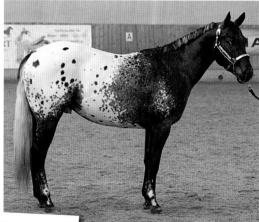

chestnut, white over hips

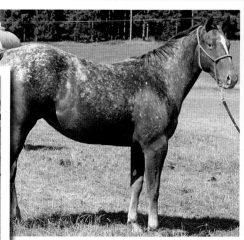

red roan

dun, white over hips, UT Bun Bun Brother

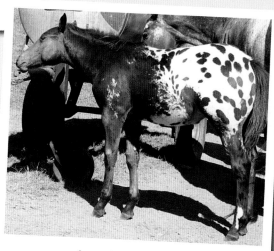

bay, white with spots over body and hips

Liebe Freunde der Westernpferde,

als Präsident des Appaloosa Horse Club Germany möchte ich meine Freude darüber ausdrücken, dass mit diesem Nachschlagewerk nun ein Buch vorliegt, in dem Wissenswertes über zahlreiche Hengste aus verschiedenen Westernpferderassen zu lesen ist.

Bis heute gibt es mehr als 670.000 eingetragene Appaloosas. Durch ihre Wurzeln in der Zucht der Nez Percé Indianer ist der Appaloosa die älteste der amerikanischen Pferderassen. Umso mehr freut es mich, dass dieses Buch unserer wunderbaren farbigen Rasse die Bedeutung zukommen lässt, die sie verdient.

Eine Anschaffung, die sich für jeden lohnt, der mehr wissen will.

Mit freundlichen Grüßen,
Uwe Tolksdorf
1. Vorsitzender ApHCG

© ApHCG

dun, white over hips,
UT Bun Bun Brother

dark bay or brown,
white with spots over hips

chestnut, white over
loin and hips

UTC Maggie Royal Te, chestnut or sorrel,
white with spots over entire body

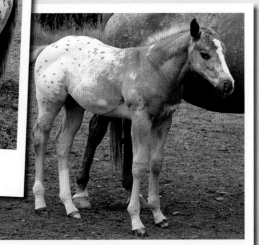

UT Lady Road Runner, chestnut or sorrel,
white with spots over entire body

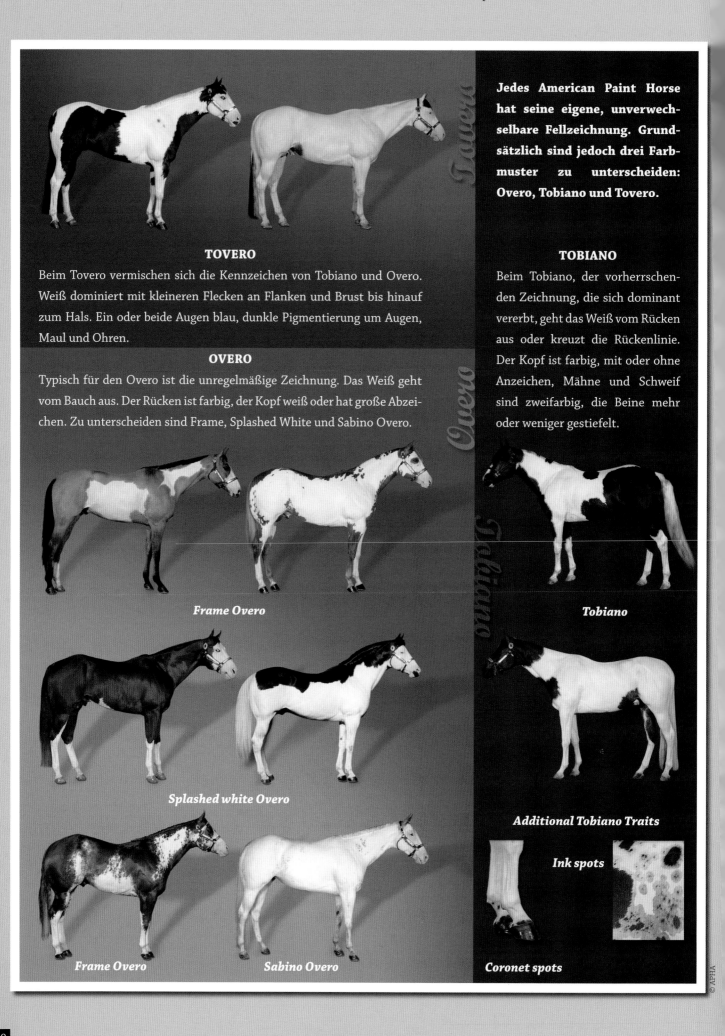

Jedes American Paint Horse hat seine eigene, unverwechselbare Fellzeichnung. Grundsätzlich sind jedoch drei Farbmuster zu unterscheiden: Overo, Tobiano und Tovero.

TOVERO

Beim Tovero vermischen sich die Kennzeichen von Tobiano und Overo. Weiß dominiert mit kleineren Flecken an Flanken und Brust bis hinauf zum Hals. Ein oder beide Augen blau, dunkle Pigmentierung um Augen, Maul und Ohren.

OVERO

Typisch für den Overo ist die unregelmäßige Zeichnung. Das Weiß geht vom Bauch aus. Der Rücken ist farbig, der Kopf weiß oder hat große Abzeichen. Zu unterscheiden sind Frame, Splashed White und Sabino Overo.

TOBIANO

Beim Tobiano, der vorherrschenden Zeichnung, die sich dominant vererbt, geht das Weiß vom Rücken aus oder kreuzt die Rückenlinie. Der Kopf ist farbig, mit oder ohne Anzeichen, Mähne und Schweif sind zweifarbig, die Beine mehr oder weniger gestiefelt.

Frame Overo

Tobiano

Splashed white Overo

Additional Tobiano Traits

Ink spots

Frame Overo

Sabino Overo

Coronet spots

10

© APHA

Liebe Leser/innen,

Pünktlich zur Americana erscheint das Buch „Ausgewählte Westernhengste". Während sich bisherige Nachschlagewerke meist auf eine Rasse konzentrierten, rückt diese innovative Idee des Forum Verlags ausgewählte Westernhengste aller wichtigen Breeds in den Blickpunkt der Züchter.

In den USA avancierte die APHA schon vor Jahren zu Amerikas schnellstwachsendem Pferdeverband. Paint Horses stellen mittlerweile nach dem Quarter Horse die zweitgrößte Pferdezucht der Welt dar. Deshalb ist der Paint Horse Club Germany e.V. (PHCG) stolz darauf, diese wunderschöne Rasse in Deutschland und Europa zu fördern und bekannt zu machen. Auch unter diesem Gesichtspunkt können wir Ihnen die Lektüre des Buches nur empfehlen.

Mit freundlichen Grüßen
Monika Hagen
1. Vorsitzende PHCG

Cutting

Reining

Pleasure

Western Riding

Trail

Showmanship

Long Line

Hunter Hack

Hunter Under Saddle

Englisch

Working Cowhorse

Halter

Horsemanship

DEUTSCHE QUARTER HQRSE ASSOCIATION

Liebe Freunde des Westernreitsports,

das Buch „Ausgewählte Hengste Deutsch-lands" genießt seit Jahren große Beach-tung in der deutschen Pferdezuchtszene. Es freut mich außerordentlich, dass es einen solch edel aufgemachten Band nun unter dem Titel „Ausgewählte Western-hengste" auch für den Westernreitsport gibt. Wieder ein Indiz dafür, dass der stetig wachsende Westernsektor immer größere Bedeutung und Anerkennung erlangt und zunehmend an Professionalität gewinnt. Während unser eigener Hengstkatalog im DQHA-Jahrbuch einen hervorragenden Überblick über die wichtigsten Hengste der Rasse American Quarter Horse gibt, schließt dieses Werk auch Paint Horses und Appaloosas mit ein und ist damit in meinen Augen keine Konkurrenz, son-dern eine schöne Ergänzung.

Die Deutsche Quarter Horse Association feiert in diesem Jahr ihren 35. Geburts-tag und ist damit der älteste anerkannte Westernzuchtverband in Europa. Das bringt Einfluss und Verantwortung mit sich. Meine Intention ist dabei stets, über Vereins- und Rassegrenzen hinweg miteinander zusammenzuarbeiten und so die gemeinsame Sache voranzubringen. Ich wünsche mir, dass dieses Buch dazu einen Beitrag leisten kann.

Alles Gute für Sie und Ihre Pferde.

Ihr
Hans-Jürgen Förster
1. Vorsitzender der Deutschen Quarter Horse Association

★ HENGSTPORTRAITS ★

Besitzer: Appaloosa & Quarter Horse Ranch
Simone Neudecker
Ringstr. 16
D-53506 Heckebach-Cassel
Tel. +49 (0)2655-2773
uwe.tolksdorf@t-online.de
www.appaloosa-tolksdorf.de

Station: beim Besitzer
Züchter: Martin Adam Boon, Neukirchen-Vluyn, Deutschland
Deckeinsatz: NS
Gentest: HYPP n/n, HERDA n/n, OLWS n/n, PSSM n/n, GBED n/n
Körung: ApHC 2009, Aachen, 7,42 - 2. Platz

Eigenleistung:
ApHCG Deutscher Meister Senior Reining
ApHCG Maturity Champion Reining
ApHCG ROM Reining & Working Cowhorse

Leistung Nachkommen:
UT Docs Quixote: ApHCG Europameister Junior Reining
Twinkolena: International Highpoint
UT Golden Clark: ApHCG European Hackamore Snafflebit Reining

privat

Die Vorfahren: A Clark Olena ist dreifach **Doc Bar** gezogen. Er führt damit viel herausragendes American Quarter Horse Blut, andererseits aber auch beste Appaloosa Foundation Linien. Der Vater **A Doc Olena** ist ein Vollbruder zu dem legendären PCCHA Cutting Champion und Appaloosa Hall of Famer **Ima Doc O'Lena,** der wiederum ein Sohn des großen **Doc Olena** ist. Doc O'Lena schuf eine wahre Dynastie von Cuttingpferden und ist wie seine beiden Eltern in der AQHA Hall of Fame.

Auch A Clark Olenas Mutter **Ima Lucy Olena** wurde erfolgreich im Cutting geshowt und war u. a. ApHC Breeders Futurity Champion Cutting. Die Stute ist eine Tochter des zuvor bereits erwähnten Ima Doc O'Lena aus der **Clarkaloosa,** die über ihren Vater **Clarks Doc Bar** wiederum auf Doc Bar zurückgeht.

Der Hengst: A Clark Olena Clark hat 18,5 ApHC Show Punkte in Reining und weitere 13,5 in Working Cowhorse errungen. Er war bereits für die ApHC World Show qualifiziert in Junior Reining und Working Cowhorse. Der athletische Hengst war u. a. ApHCG Deutscher Meister Senior Reining, Maturity Champion Reining, ApHCG Vize-Europameister Senior Reining und Reserve Champion beim Appaloosa Congress in Österreich. A Clark Olena hat sein ROM Reining & Working Cowhorse, war mehrfach ApHCG Highpoint Horse Reining und International Highpoint Reining.

Die Nachkommen: Auch als Vererber machte dieser Ausnahme-Appaloosa bereits von sich reden. Sein Reining-Talent, seine Ruhe und seinen gutmütigen Charakter gibt er auch an seine Fohlen weiter. Viele seiner Nachkommen sind Fohlenschausieger, sowie Europameister oder Futurity Res. Champion. Zu den erfolgreichsten ‚A Clark Olenas' gehören **UT Docs Quixote,** der Europameister Junior Reining und Maturity Champion wurde, **Twinkolena** (International Highpoint), **UT Golden Clark** (ApHCG Vize-Europameister Jr. Reining, Futurity Reining, Hackamore Snafflebit Reining, International Highpoint Horse) und **Top Gun BH,** der unter seiner jungen Reiterin mehrfacher ApHCG Europameister in mehreren Disziplinen wurde. Die über 60 Nachkommen von A Clark Olena sind alle bunt.

A Doc O'Lena	**Doc O'Lena** (QH)	**Doc Bar** (QH)	Lightning Bar (QH) / Dandy Doll (QH)
		Poco Lena (QH)	Poco Bueno (QH) / Sheilwin (QH)
	Wa Jos Freckles	**Wa-Jo-Re**	Wapiti / Jokers Miss Reed
		My Happiness	Comanches Freckles / That's My Lady
Ima Lucy Olena	Ima Doc O'Lena	**Doc O'Lena** (QH)	**Doc Bar** (QH) / **Poco Lena** (QH)
		Wa Jos Freckles	**Wa-Jo-Re** / **My Happiness**
	Clarkaloosa	Clarks Doc Bar (QH)	**Doc Bar** (QH) / Nevada Starlet (QH)
		Beau Missy	Beau Cheno / Buttons Double Miss

Tristan Dark

Besitzer: Karin und Ruggero Prevedel, Italien
Station: KPR Quarter Horses
Via Napoleone Aprilis, 59/A
I-33080 San Quirino PN
Tel./Fax +39 (0)434-962048
Züchter: Rod Jeffries, Shannonville, Ontario, Kanada
Deckeinsatz: –
Gentest: –
Körung: –

Eigenleistung: 1999 AIQH Futurity Champion Western Pleasure Open

Leistung Nachkommen: Cindyfied Asset: World Show Qualifier; **A New Intrigo:** mehrfach AQHA Highpoint, Europ. Champion Western Pleasure; **Pep Cool Topolina:** World Show Qualifier; **Sterling Perspective:** mehrfach Highpoint Western Pleasure; **A New Choco:** Int. Highp. u. Europ. Champion

Die Vorfahren: Der Vater von **A New Perspective**, **Hot Pretense**, ist ein Sohn des legendären NSBA Hall of Famers **Hotrodders Jet Set**, der mehrere World und Reserve Champions sowie Congress Champions brachte, aus einer Tochter von **Docs Jack Frost**. Hot Pretense war 1994 Canadian National Super Horse und brachte es in nur acht Events auf 91.5 AQHA Punkte. Seine Nachkommen haben bereits über $ 70.000 in NSBA und AQHA Events gewonnen. Die Mutter **Zippos Classy Two** ist eine direkte Tochter des großen **Zippo Pine Bar**, also des führenden Western Pleasure Vererbers überhaupt.

Der Hengst: A New Perspective ist ein beeindruckender, großrahmiger und eleganter Hengst mit überdurchschnittlichen Bewegungen und bestem Charakter. Er gewann 1999 die Italienische Western Pleasure Futurity Open, konnte danach jedoch aufgrund einer Verletzung nie wieder geshowt werden. Dafür überzeugte er schon bald als herausragender Vererber. So war er 2007 und 2008 NSBA Leading Sire mit einer Gewinnsumme von über $ 15.000 und führt die Vererberliste der europäischen Celebration an.

Die Nachkommen: A New Perspective hat eine Vielzahl von hochkarätigen Western Pleasure und Hunter Pferden hervorgebracht, die sich auf internationalem Parkett bewährt haben. Seine Nachkommen haben seine Ruhe und Ausgeglichenheit, seine Ausstrahlung und Schönheit und verfügen über hervorragende Grundgangarten. Zu seinen besten Nachkommen zählen zum Beispiel **Simply Perfected** (2007 AQHA European Champion und Pleasure Celebration Champion) und **A New Intrigo** (zweifacher AIQH Futurity Champion, mehrfacher European Champion, Italienischer Champion und Highpoint Horse).

Hot Pretense
├─ Hotrodders Jet Set
│ ├─ Docs Hotrodder
│ │ ├─ Doc Bar / Jameen Tivio
│ │ └─ Majors Jet / Bay Clique
│ └─ Miss Clique
└─ Red Hot Momma
   ├─ Docs Jack Frost
   │ ├─ Doc Bar / Chantella
   │ └─ Orphan Drift / Poco Chileta
   └─ Leta Drift

Zippos Classy Two
├─ Zippo Pine Bar
│ ├─ Zippo Pat Bars
│ │ ├─ Three Bars / Leo Pat
│ │ └─ Poco Pine / Hobo Sue
│ └─ Dollie Pine
└─ Majors Classilassi
   ├─ Frosted Major
   │ ├─ Major Bonanza / Frostys Sparky
   │ └─ Gold Bar Lahekin / Be Rusty Kitten
   └─ Be Skipper Sue

A SMOKIN LITTLE GUN »SPOOKY«

AQHA 4947646/ APHA 909763 · Sorrel Overo · 2007 · 144 cm

Simone Haschke

Besitzer: Karin Meyer-Reike
Börsenplatz 4
D-29227 Celle
Tel. +49 (0)176-32015606
info@asmokinlittlegun.de
www.asmokinlittlegun.de

Station: Pferdecenter-Großmoor
Amselweg 34
D-29352 Adelheidsdorf / Großmoor

Züchter: Danny u. Leanne Wilson, Hamilton, Texas, USA

Deckeinsatz: FS, NS (begrenzt)

Gentest: HERDA n/h, GBED n/n, HYPP n/n, OLWS n/n

Körung: –

Eigenleistung: 2008: PHCG Highp. Horse Open Halter Yearl. Stallions, Yearl. In Hand Trail, PHCG Bronze German Champion Open Yearl. In Hand Trail; 2009: PHCG Res. Highp. Horse Open Halter 2-Year-Old Stallions, Vierter Cutting (APHA), mehrfach Grand u. Res. Champion (APHA)

Leistung Nachkommen: Der erste Fohlenjahrgang wird 2011 geboren.

Die Vorfahren: A Smokin Little Guns Vater **WR Smart Lil Oak** ist ein Crop Out Sohn des legendären AQHA Hall of Famer und Leading Sire **Smart Little Lena** aus einer direkten **Docs Oak** Tochter, die selbst erfolgreich im Cutting ging. Diese Anpaarung gilt als ‚Golden Cross' für Smart Little Lena. Hieraus kamen bereits viele herausragende Performer wie zum Beispiel **Tumbleweed Smith** (LTE über $ 178.250), **Smart N Slick** (LTE $ 125.000) oder **Smart Like Juice** (LTE über $ 100.000, Offspring LTE über $ 400.000). Die Mutter **Smokin Moriah Rey** ist eine direkte Tochter des World Champion Sires **Smokin Streak** (AQHA)/**Cutters Smoke** (APHA) aus einer NCHA Money Earner producing Stute, die auf den Hall of Famer **Blondys Dude** zurückgeht. Smokin Streak ist ein Crop Out Sohn des großen **Mr Gun Smoke**. Mr Gun Smoke war selbst in der Show-Arena sehr erfolgreich und vererbte sein außergewöhnliches Leistungsvermögen auch an seine Nachkommen, zu denen Hall of Famer, Res. World Champions und AQHA Champions zählen.

Der Hengst: A Smokin Little Gun ist ein vielversprechender Junghengst, der sowohl als American Quarter Horse als auch als American Paint Horse und zudem bei der FQHA und IQPA registriert ist. Er stammt aus erstklassigen Performance und Producing Blutlinien und hat sich bereits selbst in der Show-Arena bewiesen – sowohl in Halter als auch in Performance. Er ist ein stark bemuskelter, sehr typvoller Hengst mit korrektem und kräftigem Fundament und viel Ausstrahlung. Neben seinem guten Gebäude beeindruckt er durch einen einwandfreien, grundehrlichen Charakter und seine Leistungsbereitschaft. Ein talentierter, stets einsatzbereiter Nachwuchshengst, der von einem Amateur geshowt wird und von dem man sicher noch einiges hören wird.

Die Nachkommen: Die erste Nachzucht wird ab April 2011 erwartet. Sie kommt aus Producing und Performance AQHA und APHA Stuten bester Blutlinien.

WR Smart Little Oak (QH) (Smart Little Oak, APHA) (PH)	Smart Little Lena (QH)	Doc Olena (QH)	Doc Bar (QH) / Poco Lena (QH)
		Smart Peppy (QH)	Peppy San (QH) / Royal Smart (QH)
	Janells Oak (QH)	Docs Oak (QH)	Doc Bar (QH) / Susies Bay (QH)
		Will Dustbritches (QH)	Will Roll (QH) / Vina Doc (QH)
Smokin Moriah Rey (QH / PH)	Smokin Streak (QH) (Cutters Smoke, APHA) (PH)	Mr Gun Smoke (QH)	Rondo Leo (QH) / Kansas Cindy (QH)
		Cutters Roxie (QH)	Royal King (QH) / Royal Lady Fifty One (QH)
	Moriah Rey (QH)	Mr Morgan Freeman (QH)	Blondys Dude (QH) / Sids Best (QH)
		Cassie Rey (QH)	Rey Jay (QH) / Cassie Taylor (QH)

18

Besitzer:	Freestyle Ranch
	Birgid & Michael Rimpau
	Brundbütteler Damm 87-89
	13581 Berlin
	Hd-customs@t-online.de
	www.freestyle-reining.de
Station:	Trainingsstall Etienne Hirschfeld
	www.etienne-hirschfeld.de
Züchter:	T-Ranch
Deckeinsatz:	KS
Gentest:	OLWS n/n
Körung:	–

Rimpau

Eigenleistung: APHA Europ. Championship 2008 Gold Working Cowhorse Open, Silber Jr. Reining und 2009 Vierter Amateur Reining, Europ. Championship 2008: SBH Reining Open Finalist, 2008 Platz 12 der besten Paint Horses weltweit, ROM

Leistung Nachkommen: –

A

Die Vorfahren: Achtung Baybe geht väterlicher- und mütterlicherseits auf den World Champion und Cutting-Vererber **Freckles Playboy** zurück, dessen Nachkommen über $ 27 Millionen verdient haben. Der Vater **The Sharp Shooter** ist ein Sohn des großen **Playgun** aus einer **Dry Doc Junior** Tochter. Playguns Gewinnsumme beläuft sich auf über $ 186.000. Seine Nachkommen haben bislang über $ 4,5 Millionen gewonnen. Unter ihnen sind NCHA World Champions und Superstakes Champions Open und Non Pro. Die Mutter **Miss N Playboy** stammt von **Miss N Cash** aus einer direkten Freckles Playboy Tochter, die Fünfte auf der European Championship im Cutting war und auch die Mutter von **Little Mountain King** ist. Über Miss N Cash muss eigentlich kein weiteres Wort verloren werden. Er ist ein All Time Leading Sire Cutting, der auch hervorragende Reined Cowhorses bringt. Auch seine Nachkommen haben weit über $ 4 Millionen gewonnen.

Der Hengst: Achtung Baybe ist sowohl als American Quarter Horse als auch als Paint Horse registriert. Er ist ein stark bemuskelter, athletischer Hengst mit überdurchschnittlichen Bewegungen, gutem Charakter und viel Cowsense. Unter seinem Trainer Arno Gorgasser machte Achtung Baybe sowohl in der Working Cowhorse als auch in Reining von sich reden. Der Hengst ist ausgeglichen und nervenstark und beweist seine Leistungsbereitschaft und seinen guten Mind auch im Amateurbereich.

Die Nachkommen: Der erste Fohlenjahrgang dieses Hengstes wurde 2009 geboren, sodass es noch eine Zeit dauern wird, bis man seine Nachkommen unter dem Sattel sieht.

The Sharp Shooter
— Playgun
— Sweet Sugar Bingo

Miss N Playboy
— Miss N Cash
— Playboys Mocha

— Freckles Playboy
— Miss Silver Pistol
— Dry Doc Junior
— Miss Sugar Bingo

— Dash For Cash
— Doc N Missy
— Freckles Playboy
— Miss Smoka Mocha

— Jewels Leo Bars / Gay Jay
— Docs Hickory / Pistol Lady 2 Be
— Dry Doc / Royal Jazabell
— Mr Sugar Boy / Cutie Bingo

— Rocket Wrangler / Find A Buyer
— Doc Bar / Missys Hankie
— Jewels Leo Bars / Gay Jay
— Mr Gun Smoke / Dee Bar Car

Art & Light/Dirk Büttner

Besitzer:	Gesa Meier und Thomas Bidmon Albstr. 124 D-73066 Sparwiesen Mobil +49 (0)171-1288999 Tel. +49 (0)7161-659266 meier-bidmon@arcor.de www.meier-bidmon.de
Station:	Equine Concepts Bergwiese 3 D-89290 Buch-Rennertshofen Mobil +49 (0)172-8263507 Tel. +49 (0)7343-922543 www.equine-concepts.de
Züchter:	Carol Lynn Fuller, USA
Deckeinsatz:	FS
Gentest:	HERDA n/n, PSSM n/n, GBED n/n, OLWS n/n
Körung:	Gekört und eingetragen in das DQHA Hengstbuch I 2006 (8,35)

Eigenleistung: AQHA Champ. Open, DQHA Futurity 2009 Champ. Get of Sire DQHA Int. Dt. Meister Performance Halter Stallions; AQHA Europ. Res. Champ. Western Riding Amateur 2009; ROM Open, Amateur Performance und Halter, World Show Qualifier; AQHA Res. Highp. Champ. Am. Performance Halter Stallions

Leistung Nachkommen: CL Sailin Blues: DQHA Highp., Futurity und European Res. Champ. 09, **Aint Ima Princess:** DQHA Futurity Champ. 08 Weanling Mares, **Hot Chocolate On Ice:** DQHA Futurity Champ. 09 Halter Weanling Stallions, **Five Times Luck Girl:** DQHA Futurity Champ. 09 Halter Weanling Mares

Die Vorfahren: Aint It The Blues ist hochaktuell gezogen. Der Vater **Zips Chocolate Chip** gilt als der beste Sohn des legendären **Zippo Pine Bar** und ist der AQHA Nummer 1 All Time Leading Sire von Western Pleasure Horses. Zips Chocolate Chip war AQHA World Champion Junior Western Pleasure 1989 und wurde zehn Jahre später in die NSBA Hall of Fame aufgenommen. Seine Nachkommen haben bis heute über 40.000 AQHA Punkte errungen und mehr als $ 1 Million gewonnen. Allein 19 World Champions sind darunter und zwei Hall of Famer (**One Red Hot Zip** und **Chocolate Zipper**).

Auch seine Mutter **Aint She Hot** vereint ein vorzügliches Pedigree mit einer hervorragenden Eigenleistung. Sie ist eine Tochter des großen **Hotrodders Jet Set**. Dieser **Doc Bar** Enkel ist NSBA Hall of Famer und brachte allein sechs AQHA World Champions sowie mehrere Congress Champions. Insgesamt errangen die Fohlen von Hotrodders Jet Set bislang über 20.000 AQHA Punkte. Aint She Hot hat das Ihrige

dazu getan: Sie gewann das Western Pleasure Derby beim All American Quarter Horse Congress.

Der Hengst: Dieser außergewöhnliche Hengst hat alles: Schönheit, hervorragendes Exterieur, überdurchschnittliche Bewegungen, viel Ausstrahlung und als Plus eine extravagante Farbe. Auch vom Charakter her lässt er keinerlei Wünsche offen. Blue ist sehr leistungsbereit, ausgeglichen und nervenstark. Mit der Wertnote 8,35, einer der besten Noten der von der DQHA gekörten Hengste überhaupt, war der Blue Roan Körsieger des Jahres 2006. Der Hengst verkörpert den idealen All Arounder, der in der Halter gleichermaßen brilliert wie in Western Pleasure, Trail, Western Riding und Hunter under Saddle. Er war bereits 20-mal All Around Champion und hat über 100 AQHA Performance und über 30 AQHA Halter Punkte errungen – den Löwenanteil davon übrigens mit seiner Besitzerin Gesa Meier. Ein Hengst der absoluten Extraklasse, der sich auch als Vererber bereits bewiesen hat.

Die Nachkommen: Typ, korrektes Gebäude, überragende Bewegungen und bester Charakter kennzeichnen die ‚Blues' durchweg. Sein erster Fohlenjahrgang war 2008, sodass seine ersten Nachkommen 2011 unter dem Sattel vorgestellt werden. Inzwischen haben sie bereits auf Fohlenschauen und in der internationalen Halterszene hervorragende Bewertungen erzielt. So war ein 2008er Fohlen **Rap My Blues** bestes Fohlen des Ovator Pegaplus Cup bundesweit – und das bei über 300 Konkurrenten. Hinzu kommen mehrere DQHA Futurity Champions und FEQHA European Reserve Champions. Eine Tochter dieses Hengstes, **Reno Jetset Aintblue**, gewann die Longe Line Celebration 2010 und wurde NSBA European Champion Longe Line Non Pro. Trainiert und vorgestellt wurde die 2-jährige Stute von einer 16-jährigen Schülerin.

Zips Chocolate Chip	Zippo Pine Bar	Zippo Pat Bars	Three Bars / Leo Pat
		Dollie Pine	Poco Pine / Hobo Sue
	Fancy Blue Chip	Custus Jaguar	Jaguar / Leo Dale
		Irene 3	Chuckwagon W / Linda 1
Aint She Hot	Hotrodders Jet Set	Docs Hotrodder	Doc Bar / Jameen Tivio
		Miss Clique	Majors Jet / Bay Clique
	Shesa Special Glo	Speedy Glow	Poco Red Bar / OS Linda Lee
		Zantanona King	King Black / Mary Red Ant

Besitzer: WRH Sindacate
Station: WRH Reining & Working Cow Horses
via Casal S. Angelo, 998
Rom, Italien
Tel. +39 (0)33-97053478
Fax +39 (0)69-9815036
info@wrhquarterhorses.com
www.wrhquarterhorses.com
Züchter: WRH Reining & Working Cow Horses,
Rom, Italien
Deckeinsatz: –
Gentest: –
Körung: –

Andrea Bonaga

Eigenleistung: Multiple Bronze Trophy Champion

Leistung Nachkommen: –

A

Die Vorfahren: ARC Genuine Goldlynx ist doppelt **Doc Bar** gezogen. Der Vater **Genuine Redskin** ist ein Sohn des All Time Leading Cutting und Reining Horse Sire **Genuine Doc** aus der **Diamonds Sparkle**, einer grandiosen Palominostute, die 143 AQHA Punkte in sechs Events holte und u. a. 1979 World Show Superhorse und AQHA World Champion Senior Heeling war. Aus der Anpaarung dieser beiden Champions ging unter anderem auch der große **Shining Spark** hervor. Genuine Redskin war 1989 AQHA Congress Reining Futurity Open Reserve Champion und 1990 NRHA Open Derby Champion. Er gewann fast $ 35.000 und machte besonders in Italien als Vererber von sich reden.

Die Mutter **Cuttalynx** stammt von **Docs Lynx** aus einer direkten Tochter des mehrfachen World Champion Cutting und AQHA, NCHA, ACHA und PHBA Hall of Famer **Cutter Bill**. Der Doc Bar Sohn **Docs Lynx**, ein Vollbruder von **Docs Prescription**, war unter den Top 5 der NCHA Futurity und gewann später das NCHA Derby Champion. Mit über $ 5,8 Millionen

Gewinnsumme zählt er zu den Equi-Stat Top 15 All Time Leading Cutting Sires.

Der Hengst: ARC Genuine Goldlynx präsentiert sich als stark bemuskelter, athletischer Palominohengst mit viel Ausstrahlung und jeder Menge Cowsense. Er ist in Reining und Cowhorse gleichermaßen erfolgreich und war u. a. ERCHA European Champion Ltd. Open Bridle 2006. Ein sehr leistungsbereiter, schöner Hengst von bestem Charakter.

Die Nachkommen: Seine Leistungsbereitschaft und den Cowsense gibt ARC Genuine Goldlynx auch an seine Fohlen weiter, von denen viele auch die begehrte Palominofarbe haben.

	Genuine Doc	Doc Bar	Lightning Bar / Dandy Doll
Genuine Redskin		Gay Bars Gen	Gay Bar King / Princess Piper
	Diamonds Sparkle	Mr Diamond Dude	Blondys Dude / Miss Patsy Blake
		Pollyanna Rose	Clabber Question / Irene Vee
	Docs Lynx	Doc Bar	Lightning Bar / Dandy Doll
Cuttalynx		Jameen Tivio	Poco Tivio / Jameen
	Fancy Cutter	Cutter Bill	Buddy Dexter / Billie Silvertone
		Ken Ada Francis	Waggoners Rainy Day / Speck Dawson

Besitzer:	Konrad Sosna
	Hardterbroicher Allee 23
	D-41065 Mönchengladbach
	Tel. +49 (0)178-633 6323
	Fax +49 (0)2161-44 090
	info@arcplaysophie.de
	www.arcplaysophie.de
Station:	GennTrans Pferdebesamung
	Mühlen GmbH
	Münsterlandstr. 42
	D-49439 Mühlen
	Tel. +49 (0)5492-3023
	Fax +49 (0)5492-98743
	labor@gentrans.de
	www.genntrans.de
Züchter:	Paola Arcese, Italien
Deckeinsatz:	TG erhältlich bei Station
Gentest:	HYPP n/n, HERDA n/n, OLWS n/n,
	PSSM n/n, GBED n/n
Körung:	DQHA Wertnote 8,05

Petra Kleinwegen

Eigenleistung: NRHA Futurity Champion Italien Non Pro 2003
FEI Weltranglisten-Nummer 1 2007 (über zehn Monate)
DQHA Leading Sire 2009
EWU Champion Reining Youth 2009

Leistung Nachkommen: Smart Sliding Player: Bundes Res. Champion 8,5
GP Play a Cocky Holly: Ovator PegaPlus Fohlencup Champion, 8,225
Play Them Out: Ovator PegaPlus Fohlencup Champion, 8,225
SOS Global Player: Ovator PegaPlus Fohlencup Champion, 8,15

A

Die Vorfahren: ARC Playsophie stammt aus der erfolgreichen Arcese Zucht. Er ist zu über 90 Prozent Foundation gezogen. Sein Vater **Playing It Out** ist ein direkter Sohn von **Hollywood Dun It** aus der **Kaliflower** (von AQHA Champion **Kaliman**). Hollywood Dun It ist eine Reining-Legende. Der NRHA 6 Million Dollar Sire und NRHA Hall of Famer war u. a. NRHA Futurity Reserve Champion (Champion: **Sophie Oak**), NRHA Derby Champion und Superstakes Champion. In insgesamt 13 Jahrgängen brachte dieser einzigartige Hengst NRHA Futurity Champions, NRHA Derby and Superstakes Champions, NRBC Champions, All American Quarter Horse Congress Futurity und Southwest Reining Horse Association Futurity Champions. Playing It Out war NRHA Futurity und Derby Finalist Open, Non Pro Champion der World Reining Trophy 2005 und Goldmedaillengewinner beim FEI World Reining Masters 2005, 2008 FEI Weltmeister im Team und im Einzel Bronze. Seine NRHA Lifetime Earnings belaufen sich auf über $ 34.000.

Die Mutter **Sophie Oak** ist sicher vielen Reining-Fans ein Begriff. Die **Docs Oak** Tochter aus einer **Mr Gun Smoke** Stute war unter Bob Loomis NRHA Futurity Champion 1986 und hat insgesamt fast $ 112.000 gewonnen. Sie ist auch die Mutter von **ARC Oak Enterprise.**

Der Hengst: ARC Playsophie läuft seit Jahren nicht nur im Open-, sondern auch im Youth-Bereich ganz vorn. Allein das spricht schon Bände über den außergewöhnlichen Charakter dieses Hengstes. Schon im Alter von elf Jahren konnte Carolin Sosna, die Tochter von Besitzer Konrad Sosna, ARC Playsophie reiten, selbst während der Decksaison. Mittlerweile haben die beiden viele Erfolge erringen können, die in der Verleihung des Goldenen Reitabzeichens gipfelten (als jüngste und bisher erste jugendliche Westernreiterin). Zudem ist ARC Playsophie seit vielen Jahren ganz vorn im Open-Bereich zu finden. Unter Gennaro Lendi gewann er die Italienische Futurity Non Pro 2003. Unter Emanuel Ernst errang er zahlreiche Siege und

Platzierungen in CRIs. Das Jahr 2007 beschlossen die beiden als FEI Weltranglistenerste – mit fast 20 Punkten Abstand zum Zweitplatzierten. Der Hengst hat sein ROM Open und ist mit der Wertnote 8,05 von der DQHA gekört.

Die Nachkommen: Im Turniereinsatz werden die Nachkommen dieses Hengstes erst ab 2011 zu sehen sein. Seine hervorragenden Charaktereigenschaften und sein gutes Exterieur gibt er an seine Fohlen weiter, wie die hervorragenden Noten auf den Fohlenschauen beweisen. Von sieben auf den DQHA Fohlenschauen vorgestellten Fohlen wurden drei Sieger und zwei Reserve Champions. **Smart Sliding Player** wurde 2008 Vize-Bundessieger mit der Wertnote 8,5. ARC Playsophies Nachkommen sind leistungs- und lernwillig, ausgeglichen und sehr umgänglich.

Playing It Out	Hollywood Dun It	Hollywood Jac 86	Easter King / Miss Hollywood
		Blossom Berry	Dun Berry / Regina Bella
	Kaliflower	Kaliman	Dell Milagro / Quo Vadis
		Orita Ledo	Thermoledo / Orita Baccus
Sophie Oak	Docs Oak	Doc Bar	Lightning Bar / Dandy Doll
		Susies Bay	Poco Tivio / Susie L
	Lifesaver	Mr Gun Smoke	Rondo Leo / Kansas Cindy
		Lady Badger 71	Grey Badger III / Triangle Margie

23

Besitzer: Archi Partnership
Paul-Gerhardt-Str. 12
D-74193 Schwaigern
Tel. +49 (0)7138-7591
kuemmerlereiners@t-online.de
www.kuemmerlereiners.de

Station: beim Besitzer
Züchter: Paola Arcese, Italien
Deckeinsatz: TG
Gentest: HERDA n/n
Körung: DQHA 2007, Aachen, Wertnote 8,05

Sabrina Kümmerle

Eigenleistung:
Deutscher Meister FN Reining 2007
Bronze Trophy Champion
AQHA Point Earner

Leistung Nachkommen:
ARC Surprise Oaks erster Fohlenjahrgang wird 2012 geshowt.

Die Vorfahren: ARC Surprise Oak stammt aus der erfolgreichen Anpaarung von **Surprise Enterprise** und **Sophie Oak** und ist damit ein Vollbruder zum NRHA World Champion Open 2004 **ARC Oak Enterprise.** Der leider schon 2006 verstorbene Surprise Enterprise war ein Sohn des NRHA Leading Sire, NRHA Honor Roll Sire, NRHA Million Dollar Sire und #4 All Time Reining Sire **Be Aech Enterprise,** der in die NRHA Hall of Fame aufgenommen wurde, aus der Producing Dam **Jimmys Valentine.** Aus dieser „winning combination" stammen unter anderem auch der NRHA Super Stakes Plus Champion **BH Toy Soldier** und der bei Rolf Peterka stehende, erfolgreiche Vererber **Broadway BH,** der mehrere NRHA Breeders Futurity Champions brachte. Surprise Enterprise war unter Bill Horn Sechster auf der NRHA Futurity 1988. Später ritt ihn Bob Loomis zum Lazy E Reserve Champion und NRHA Superstakes Champion Titel sowie zum NRHA World Champion und AQHA World Champion Senior Reining. Insgesamt holte Surprise Enterprise über $ 39.000. Weit größer war seine Karriere als Vererber.

Er brachte 331 Nachkommen, von denen 130 geshowt wurden und es auf über $ 461.000 NRHA Gewinnsumme brachten. Laut Equi-Stat liegt Surprise Enterprise auf Platz 38 der Top 250 Reining Sires. Zu seinen herausragenden Nachkommen zählen ARC Oak Enterprise (u. a. NRHA World Champion Open 2004) und **ARC Golden Boy,** mit dem die Schweizerin Jeannette Krähenbühl NRHA Reserve World Champion Non Pro 2004 und FEI World Reining Masters Champion Restricted Division 2004 und 2005 wurde.

Die Mutter Sophie Oak ist wohl eine der bekanntesten Reiningstuten. Ihr Vater **Docs Oak,** einer direkter Sohn von **Doc Bar,** gewann fast $ 71.000 in der Cutting-Arena. Die Nachkommen dieses NCHA Hall of Famer brachten es bisher auf über $ 7,7 Millionen. Sophie Oaks Mutter **Lifesaver** stammt von NRHA Hall of Famer **Mr Gun Smoke.** Sophie Oak war unter Bob Loomis NRHA Futurity Champion 1986 und hat insgesamt fast $ 112.000 gewonnen.

Der Hengst: ARC Surprise Oak ist ein dunkler Bay mit einer auffälligen Blesse. Der Hengst beeindruckt in der Show-Arena durch hervorragende Bewegungen und große Ausstrahlung. Volker Schmitt wurde mit ihm im Jahr 2007 FN Deutscher Meister Reining – und dies mit einem spektakulären Finalritt (Score 224). Im gleichen Jahr gewann ARC Surprise Oak die NRHA Pullman Bronze Trophy beim Speed in Style in Erbach. ARC Surprise Oak ist NRHA Germany und USA money earner und AQHA point earner. Der Hengst ist gekört bei der DQHA mit der Wertnote 8,05.

Die Nachkommen: Die Nachkommen von ARC Surprise Oak werden erst 2012 in der Show-Arena erwartet. Seinen Fohlen gibt er seine Leistungsbereitschaft und Gelassenheit ebenso mit wie seine guten Bewegungen. Besonders hat sich die Anpaarung mit Stuten von **Topsail Cody, Great Pine** und den alten bzw. älteren Blutlinien bewährt.

Surprise Enterprise	Be Aech Enterprise	Squaw Leo	Squaw King / Veronicas Joy
		Enterprise Lady	Poco Enterprise / Seco Lady
	Jimmy's Valentine	Roper's Jimmy	Roper Boy II / Dawson Oakie
		Poco Matis	Poco Bueno / Lady Beaver 22
Sophie Oak	Docs Oak	Doc Bar	Lightning Bar / Dandy Doll
		Susies Bay	Poco Tivio / Susie L
	Lifesaver	Mr. Gun Smoke	Rondo Leo / Kansas Cindy
		Lady Badger 71	Grey Badger III / Triangle Margie

Besitzer: Claudia Scheffel
Schelmenwasen 59
D-73614 Schorndorf
www.bhisdun.de und www.lqh.de
contact@lqh.de

Station: Gestüt Ludwig Quarter Horses
Schwantelhof 2
D-72475 Bitz
Tel. +49 (0)7431-81979
Fax +49 (0)7431-81978
contact@lqh.de

Züchter: Hidden Meadows Ranch, Texas, USA

Deckeinsatz: NS, TG über Equine Concepts

Gentest: HERDA n/n, PSSM n/n

Körung: –

Eigenleistung:
DQHA Int. Deutscher Meister Reining 2001
FN Deutscher Meister Reining 2004
AQHA Highpoint Horse Senior Reining

Leistung Nachkommen:
NRHA Breeders Futurity SBH Open Finalists

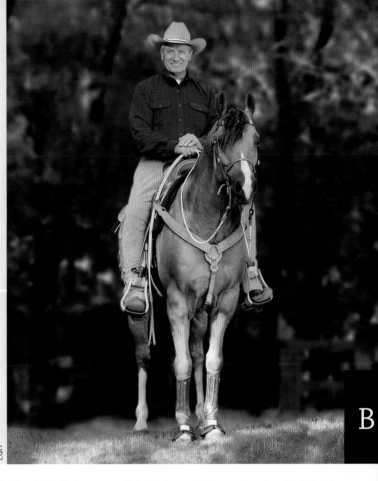

B

LQH

Die Vorfahren: Das Pedigree von **BH Is Dun** lässt jedem Reining-Fan buchstäblich das Wasser im Munde zusammenlaufen. Er ist ein Sohn der Reining-Legende **Hollywood Dun It.** Der NRHA 6 Million Dollar Sire und NRHA Hall of Famer schuf nach einer großen Reining-Karriere eine ganze Dynastie von herausragenden Pferden. Hollywood Dun It war u. a. NRHA Futurity Reserve Champion, NRHA Derby Champion und Superstakes Champion. In insgesamt 13 Jahrgängen brachte dieser einzigartige Hengst NRHA Futurity Champions, NRHA Derby and Superstakes Champions, NRBC Champions, All American Quarter Horse Congress Futurity und Southwest Reining Horse Association Futurity Champions und vieles mehr. Die Dun Its gewannen Goldmedaillen in USET Turnieren und wurden AQHA World Champions, waren Non Pro Reserve Champion bei der National Reined Cow Horse Association World Championship Snaffle Bit Futurity und NRCHA World Champion, gewannen NCHA Shows und wurden sogar Champions in Roping und Driving.

Die Mutter **Be Aech Sabra** ist eine direkte Tochter von **Be Aech Enterprise** aus einer Enkelin von **Mr Gun Smoke.** Auch Be Aech Enterprise schrieb Reining-Geschichte. Der NRHA World Champion und Multiple Bronze Trophy Champion ist unter den Top Ten All Time Leading Reining Sires und ein NRHA Million Dollar Sire, der längst in der NRHA Hall of Fame ist. Insbesondere gilt er als ein herausragender Producer von Zuchtstuten.

Der Hengst: "To ride him is to love him!" Was könnte Athletik und Charakter von BH Is Dun besser beschreiben als dieses Zitat von Monty Roberts, der den Hengst 2007 bei einer Europa Tournee unter dem Sattel hatte. Der in Texas gezogene Dun wurde als Absetzer von Franco Rosso nach Italien importiert und kam später zu Grischa Ludwig. Dieser trainierte und showte ihn von 2001 bis 2005 mit großem Erfolg. Unter anderem holte der Baden-Württemberger mit diesem Hengst einen seiner beiden Deutschen Meister Titel (FN). Im Jahr 2005 stellte ihn Besitzer Thomas

Scheffel dann selbst vor und wurde auf Anhieb International Rookie of The Year. Allein diese Erfolgsgeschichte spricht Bände über BH Is Dun. Der bildhübsche Hengst hat mit seiner Ausstrahlung, seiner Leistungsbereitschaft und seinen hervorragenden Manövern einen wahren Fanclub um sich geschart. Nicht zuletzt besticht er auch durch seinen guten Charakter, den er ebenso wie sein extrem liebes Wesen und die überdurchschnittlichen Bewegungen an seine Nachkommen weitergibt.

Die Nachkommen: BH Is Duns Fohlen beeindrucken bereits als Babys und belegen auf Fohlenschauen die vorderen Plätze (Wertnoten von 8,1 und darüber). Zudem beweisen sie sich längst auch in der Reining-Arena – im Open- wie auch im Amateur/Non Pro-Bereich. Zu seinen erfolgreichsten Nachkommen zählen **Charly Bossette** (8. Platz auf der NRHA Breeders Futurity SBH Open 2006) und **BH Boogie Woogie** (NRHA Breeders Futurity Limited Open Finalist).

Hollywood Dun It	Hollywood Jac 86	Easter King	King / Gocha H
		Miss Hollywood	Hollywood Gold / Miss Buggins 86
	Blossom Berry	Dun Berry	John Berry / Fishs Streak
		Regina Bella	Mr Tres Bars / Tina Regina
Be Aech Sabra	Be Aech Enterprise	Squaw Leo	Squaw King / Veronicas Joy
		Enterprise Lady	Poco Enterprise / Seco Lady
	Bright Item	Bright Smoke	Mr Gun Smoke / Little Zanette
		Bonnie Item	Bailey Bee / Marie Item

Cam Essik

Besitzer: 23 Partnership
Station: Fappani Performance Horses
3154 Lady Bug Lane
USA-San Marco, CA 92069
Tel. +1-760-591-9457
Fax +1-760-591-9564
fappanireiners@aol.com
www.fappaniperformance.com
Züchter:
Deckeinsatz: FS, TG
Gentest: Mutterstute hat Embryo Enrollment
Körung: –

Eigenleistung: LTE NRHA $ 194.260

Leistung Nachkommen: –

2009 Open Res. World Champ. Sr. Reining, 2008 Open Superior Reining,
2007 Open Highpoint Reining u. Jr. Reining,
2007 World Show Qualifier Open Jr. Reining u. Open ROM

Die Vorfahren: **Big Chex To Cash** ist das Ergebnis der Anpaarung eines NRHA World Champions mit einer All Time Leading Reining Producerin. Der Vater **Nu Chex To Cash** ist ein Sohn des NRCHA Futurity Champion und World Champion Sire **Nu Cash** aus der **Bueno Chex** Tochter **Amarilla Chex**. Nu Chex To Cash war selbst ein Phänomen in der Reining-Arena, gewann fast $ 60.000 und war u.a. AQHA World Champion 1999. Dieser Hengst errang mehr AQHA Reining Points als jedes andere Pferd in der Geschichte der AQHA. Er ist bislang das einzige Pferd, das im selben Jahr AQHA Highpoint in Reining und Working Cowhorse wurde. Noch mehr leistete er als Vererber. Er ist NRHA Million Dollar Sire, NRHA Leading Sire und NRCHA All Time Leading Sire. Seine Nachkommen brachten es bislang auf über $ 1,7 Millionen und 5338 AQHA Punkte.

Die Mutter **Snip O Gun** stammt von **One Gun**. Sie ist eine herausragende Producerin, die unter den Top Ten NRHA All Time Leading Dams ist und deren Nachkom-

men über $ 400.000 gewonnen haben. Snip O Gun ist u.a. auch die Mutter von **Hot Smokin Chex**.

Der Hengst: Dieser Hengst ist in jeder Hinsicht ein Ausnahmepferd und schon jetzt derart legendär, dass sogar ein Breyer Modellpferd von ihm angefertigt wurde. Big Chex To Cash ist ein sowohl als American Quarter Horse als auch als Paint Horse registrierter Palominohengst, der schlichtweg beeindruckend ist. Ein mächtiger, stark bemuskelter Hengst mit überragenden Manövern und unglaublicher Präsenz in der Reining-Arena. Sein Show Record und seine Gewinnsumme sprechen für sich. Sein Trainer Andrea Fappani sagt über ihn: „Dieser Hengst macht unglaublich Spaß. Ich musste mein Programm anpassen, um ihm gerecht zu werden. Er ist ein grundehrliches Pferd in der Show-Arena, aber auch eine Herausforderung im Training. Sein Leistungswille und Herz sind enorm – immer gibt er sein Bestes. Und er hat heute noch genauso viel Spaß an seinem Job wie als junges Pferd."

Die Nachkommen: Der erste Fohlenjahrgang dieses Hengstes wurde 2007 geboren. Die Nachkommen sind frühestens 2010 unter dem Sattel zu sehen. Sie überzeugen bereits jetzt durch die gute Conformation und die überragenden Bewegungen ihres Vaters. Außerdem sind sie freundlich, gelassen und umgänglich.

		Colonel Freckles	Jewels Leo Bars / Christy Jay
Nu Chex To Cash	Nu Cash	Nu Rendition	Nu Bar / Docs Rendition
	Amarilla Chex	Bueno Chex	King Fritz / Sutherlands Miss
		Karlye King	Radel King / Doc Bar Laurie
		Mr Gun Smoke	Rondo Leo / Kansas Cindy
Snip O Gun	One Gun	Miss Seventy One	King Command / Bay Princess Kay
	Miss Kim O Lena	Doc Olena	Doc Bar / Poco Lena
		Jokers Kim	Captain Joker / Tonkas Tempest

Besitzer: DD's Horse Ranch
Dagmar Dauti
Dornicker Str. 5
D-46446 Emmerich
Tel. +49 (0)173-7450454
Fax +49 (0)321-21060369
paint-horse@gmx.de
www.dd-horse-ranch.de

Station: beim Besitzer
Züchter: Baumann, Melsungen, Deutschland
Deckeinsatz: NS
Gentest: OWLS n/n
Körung: PHCG 2006 Darmstadt-Weiterstadt (7,1)

Ruby Philipoom

Eigenleistung:

Aufgrund einer Weideverletzung wurde Big Step Go For Cash nicht geshowt.

Leistung Nachkommen:

PHCG Fohlenschau Prämienfohlen Top Ten Fohlen 2007
Top Ten 2009 mit einer Note von 7,95
ECHA 8,1 bis 8,6 nur erste Plätze
ZSSA Quarab Prämienfohlen mit Stern, 2009 homozygoter Sohn

B

Die Vorfahren: Big Step Go For Cash vereint beste Paint und American Quarter Horse Blutlinien für den All Around Bereich. Der Vater **Big King Kurt Step** ist ein Sohn des bekannten **Big Steps Dude**, der auch der Vater des NRHA Breeders Derby Finalist und APHA European Champion Jun. Reining **Big Steps Snow Boy** ist. Mütterlicherseits finden wir hier den bekannten **Refund**, der viele gute All Arounder machte.

Die Mutter **Tardys Lady Go** ist eine Enkelin von **Ottago** aus einer Tochter des AQHA All Time Leading Sires **Tardy Too**. Ottago war ein Superior Western Pleasure Horse, AQHA Highpoint Western Pleasure Open und Neunter auf der AQHA World Show 1974 in Junior Western Pleasure. Er brachte viele gute Pferde sowohl für den Open- als auch Amateur-Bereich.

Der Hengst: Big Step Go For Cash ist ein typvoller, sehr ausdrucksstarker und korrekt gebauter Painthengst mit überragenden Bewegungen. Er ist ein sehr williger, leistungsbereiter Hengst, der sich durch große Nervenstärke und einen sehr umgänglichen, freundlichen Charakter auszeichnet. Leider konnte er aufgrund einer Weideverletzung nicht auf Turnieren vorgestellt werden.

Die Nachkommen: Die Nachkommen dieses Hengstes haben sich bereits vielfach auf Fohlenschauen bewährt. Sie zeichnen sich durch ihr korrektes Exterieur und ihre guten Bewegungen aus. Zudem haben sie den freundlichen, menschenbezogenen Charakter ihres Vaters geerbt. Mit Spannung wird nun ihre Performance unter dem Sattel erwartet.

Big King Kurt Step	Big Steps Dude	Greyhound Step Jr	Greyhound Step / My Trixi Surprise
		Bucks Perky Lady (QH)	Tabanos Juan Son / Lady Buckless
	Fuzy Morning Surpe	Refund	Painted Tuffy / Showdown Angel
		Casts Baby Doll (QH)	Red Forecast / Panie Bee Bert
Tardys Lady Go (QH)	Otto Know Better (QH)	Ottago (QH)	Duplicate Copy (QH) / Bars Shady Lady (QH)
		Suzan Bug (QH)	Go Bug Go (QH) / Suzan Oil (QH)
	Tardys Baby Face (QH)	Tardy Too (QH)	Mains Leo Buck (QH) / Pretty Plush (QH)
		Super Chiefs Baby (QH)	– / –

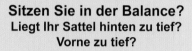

Besitzer: Magda Bayer Dysli
Calle Seracin km 1,5
Apartado 60 (Postfach)
E-11650 Villamartin
Tel. +34 (0)670-644946
magda-dysli@gmx.de
www.dysli.net

Station: Hacienda Buena Suerte,
Villamartin, Spanien

Züchter:

Deckeinsatz: FS, TG

Gentest: –

Körung: –

Boiselle

Eigenleistung: LTE $ 31.835; 2007 Open Bridle Champion in Salinas California 2007 NSHA World's Richest Stockhorse Competition, herd score 221; NRCHA Stakes – Open Bridle: top 5, high herd score 221; NRCHA Derby Open Bridle: Platz 6, high herd score 221

Leistung Nachkommen: Royal Boon Dox: NCHA Money Earner
Peptos Royal Quixote

B

Die Vorfahren: Der Vater von **Boons Royal Legacy**, **Peptoboonsmal**, ist ein direkter Sohn des legendären **Peppy San Badger** aus der **Royal Blue Boon**. Diese Stute, die $ 381.764 in der Cutting-Arena gewonnen hat, ist die All Time Leading Dam of Cutting Horses – ihre Fohlen gewannen über $ 2,63 Millionen. Eines der erfolgreichsten ist Peptoboonsmal. Der Hengst war 1995 NCHA Open Futurity Champion, 1996 Bonanza 4-Year-Old Open Derby Champion, Vierter bei den NCHA 1996 Open Superstakes und 1996 Gold Coast Open Derby Champion. Seine Gewinnsumme beläuft sich auf über $ 180.000. Seitdem seine Nachkommen geshowt werden, war Peptoboonsmal jedes Jahr unter den Top 5 Vererbern. Seine Nachkommen brachten es bislang auf über $ 15 Millionen. Die Mutter **Smogy Doc** stammt von dem NCHA Futurity Finalist **Doc Jensen**, einem **Doc Bar** Sohn, aus der **Smogy Chex**, einer Tochter von **Bueno Chex**. Die Stute wurde sehr erfolgreich geshowt und ist ein NRCHA Superior Reined Cow Horse.

Der Hengst: Das Pedigree und die Erfolge dieses Hengstes sprechen für sich. Der in den USA gezüchtete Hengst wurde von Jon Roeser trainiert und vielfach erfolgreich geshowt. Unter anderem erhielt er den Supreme Reined Cowhorse Award der NRCHA. Boons Royal Legacy ist ein ausnehmend korrekt gebauter, sehr schöner Hengst in der bestechenden Farbe Red Roan. Er verfügt über ein solides Fundament, ist überaus leistungswillig und sehr ausgeglichen im Wesen. Ein Top Performer mit exquisitem Pedigree!

Die Nachkommen: Boons Royal Legacy hat in den USA bereits viele erfolgreiche Nachkommen. Seine Fohlen zeichnen sich durch sehr gutes Gebäude, hervorragenden Charakter und viel Cowsense aus. Es sind vielversprechende Leistungspferde, welche die Nervenstärke und Ausgeglichenheit ihres Vaters haben. Die Fohlen sind nominiert für die NRCHA Stallion Stakes und alle höheren Events.

Peptoboonsmal	Peppy San Badger	Mr San Peppy	Leo San / Peppy Belle
		Sugar Badger	Grey Badger III / Sugar Townley
	Royal Blue Boon	Boon Bar	**Doc Bar** / Teresa Tivio
		Royal Tincie	Royal King / Texas Dottie
Smogy Doc	Doc Jensen	**Doc Bar**	Lightning Bar / Dandy Doll
		Tasa Tivio	Poco Tivio / Chowchilla Pee
	Smogy Chex	Bueno Chex	King Fritz / Sutherlands Miss
		What a Dandy	Sage Skipper / Lula Couey

Susanne Alfs

Western Journal – Susanne Alfs

Besitzer: Tamara Neumann
Westender Weg 53
D-58313 Herdecke
Mobil +49 (0)172-9817398
Tel. +49 (0)2330-974795
Tamara@cutting-horse.de
www.cutting-horse.de

Station: Pferdehof Heimann
Am Scharloh 1
D-58300 Wetter/Ruhr
Mobil +49 (0)173-5249215
Tel. +49 (0) 2335-7775
bauertoeffi@web.de
www.pferdehof-heimann.de

Züchter: Earl J. Covington, Texas, USA
Deckeinsatz: NS, FS
Gentest: HERDA n/n, PSSM n/n
Körung: –

Eigenleistung: NCHA / AQHA Money Earner
Multiple Worldshow Qualifier
Multiple European Vize Champion
European Team Champion

Leistung Nachkommen: –

B

Die Vorfahren: Der Vater von **Borregos Sure Shot**, **Docs Borrego**, ist ein direkter Sohn von **Doc Bar** aus einer **Poco Bueno** Tochter – eine „winning combination". Doc Bar ist eine Quarter Horse Legende. Er revolutionierte zunächst die Halter- und dann die Cutting-Industrie. Er ist ein Leading Sire of AQHA Champions, NCHA Champions und Arena ROMs und ging in die AQHA Hall of Fame ein. Seine Nachkommen wurden World Champions und Hall of Famers. Docs Borrego war selbst Finalist auf den NCHA Superstakes. Obwohl die meisten seiner Fohlen Ranch Horses waren und nie in der Show-Arena gezeigt wurden, brachte er 17 Money Earners (unter 19 Show Horses), darunter World und Reserve World Champions in Working Cow Horse und Team Penning. Auch die Mutter von Borregos Sure Shot, **Duces Sure Shot**, hat über ihren Großvater **Doc Olena** Doc Bar auf dem Papier. Mütterlicherseits geht die Stute auf **Senor George** zurück, einen AQHA Champion und Hall of Famer, der 1961 NCHA World Champion war und über $ 61.000 gewann.

Der Hengst: Borregos Sure Shot ist allen Cutting-Fans ein Begriff. Der dunkelbraune Hengst besticht in der Show-Arena durch sein Vermögen am Rind und seine große Ausstrahlung. Dabei ist er bekannt für seine Freundlichkeit und Zuverlässigkeit. Schon als Youngster verhalf er in Amerika der Jugendmannschaft zum Sieg. Nach seinem Umzug nach Deutschland im Jahr 2000 erwarb er in rascher Folge sein ROM sowie sein Certificate of Ability. Bereits 2001 befand er sich als AQHA Highpoint Senior Cutting Horse unter den ersten zehn Pferden. Auch in Deutschland verhalf dieser Hengst der Mannschaft zum EM-Sieg. Er ist NCHA und AQHA Money Earner, war mehrfach auf der FEQHA European Championship ganz vorn platziert (u. a. Vize-Europameister) und mehrfach World Show Qualifier. Ein herausragender Cutting-Hengst, der für konstante Topleistungen steht.

Die Nachkommen: Seinen Nachkommen gibt Borregos Sure Shot sein korrektes Exterieur ebenso mit wie sein freundliches Wesen. Darüber hinaus finden sich reizvolle Farben wie Black, Buckskin oder Roan unter den Nachkommen. Fast immer vererbt er seinen hübschen Kopf und kräftiges, dichtes Langhaar. Seine Fohlen sind athletisch, interessiert und menschenbezogen.

Docs Borrego	**Doc Bar**	Lightning Bar	Three Bars / Della P
		Dandy Doll	Texas Dandy / Bar Maid F
	Poco Pikaki	Poco Bueno	King P-234 / Miss Taylor
		Spanishsprings Julia	Tony / Jane S
Duces Sure Shot	Lenas Sure Shot	Doc Olena	**Doc Bar** / Poco Lena
		Miss Tango Rocket	Hoo Doo Rocket / King Cobra
	Duces Girl	Senor Duce	Senor George / Cindy Roach
		Black Toy	Swift Silver / Toy Bonnie Bee

Troullioud Fotografie, Honselersdijk

Besitzer: Burgmeijer Quarter Horses
Dave u. Rieky Young
Heuvel 18
NL-5476 KG Vorstenbosch
info@burgmejerqh.com
www.burgmeijerqh.com
Station: beim Besitzer
Züchter: Doug and Betty Ann Erbes,
California, USA
Deckeinsatz: FS, TG erhältlich bei der Station
Gentest: –
Körung: –

Eigenleistung: LTE über $ 74.000; NRHA Platinum Certificate; 2003 Italian Derby Platz 3; 2003 Italian Maturity Res. Champion Open; 2005 und 2007 NRHA European Champion Open; 2007 NRHA World Ranking Open Dritter; 2008 WM Siebter (Einzelwertung); 2009 FEI World Ranking Erster

Leistung Nachkommen: Top Finalists in AQHA und NRHA Futuritys in ganz Europa

Die Vorfahren: Der Vater Gallo **Del Cielo** (besser bekannt als ‚Rooster') zählt zu den führenden Vererbern (nicht nur) von Reiningpferden. Der Sohn des großen **Peppy San Badger** aus einer direkten Tochter von **Doc Bar** und Vollbruder von **Grays Starlight** gewann über $ 28.000 in der Cutting-Arena und wurde ein NRHA Million Dollar Sire. Insgesamt brachten es seine Nachkommen in Reining, Cutting und Reined Cowhorse auf weit über $ 2,7 Millionen.

Die Mutter **Nu Playgirl** stammt von **Freckles Playboy** aus einer Tochter des NCHA World Champions **Nu Bar. Freckles Playboy** war 1977 AQHA World Champion und ist einer der besten Cutting-Vererber. Seine Nachkommen bringen es bisher auf über $ 27 Millionen NCHA.

Der Hengst: Burnt Starlight läuft seit Jahren unter seiner Reiterin Rieky Young ganz vorn im europäischen Reining-Sport. Mehrfach vertraten die beiden die Niederlande auf internationalen Events und sind auch 2010 Mitglied der holländischen Mannschaft bei den Weltreiterspielen in Kentucky. Burnt Starlight ist nicht nur ein schöner, ausdrucksvoller Hengst mit überragenden Bewegungen, sondern auch ein ausgesprochen sympathisches Pferd. Er ist absolut willig und versucht stets, sein Bestes zu geben. Ein besonderes Highlight sind seine Spins, von denen Rieky Young sagt: „Bevor er anfängt zu drehen, tut man gut daran zu schauen, ob man auch einen festen Sitz hat. Er dreht so schnell, dass man Gefahr läuft, aus dem Sattel zu kommen."

Die Nachkommen: Seinen wunderbaren Charakter und sein Reiningtalent gibt dieser Hengst auch an seine Fohlen weiter. Burnt Starlight hat bereits zahlreiche gute Performing Nachkommen, die europaweit geshowt werden und vielfach unter die Top Ten Finalisten von AQHA und NRHA Futuritys kamen.

Gallo Del Cielo	Peppy San Badger	Mr San Peppy	Leo San / Peppy Belle
		Sugar Badger	Grey Badger III / Sugar Townley
	Docs Starlight	**Doc Bar**	Lightning Bar / Dandy Doll
		Tasa Tivio	Poco Tivio / Chowchilla Pee Wee
Nu Playgirl	Freckles Playboy	Jewels Leo Bars	Sugar Bars / Leo Pan
		Gay Jay	Rey Jay / Georgia Cody
	Nu Rendition	Nu Bar	**Doc Bar** / Teresa Tivio
		Docs Rendition	Docs Dee Bar / Dans Lullaby

Besitzer: Heidi Wallner u. Karl Klinger
Thalmassinger Str. 16
D-93077 Dünzling
Tel. +49 (0)9453-9667
Fax +49 (0)9453-8087
Mobil +49 (0)172-9096354
wallnerhof@aol.com
www.chex-enterprise.de

Züchter: Noma Fidago, Ohio, USA

Deckeinsatz: –

Gentest: –

Körung: –

Archiv Wallnerhof

Eigenleistung: LTE über $ 100.000, 58 AQHA Reining Points, 2005 NRHA World Champion Open, 28 NRHA Bronze Trophys, 2-mal DQHA Deutscher Meister, AQHA European Champion, 10-mal NRHA Champion, 3 WRC Titel, 2002 WEG Jerez Platz 7, 2001 CRIO Champion

Leistung Nachkommen: Baileys Enterprise: NRHA Breeders Fut. Champ., Italian Derby Res. Champ.; **Flites Enterprise:** Super Slide Champ. SBH Open; **Bacardi Enterprise:** NRHA Breeders Fut. Res. Champ. Bit Non Pro; **Poco Lena Enterprise:** NRHA Breeders Fut. Res. Champion Bit Open

C

Die Vorfahren: Chex Enterprise ist ein Sohn des legendären **Be Aech Enterprise**, der von **Squaw Leo** aus der NRHA Hall of Famerin **Enterprise Lady** war. Unter Bill Horn war er Dritter der NRHA Futurity 1978, NRHA World Champion und brachte es auf fast $ 21.000. Doch bei weitem größer sollte er als Vererber werden. Der NRHA Hall of Famer zählt zu den Million Dollar Sires und ist einer der größten Reining-Vererber überhaupt. Zu seinen Nachkommen zählen u. a. **Trashadeous** (NRHA Futurity Res. Champion, NRHA Derby und Superstakes Champion, NRHA Open World Champion), **Barroom Be Aech** (NRHA Non Pro World Champion) und **Surprise Enterprise**. Darüber hinaus brachte er herausragende Zuchtstuten wie **Snowgun**, **A Smart Enterprise** (NRHA Open World Champion) und **Northern Enterprise**.

Die Mutter **Poco Sweet Chex** stammt von **Ready Chex**, einem **King Fritz** Sohn, der AQHA Reserve World Champion Senior Reining und AQHA Highpoint Reining Stallion war.

Der Hengst: Chex Enterprise hat Reining-Geschichte geschrieben, als er 2005 das erste europäische Pferd war, das unter einem europäischen Reiter (Rudi Kronsteiner) den NRHA World Champion Titel Open errang. Wo immer der unverwechselbare Braune auftrat, beeindruckte er Richter und Zuschauer mit seinen Manövern und seiner Ausstrahlung. Chex Enterprise wurde in den USA gezüchtet und von Gaetan Gauthier ausgebildet. 1994 kam der Hengst über Bernie Hoeltzel nach Deutschland und ging in die Hände seiner heutigen Besitzerin Heidi Wallner über, die ihn viele Jahre showte und zu einer der erfolgreichsten europäischen Non Pros wurde (u. a. Deutscher Meister Open und Non Pro). Von 2000 bis 2003 wurde er von Volker Schmitt geritten, der mit ihm den CRIO in Kreuth gewann und sich dabei sogar gegen Reiner aus den USA durchsetzte. Nach fast zweijähriger Turnierpause aufgrund einer Weideverletzung ritt ihn Rudi Kronsteiner zum World Champion Titel 2005. Chex Enterprise ist ein leistungsstarker, beeindruckender Hengst mit viel Siegeswillen – ein

echter Kämpfer mit großem Herz. Über seine Nachkommen hat er sich längst schon als herausragender Vererber bewiesen.

Die Nachkommen: Seinen Nachkommen gibt der Hengst sein großes Reining-Talent und seinen Leistungswillen weiter. Unter ihnen sind NRHA Breeders Futurity Champions und Reserve Champions sowie Super Slide Futurity Champions, die sowohl im Open als auch Non Pro Bereich auf höchstem Niveau laufen. Hier sind u. a. zu nennen: **Peppy Olena Chex** (Sieger Europ. Futurity 2009 Non Pro Level 1 und 2) sowie **Prosecco Enterprise** (Res. Champion Breeders Derby Non Pro 2010).

Be Aech Enterprise	Squaw Leo	Squaw King	King / Squaw H
		Veronicas Joy	Leo San / VS Veronica Jo
	Enterprise Lady	Poco Enterprise	Poco Bueno / Lady Chock 56
		Seco Lady	Seco King / Utopia Lady
Poco Sweet Chex	Ready Chex	King Fritz	Power Command / Poco Jane
		Mexicali Baby	Scooter Joe Holt / Barbaras Star Baby
	Jays Ace	Continental Ace	Continental King / Dodsons Little Star
		Miss Jay Spark	Lightening Spark / Miss Folsom

Besitzer: Roy de Bruin &
Gestüt Ludwig Quarter Horses
Schwantelhof 2
D-72475 Bitz
Tel. +49 (0)7431-81979
Fax +49 (0)7431-81978
www.lqh.de
contact@lqh.de

Station: Gestüt Ludwig Quarter Horses
Schwantelhof 2 · D-72475 Bitz
Tel. +49 (0)7431-81979
Fax +49 (0)7431-81978
contact@lqh.de

Züchter: Earl Lunceford, Idaho, USA
Deckeinsatz: NS, TG über Equine Concepts
Gentest: HERDA n/n, PSSM n/n
Körung: DQHA Körnote 8,25

Eigenleistung: LTE über $ 140.000
NRHA World Open Ranking Dritter 2008
NRHA World Open Ranking Vierter 2007
NRHA World Open Ranking Neunter 2006

Leistung Nachkommen:
NRHA Futurity SBH Open Reserve Champion Belgien 2009

K.J. Guni

C

Die Vorfahren: Coeur D Wright Stuff geht väterlicher- und mütterlicherseits auf die großen Quarter Horse Producer zurück und ist doppelt **Doc Bar** gezogen. Der Vater **Lenas Wright On** ist ein Sohn von **Smart Little Lena** aus einer Tochter des AQHA Champions und World Champion Producers **Isle Breeze**. Der All Time Leading Cutting Horse Sire Smart Little Lena ist längst schon American Quarter Horse Legende. Seine Nachkommen holten über $ 28 Millionen in der Cutting-Arena. Doch er zeugte auch brilliante Reining und Cow Horses. So auch Coeur D Wright Stuffs Vater Lenas Wright On, der NRHA Futurity Champion Open war und AQHA World Champion Junior Working Cowhorse. Seine Nachkommen brachten es ebenfalls bislang auf knapp LTE $ 500.000. Sehr interessant ist auch die Blutlinie der Mutter **Mist N Smoke**. Sie ist eine direkte Tochter von **Doc Tom Tucker** aus der **St Helens Smoke** von **Fritz Command**. **Doc Tom Tucker** (von Doc Bar) ist ein All Time Leading Sire von Cutting, Reining und Cow Horses, der vor allem exzellente Zuchtstuten machte. Von ihm

stammen die beiden AQHA Super Horses **Tostada Tucker** und **Tucker Vaquero**. In Europa wurde er vor allem durch seinen Sohn **Doc Chex** bekannt, der unter Kay Wienrich die damalige Reiningszene revolutionierte und in die DQHA Hall of Fame aufgenommen wurde. Mist N Smoke ist jedoch nicht nur exzellent gezogen, sondern hat sich sowohl in der Show-Arena als auch als Zuchtstute bewiesen.

Der Hengst: Dieser bemerkenswerte Hengst zieht seit Jahren die Reining-Fans in seinen Bann. Coeur D Wright Stuff wurde in den USA gezüchtet und zunächst von Bill Norwood ausgebildet. Mit ihm wurde der Hengst NRHA Limited Open Futurity Champion und Open Finalist. Später trainierte ihn Ruben van Dorp, der mit ihm NRHA Derby Reserve Champion Intermediate Open und Congress Champion Junior Reining wurde. 2003 kam Coeur D Wright Stuff nach Europa, wo er zunächst von Angelique Fernandus und seit Juni 2005 von Grischa Ludwig geshowt wird. Mittlerweile beläuft sich die Gewinnsumme dieses Extraklasse-

Hengstes auf über $ 140.000, wovon Grischa Ludwig allein in drei Jahren $ 100.000 mit ihm erritt. Der Hengst gewann mehrere NRHA Bronze Trophys, erhielt das Gold und Platinum Certificate der NRHA USA und war drei Jahre in Folge unter den Top Ten der NRHA Weltrangliste Open. Pedigree, Leistung und seine außergewöhnliche Manier prädestinieren diesen Hengst zu einem herausragenden Vererber.

Die Nachkommen: Coeur D Wright Stuffs Fohlen sind ganz der Vater: ausdrucksstark, gute Beweger und leistungswillig. Sein enormes Stopvermögen gibt er ebenso weiter wie seinen guten Charakter. Zu seinen ersten Nachkommen zählt **Pine Smokin Cash**, NRHA Reserve Futurity Champion SBH Open Belgien 2009. Sein zweiter Jahrgang wird ab Ende 2010 in das Turniergeschehen eingreifen. Bisher wurde der Hengst für die DQHA, IRHBA Italien, NRHA Belgien und NRHA Breeders Futurity einbezahlt.

Lenas Wright On	Smart Little Lena	Doc Olena / Smart Peppy
		Isle Breeze / Starlet Showdown
	Slide Me Again	
Mist N Smoke	Doc Tom Tucker	**Doc Bar** / Tonette Tivio
	St Helens Smoke	Fritz Command / Powder Smoke

Doc Bar / Poco Lena
Peppy San / Royal Smart
Top Breeze / Treasured Isle
Showdown Rick / Bills Lassie

Lightning Bar / Dandy Doll
Poco Tivio / Jimmette
King Fritz / Sutherlands Miss
Mr Gun Smoke / Miss Maria

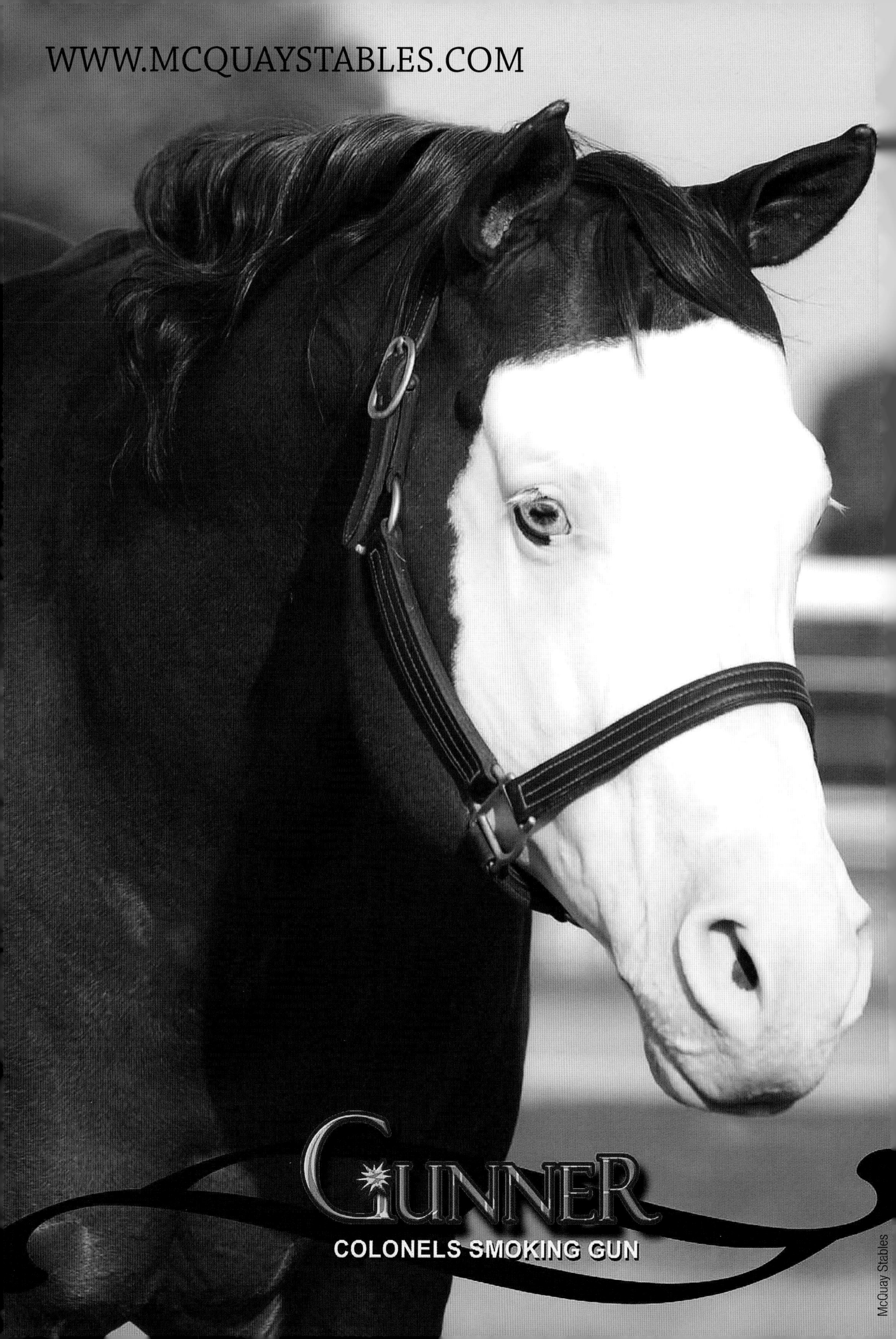
WWW.MCQUAYSTABLES.COM
GUNNER
COLONELS SMOKING GUN
McQuay Stables

COLONELS SMOKING GUN »GUNNER«

AQHA 4472679 / APHA 271197 · Sorrel · 1993

Besitzer:	McQuay Stables
	15135 E.FM 922
	USA-76274 Tioga (TX)
	www.mcquaystables.com
	Tel. +1 940-437-2470
	Fax +1 940-437-2257
Station:	beim Besitzer
Züchter:	Eric Storey, USA-Henagar (AL)
Deckeinsatz:	TG
	serequine
	Tel.: +39 (0)335-7244006
	www.serequine.com
Gentest:	HYPP n/n, HERDA n/n, OLWS n/n, PSSM n/n, GBED n/n
Körung:	–

Eigenleistung: über $ 177.670
USET Champion 1998
NRBC Open Res. Champion 1997
APHA World Show Futurity Open Champion

Leistung Nachkommen: $ 2.000.000, darunter
NRHA Futurity Champions
AQHA World Champion
NRBC Champion

McQuay Stables

Die Vorfahren: Der sowohl als American Quarter Horse als auch als American Paint Horse eingetragene **Gunner** ist ein Sohn von **Colonelfourfreckle,** der selbst NCHA Money Earner war. Vor allem durch Gunner wurde er zu einem NRHA All Time Leading Sire. Sein Vater ist kein anderer als der legendäre **Colonel Freckles.** Der NCHA Open Futurity Champion von 1979 wurde in die AQHA Hall of Fame aufgenommen. Seine Söhne und Töchter erzielten über $ 4 Millionen in Cutting, Reining und Cow Horse. Colonelfourfreckles Mutter **Miss Solano** geht über den NRHA All Time Leading Sire **Doc's Solano** direkt auf **Doc Bar** zurück.

Gunners Mutter **Katie Gun** liegt auf Platz 4 der NRHA All Time Leading Dams. Von ihren insgesamt 19 Fohlen wurden zwölf geshowt, die zusammen über $ 424.000 gewannen. Sie ist unter anderem die Mutter von **Dun It Gotta Gun** (von **Hollywood Dun It**), des AQHA World Champions Junior Reining **Spooks Gotta Gun** und des Reserve World Champions Junior Tie-Down Roping **No Guns Please.** Ihr Vater **John Gun,** ein Sohn des AQHA Res. World Champions Jr. Cutting **One Gun,** gewann über $ 32.000 im Cutting.

Der Hengst: Gunner ist eher klein gewachsen, besticht aber durch ein kräftiges und korrektes Fundament. Vor allem sein klarer Kopf und die leichte Trainierbarkeit machen ihn zu einem guten Reining-Pferd. Diese Eigenschaften gibt er signifikant an seine Nachkommen weiter. Der auffallende Hengst mit dem weißen Gesicht brillierte von Anfang an in der Show-Arena. Er war NRHA Futurity Open Reserve Champion und APHA World Championship Futurity Champion im Jahr 1996, APHA World Champion und Fünfter beim NRHA Non-Pro Derby 1997, NRBC Open Res. Champion 1998 und United States Equestrian Federation (USEF) Reining Champion im Jahr 2001. Mit über $ 177.000 ist er das erfolgreichste Paint Horse in der Geschichte der NRHA. Gunner wurde 2003 in die NRHA Hall of Fame aufgenommen.

Die Nachkommen: Gunner war 2007 der erste Painthengst, dessen Nachkommen die 1 Million Dollar Marke der NRHA übersprangen. Mittlerweile haben es seine Fohlen bereits auf über 2 Millionen Dollar Gewinnsumme in der Reining-Arena gebracht. Diese gewaltige Summe haben bisher insgesamt nur acht Vererber erreicht. Zu seinem erfolgreichsten Nachkommen gehören der 2009 NRHA Open Futurity Champion **Gunnatrashya** mit Shawn Flarida im Sattel und der 2007 NRHA Open Futurity Reserve Champion und Intermediate Open Champion **Gunners Special Nite.** Bekannt sind auch **The Great Guntini** (Dritter auf der NRHA Futurity 2006), der 2007 AQHA World Champion Senior Reining **Sorcerers Apprentice** und der NRBC Non Pro Derby Co-Champion **Smokin Dually.** Und nicht zu vergessen: die Vollschwester zum 2009 Futurity Champion, die beim Publikum beliebte „Schimmel"-Stute **Snow Gun.** Sie hat insgesamt über $120.000 im Showring gewonnen.

Colonelfourfreckle	Colonel Freckles	Jewel's Leo Bars	Sugar Bars / Leo Pan
		Christy Jay	Rey Jay / Christy Carol
	Miss Solano	Doc's Solano	Doc Bar / Susies Bay
		Dorothea	Blondys Dude / **Margaret C**
Katie Gun	John Gun	One Gun	Mr Gun Smoke / Miss Seventy One
		Cee Bars Echols	Cee Bars / Dorellie
	Bueno Katie	Aledo Bueno Bar	**Aledo Bar / Mui Buenos Sue**
		Bank Night Kate	**Bank Night Bars / King Kate**

COLONEL GOOD TIMES

Equestrian Arts

C

Besitzer: Detlef Müllers
Hölender Weg 101
D-40882 Ratingen
Tel. +49 (0)2102-444417
Mobil +49 (0)172-2686860
Fax +49 (0)2102-444415
info@BS-Ranch.de
www.bs-ranch.com
Station: beim Besitzer
Züchter: Triple P Farm, Essen, Deutschland
Deckeinsatz: NS
Gentest: –
Körung: PHCG Frühjahrskörung 2006, Res. Champion (7,6)

Eigenleistung: Neuwied 2002 German Champion 3-Year-Old Stallions Platz 2, Open Halter 3-Year-Old Stallions Platz 3, Amateur Halter Stallions Platz 3, Amateur Halter Stallions All Ages Platz 6

Leistung Nachkommen: BS Doc Chex Slide: Siegerfohlen der Fohlenschau Duisburg 2007 (7,75 drittbestes Fohlen des gesamten deutschen Jahrgangs); **BS Hollywood Jac:** Fohlenschau Duisburg 2007 (7,7); **BS Hollywood Cowgirl:** Siegerfohlen Fohlenschau Duisburg 2008 (7,7); **BS Doc Chex Chicka:** Prämienstute Stutenschau Duisburg 2009 (7,85); **BS Pearl Of Doc Chex:** Prämienstute Stutenschau Duisburg 2009 (7,85)

Die Vorfahren: Continentals Chickos Vater **The Black Continental** geht auf den AQHA World Champion Sire **The Continental** sowie den APHA Leading Sire **Painted Robin** zurück. Die Mutter **Painted Brightchic** ist eine Tochter des APHA Champions **Bright Chic Dandy** aus der **Miss Painted Cat**, die ebenfalls APHA Champion war.

Der Hengst: Der in Deutschland gezüchtete, sehr schön gezeichnete Hengst besticht durch viel Ausdruck, starkes Fundament und korrektes Gebäude, das er auch an seine Fohlen weitergibt. Vor allem aber zeichnet er sich durch einen hervorragenden Charakter aus: Continentals Chicko ist ein absolutes Verlasspferd – umgänglich, nervenstark und sehr menschenbezogen. Der Hengst läuft ganzjährig mit seinen Stuten und Fohlen auf der Weide. Seine außergewöhnliche Arbeitsbereitschaft verbunden mit seiner enormen Leichttrittigkeit und viel Cowsense machen den Hengst zu einem besonderen All Arounder für jeden Bereich des Westernreitens – ob im Freizeitbereich für die ganze Familie oder im Hochleistungssport.

Die Nachkommen: Die Nachkommen von Continentals Chicko zeichnen sich durch ihr gutes Gebäude, das solide Fundament und ihr gutes Wesen aus. Wie der Vater sind sie nervenstarke All Arounder mit Cowsense und daher ebenso ideale Partner für Freizeit und Familie wie für den Leistungssport. Schon als Fohlen überzeugen sie auf den Fohlenschauen. Die ersten Performer werden 2011 in der Show-Arena erwartet.

Black Continental	Continentals Bix (QH)	Continental Dude (QH)	The Continental (QH) / Jodie Sunflower (QH)
		Miss Sporty Seco (QH)	Secorillo (QH) / She A Sport (QH)
	Tuffys Bar Doll	Ima Tuffy Too	Tuffnuff Robin / Twinkle Adair (QH)
		Joeys Barbie	J Bar Junior / Joeys Naughty Lady
Painted Brightchic	Bright Chic Dandy	Bright Chic Dial (QH)	Bright Enough (QH) / Chic Dial (QH)
		Misty Beetle	Bar W Bar Beetlebomb / Chico Nugget (QH)
	Miss Painted Cat	Spot Cat	Debbys Top Cat (QH) / Skippers Lark (QH)
		Miss Roan Robin	Painted Robin / Avenue

Art & Light

Besitzer: Ria Vikum
Alt Lichtenrade 74
D-12309 Berlin
Tel. +49 (0)172-3848939
RiaVikum@aol.com
www.western-meets-classic.de

Station: Hengststation Jens Meyer
Dorumer Altendeich 8
D-27632 Dorum
Tel. +49 (0)4742-922143
Fax +49 (0)4742-922149
hengststation.meyer@t-online.de
www.jens-meyer.com

Züchter: Ute Utesch, Deutschland
Deckeinsatz: TG
Gentest: HERDA n/n, HYPP n/n, PSSM n/n, GBED n/n
Körung: DQHA Hengstkörung Aachen 2007 (7,65)

Eigenleistung: € 6500, AQHA Champion, DQHA Maturity Trail Champion 2008, mehrfach FEQHA European Champion Halter, AQHA World Show Qualifier Junior Trail 2008, mehrfach DQHA Highpoint Horse

Leistung Nachkommen:
Cool Investigation: DQHA Futurity 2008 Yearling Stallions Platz 5, DQHA Nord Futurity Res. Champion 2007/2008; **UE Imspecialandcool:** Grand Champion Halter u. World Show Qualifier; **Iamlikeahotdate:** DQHA Futurity 2009 Yearling Mares Platz 8; **CoolDressedInvester:** Siege in Halter

Die Vorfahren: Cool Indipendence führt väterlicher- wie mütterlicherseits bestes Leistungsblut. Der Vater **Charcool** ist in Deutschland hinlänglich bekannt. Unter George Maschalani wurde der schwarze Hengst, der ein Sohn des dreifachen World Champion Halter **Ima Cool Skip** ist, zweifacher FEQHA European Champion Junior Western Riding, DQHA int. Deutscher Meister Junior Pleasure, Americana Reserve European Champion Junior Western Pleasure und European Champion Senior Western Pleasure, German Masters Champion Western Riding und zweifacher DQHA Int. Deutscher Meister Trail. Er war DQHA-Highpoint Horse Western Riding 1995/96/98 und 99 sowie zwei Jahre in Folge DQHA All Around Highpoint Horse (1998 und 99).

Die Mutter **Vogue Investment** ist eine Tochter von **The Big Investment** aus der einer Enkelin von **Impressive**. The Big Investment (ein Sohn des AQHA und NSBA Hall of Famers **The Invester**, dessen Nachkommen über $ 500.000 verdienten) war unter ande-

rem AQHA World Champion Senior Western Pleasure Stallion. Auch er wurde in die NSBA Hall of Fame aufgenommen. The Big Investment brachte einen World Champion, drei Reserve World Champions sowie viele Superior und ROM Pferde. Cool Indipendence führt väterlicher- und mütterlicherseits den großen Impressive im Papier und wurde HYPP n/n getestet.

Der Hengst: Cool Indipendence ist ein hervorragendes Beispiel für die hohe Qualität der deutschen Quarter Horse Zucht: ein topgezogener Hengst, der Schönheit und Leistung vereint. Die Abstammung spricht für sich selbst. Cool Indipendence beweist seine Leistungsfähigkeit seit Jahren auf ganz großem internationalem Parkett, ob in Western Pleasure, Western Riding, Trail oder Halter. Mit seiner Vielseitigkeit, vor allem aber mit seinem untadeligen Charakter, repräsentiert Cool Indipendence das American Quarter Horse par excellence. Ein ausgesprochen umgänglicher, absolut ehrlicher Hengst, der sich durch ein sehr gutes Fundament, eine schöne Oberlinie und hervor-

ragende Grundgangarten auszeichnet. Dies beweisen auch die zahlreichen Erfolge in internationalen Halterklassen. Cool Indipendence ist ein echter Eyecatcher mit großer Ausstrahlung in der Show-Arena, rittig, absolut zuverlässig und nervenstark. Er ist von der DQHA gekört und ins Hengstbuch I eingetragen.

Die Nachkommen: Wer kompromisslos gesunde, nervenstarke, rittige und schöne American Quarter Horses züchten möchte, kommt an diesem Ausnahmehengst wohl nicht vorbei. Cool Indipendence gibt seinen Nachkommen sein korrektes Gebäude und seine guten Bewegungen mit, was sich bereits in Siegen und Platzierungen in Halter niederschlägt.

Charcool	Ima Cool Skip	Skipa Star	Skippers Lad / Pats Dusty Star
		Susie Impressive	Impressive Image / Suzys Honey
	Bar Cash Gold	Bar Cash Mike	Hes A Dude / Barcash Lady
		Dahlonega Gold	Beggs Gold / Jokers Nellie
Vogue Investment	The Big Investment	The Invester	Zippo Pat Bars / Hanks Peppy Lou
		The Country Girl	Lads Zero / Jodie Durant
	Ryans Sugar Bars	Impressor	Impressive / Miss Windy Spur
		Sugar Man Ada	Mr Sugar Man / Zeros Jodie

Besitzer: CPR Quarter Horses
00060 Formello
Via Monte Michele, 4
Italien, Rom
Tel. +39 (0)69-075336
Station: beim Besitzer
Züchter: CPR Quarter Horses, Italien
Deckeinsatz: –
Gentest: HYPP n/n, HERDA n/n, GBED n/n
Körung: –

Tristan Dark

Eigenleistung: ROM Performance Amateur, Open; DQHA, NSBA Open Hunter u. Saddle Futurity Champion; European Champion Hunter u. S. Open, Amateur; Italian Open Hunter u. S. Derby Champion, Int. Highpoint Hunter u. S. und Hunt Seat Equitation Amateur, World Show Qualifier

Leistung Nachkommen: –

C

Die Vorfahren: CPR Valentine Blaze stammt von dem berühmten **Blazing Hot**. Der Sohn von **Hotrodders Jet** aus einer Tochter von **Zippo Pine Bar** war 1994 AQHA Congress Futurity Western Pleasure Champion, 1995 AQHA Congress Derby Western Pleasure Open Champion und 1996 zweifacher AQHA World Champion (Western Pleasure und Western Riding). Seine Eigenleistung wurde nur noch von seiner Leistung als Vererber übertroffen, die ihn auch in die NSBA Hall of Fame brachte. Seine Nachkommen haben weit über $ 2 Millionen und über 23 000 AQHA Punkte errungen. Unter ihnen waren zahlreiche World und Congress Champions. Die Mutter **Sheza Complete Lady** geht väterlicherseits auf den AQHA Leading Sire of World Champion Halter Horses **Mr Conclusive** sowie auf den Superior Western Pleasure Hengst und AQHA Champion **Skips Brick** zurück. Die Stute wurde erfolgreich in Halter geshowt.

Der Hengst: CPR Valentine Blaze ist ein wunderschöner, großrahmiger, schwarzer Hengst mit überragenden, eleganten Bewegungen und bestem Charakter. Ein hervorragendes Hunter-Pferd, das seit Jahren auf internationalen Shows ganz vorne ist. Der Hengst wurde von der Familie Giraudini gezüchtet, die seit vielen Jahren zu den erfolgreichsten italienischen und europäischen Züchtern zählen. Unter Mirjam Giraudini wurde er AQHA European Champion und Italian Derby Champion. Ein Traum in Schwarz, der das Herz jedes Hunter-Begeisterten höher schlagen lässt und ein herausragender Nachwuchshengst, von dem man noch viel hören wird.

Die Nachkommen: Der erste Fohlenjahrgang dieses Hengstes wird 2011 erwartet.

Blazing Hot	Hotrodders Jet Set	Docs Hotrodder	Doc Bar / Jameen Tivio
		Miss Clique	Majors Set / Bay Clique
	Tahnee Zippo	Zippo Pine Bar	Zippo Pat Bars / Dollie Pine
		Toshi	Silky Fox / Miss San Sawyer
Sheza Complete Lady	Hes Complete	Mr Conclusion	Conclusive / Miss Amber Charge
		Bricks Missy	Skips Brick / Jacks Misty
	Envoy Lady TB	–	– / –
		–	– / –

CRUISIN IN STARSTYLE
AQHA 4598615 · Buckskin · 2004 · 153 cm

Georg Singer

Besitzer:	Kuffler-Hagen
	Pernerkreppe 26
	D-81925 München
Station:	Gestüt Ludwig Quarter Horses
	Schwantelhof 2
	D-72475 Bitz
	Tel. +49 (0)7431-81979
	Fax +49 (0)7431-81978
	contact@lqh.de
	www.lqh.de
Züchter:	Furnis Quarter Horses,
	Newman, Georgia, USA
Deckeinsatz:	FS, TG über Equine Concepts
Gentest:	–
Körung:	–

Eigenleistung: 2010 French Derby Res. Champion, 2010 CS Classic NRHA Open Platz 10, 2008 Americana NRHA Derby Non Pro Res. Champion, 2008 Rein O Mania NRHA Derby Non Pro Res. Champion, zahlreiche Siege und Platzierungen NRHA Open und Non Pro Events

Leistung Nachkommen: –

Die Vorfahren: **Cruisin In Starstyle** vereint zwei hochkarätige Performanceblutlinien. Der Vater ist kein geringerer als der große **Smart Starbuck**. Der **Grays Starlight** Sohn aus einer **Smart Little Lena** Tochter holte mehr als $ 60.000 in der Show-Arena. Unter Tom McCutcheon platzierte er sich ganz vorn in jedem Event, in dem er geshowt wurde. Noch besser erwies er sich als Vererber: **Smart Sidekick**, ein Hengst aus seinem ersten Fohlenjahrgang, gewann die KRHA Sunflower Slide Open Futurity und die AQHA Congress Futurity und war 2005 NRHA Derby Reserve Champion. Insgesamt brachten es die Smart Starbucks bisher auf über eine Million Dollar. Auch die Mutter **Dun It Sweetly** hat nicht nur ein exzellentes Pedigree, sondern auch einen beeindruckenden Show-Record. Die Tochter des $ 6 Million Sire **Hollywood Dun It** aus einer **Kaliman** Stute war u.a. Novice Horse Non Pro World Champion.

Der Hengst: Cruisin In Starstyle ist ein beeindruckender, schöner und gut bemuskelter Buckskin Hengst mit viel Ausdruck. In der Arena besticht er durch hervorragende Turnarounds und vorzügliches Stopvermögen. Der Hengst wurde von Uli Kofler ausgebildet und international sehr erfolgreich geshowt. Seit 2010 stellt in Grischa Ludwig in großen internationalen Reining-Prüfungen vor, was unter anderem zum Reserve Champion Titel beim Französischen Derby führte.

Die Nachkommen: –

Smart Starbuck	Grays Starlight	Peppy San Badger	Mr San Peppy / Sugar Badger
		Docs Starlight	Doc Bar / Tasa Tivio
	Smart Marlena	Smart Little Lena	Doc Olena / Smart Peppy
		Call Me Marla	Leon Bars / Miss Royal Fleet
Dun It Sweetly	Hollywood Dun It	Hollywood Jac 86	Easter King / Miss Hollywood
		Blossom Berry	Dun Berry / Regina Bella
	Melonkali Sweetie	Kaliman	Dell Milagro / Quo Vadis
		Kidnaps Candy Bar	Kidnap Bar / Candy Siemon

Besitzer: Brigitte Munkert
Marloffsteiner Str. 1a
D-91080 Spardorf
Tel. +49 (0)178-4517610

Station: Westernreitstall Spardorf
Marloffsteiner Str. 1a
D-91080 Spardorf
Tel. +49 (0)178-4517610

Züchter: Brigitte Munkert
Spardorf, Deutschland

Deckeinsatz: NS, FS

Gentest: HYPP n/n, OLWS n/n

Körung: München Riem 2005, Prämienhengst

Horsemotion

Eigenleistung: 2002 PHCG Futurity Champion Weanling Stallions, Champion of Champions, ROM Halter, fünf APHA Grand Champion und vier Reserve Champion Titel; 15 Lifetime Halter Points; PHCG Deutscher Meister Halter und Highpoint Horse Halter

Leistung Nachkommen: My Traveler Impresion: Prämienstutfohlen 4. Platz Halter PHCG Futurity 2009; **Tardys Cute Traveler** 2. Platz Halter PHCG Futurity 2009; **Justa Solid Traveler:** Prämienhengstfohlen 2009 Sieger (8,05); **Cute Joe Blueeye:** Prämienhengstfohlen Res. Sieger (7,95)

C

Die Vorfahren: Der Hengst ist ein Sohn des PHCG Elitehengstes und Leading Sire **Hesa Rockin Review**, der wiederum vom Superior Halter und Superior Western Pleasure Hengst **Openingnite Review** abstammt. Openingnite Review, ein Sohn des AQHA All Time Leading Sires **Impressive Review**, war Solid Gold Futurity Western Pleasure Winner in den USA, APHA European Champion und Deutscher Meister sowie mehrfach Highpoint Horse und stand 30-mal Grand Champion.

Die Mutter **Miss Traveler C** ist Dam of Honor Roll Zone Award, Dam of ROM Halter, Dam of APHA Champion und Dam of ROM Arena. Die sehr kräftige, im alten Typ stehende Stute hat das Register of Merit in Halter und ist PHCG Elitestute. Die Stute, die unter anderem den großen Vererber **Painted Jewel** in ihrem Pedigree führt, wurde vorwiegend in der Zucht eingesetzt. Miss Traveler C hat schon mehrfach erfolgreiche Nachzucht gebracht, darunter **Travel Bar Easy** (APHA Champion, Honor Roll Zone Award Trail,

mehrfach Deutscher Meister), **Ima Travel King** (ROM Halter) und **Miss Traveler Review** (ROM Halter)

Der Hengst: Cute Traveler Review ist ein großrahmiger, sehr eleganter Hengst im Western Pleasure Typ mit hervorragenden Bewegungen. Ein kräftiges, gut bemuskeltes Pferd mit korrektem Fundament und umgänglichem, ruhigem Charakter. Ein schön gezeichneter Paint, der mehrfach Grand Champion stand und Futurity Champion Halter wurde. Cute erhielt eine Western Pleasure Ausbildung bei Hubertus Jagfeld, konnte aber aufgrund eines Unfalls nicht unter dem Sattel geshowt werden.

Die Nachkommen: Seinen Fohlen gibt Cute Traveler Review sein korrektes Gebäude und kräftiges Fundament ebenso weiter wie seinen guten Charakter. Es sind geborene All Arounder mit ausgesprochenem Talent für Western Pleasure. Sein erster Fohlenjahrgang 2008 war bereits erfolgreich auf der PHCG Futurity. Seine beiden 2009er Fohlen waren Fohlenschausieger und Reserve Sieger mit 8,05 und 7,95. Seine Nachkommen sind in das PHCG Futurity Programm einbezahlt.

		Impressive Review (QH)	Pretty Impressive (QH) / Taffy Skip (QH)
	Openingnite Review	Sheza Gallant Hug	Gallant Hug / Ole Apple Dude (QH)
Hesa Rockin Review		Royal Dynasty	Royal Splendor (QH) / Snipper's Buttons
	Southern Girl	Poli Power Chic (QH)	Moore Chic (QH) / Poli Carline (QH)
		Non Stop	Sprocket / Fancy Jewel
	Cola Nonbar	Cola Bar	Diamond Jim / Joy's Sugar Bar (QH)
Miss Traveler C		Happy Traveler	Ferminio / Miss Hackberry
	Lady Traveler	Briscoe Lady (QH)	Jess Gann (QH) / Trifling Tamie (QH)

Besitzer: Britta und Günter Fischer
Förster-Funke-Allee 26
D-14532 Kleinmachnow
Tel. +49 (0)33203-72888
Fax +49 (0)33203-72889
info@BBQH.de
www.BBQH.de

Station: BBQH GmbH
Ahrensdorfer Str.
D-14532 Schenkenhorst
Tel. +49 (0)331-2791012
Fax +49 (0)331-2791011
Info@BBQH.de
www.BBQH.de

Züchter: Robert B. Wolf, Michigan, USA

Deckeinsatz: FS (ab 2011), TG

Gentest: HYPP n/n, HERDA n/n, PSSM n/n, GBED n/n, OLWS n/n

Körung: –

Eigenleistung:
Disavowed wurde sehr schonend gestartet und im Jahr 2009 nur auf zwei
Turnieren geshowt. Dabei erreichte er das ROM Performance in Western Pleasure.

Leistung Nachkommen:
Der erste Fohlenjahrgang des Hengstes wird 2011 erwartet.

Rux Photography

D

Die Vorfahren: Disavoweds Pedigree lässt das Herz von Western Pleasure Fans höher schlagen. Der Hengst ist das Ergebnis zweier herausragender Blutlinien, die Pleasure-Geschichte geschrieben haben. Der Vater **Potential Investment** stammt vom Congress Champion, National High Money Earner und AQHA All Time Money Making Sire 1989 **Principle Investment** aus der **Hot Little Treasure**, einer Tochter des NSBA Hall of Famers und World Champion Sires **Hotrodders Jet Set**. Potential Investment war All American Quarter Horse Congress Champion und Reserve Champion sowie AQHA Reserve World Champion in Jr. Western Pleasure, Dixie Nationals Champion und All American Quarter Horse Congress Western Pleasure Maturity Champion. Er zählt heute zu den führenden Vererbern der Pleasure-Szene. Unter seinen Nachkommen sind AQHA World Champions, Reserve World Champions, Superior Horses, AQHA Champions, Quarter Horse Congress Champions und Reserve Champions, die es auf knapp 14.000 AQHA Punkte und über $ 400.000 NSBA Earnings

brachten. Die Mutter **Tahnee Zippo** ist eine direkte Tochter des großen **Zippo Pine Bar** aus der **Toshi**, einer Tochter des AQHA Champions **Silky Fox**, der World Champions, Supreme Champions und Superior Pferde hervorbrachte. Toshi, die selbst ihr Superior in Western Pleasure besaß, hatte nur zwei Fohlen. Diese brachten es auf 110 AQHA Points und $ 4189 NSBA Gewinnsumme. Zippo Pine Bar ist bereits Quarter Horse Legende. Der Hengst (ein Enkel von **Three Bars**) wurde aufgrund seiner Leistungen in die AQHA und NSBA Hall of Fame aufgenommen. Er ist ein All Time Leading Sire of AQHA Highpoint Performance Horses und Leading Sire of NSBA Money Earners. Seine 1648 AQHA Nachkommen, 68 Appaloosas und 72 Paint Horses, sammelten über 50.000 Points. Tahnee Zippo hat sich als Producerin bestens bewährt. Von ihren 14 Fohlen holten 13 aktuell mehr als 1600 AQHA Punkte und über $ 130.000 Preisgeld. Zu ihren bekanntesten Nachkommen, unter denen World und World Reserve Champions sind, zählen **Blazing Hot** und **Prettiest Jet Yet**.

Der Hengst: Disavowed präsentiert sich als eleganter und sehr korrekter Bay-farbener Hengst mit leichtfüßigen, sehr eleganten Bewegungen und viel Ausstrahlung. Zudem beeindruckt er durch Umgänglichkeit und ein sehr freundliches Wesen. Der in Michigan gezogene Hengst wurde von seinen Besitzern bewusst schonend gestartet und daher im Jahr 2009 als Vierjähriger lediglich zweimal vorgestellt. Dabei errang er sein ROM Performance. Er wurde vom World- und Congress-Champion Steve Hackman ausgebildet in Western Pleasure, Hunter under Saddle, Trail und Western Riding und wird ab Mitte 2010 in Europa geshowt werden. Ein sehr interessanter Nachwuchshengst, der allein schon durch seine herausragende Abstammung ein Gewinn für die europäische Quarter Horse Zucht und Western Pleasure Szene ist.

Die Nachkommen: Der erste Fohlenjahrgang wird im Jahr 2011 erwartet.

Potential Investment	Principle Investment	The Big Investment	The Invester / The Country Girl
		Tiger Serena	Tiger Leo / Nigger Ann
	Hot Little Treasure	Hotrodders Jet Set	Docs Hotrodder / Miss Clique
		Treasure Sail	Hoist Sail / Miss I O U
Tahnee Zippo	Zippo Pine Bar	Zippo Pat Bars	Three Bars (TB) / Leo Pat
		Dollie Pine	Poco Pine / Hobo Sue
	Toshi	Silky Fox	Rapid Bar / Ima Pixie
		Miss San Sawyer	Above Zero / Melody Blake

Besitzer: Chrom-Ranch
Angelika Gallitzendörfer
Im Dickenreis 61
D-87700 Memmingen
Tel. +49 (0)174-1606694
Fax +49 (0)8331-9849346
info@chrom-ranch.de
www.chrom-ranch.de
Station: beim Besitzer
Züchter: Chrom Ranch,
Memmingen, Deutschland
Deckeinsatz: NS, TG
Gentest: HYPP n/n
Körung: PHCG 2007, HB I

Renate Ettl

Eigenleistung: Elitehengst PHCG 2008
APHA ROM Halter, mehrfacher Grand Champion, ROM Trail
APHA Champion (unof.)
PHCG Bayerischer Meister Trail 03,04; Halter 02,03,04,06

Leistung Nachkommen: Prämierte Nachzucht mit EM Erfolgen; **Doc Cluesluna Bar:** APHA Champion, über 30 All Around Champion Titel, Prämienstute; **Clues Lady Technique:** APHA multiple Highpoint Halter, Color Class, Showmanship, Hunter; **Clues Robin Bar:** PHCG Futurity Res. Champion 08,09

D

Die Vorfahren: **Doc Cluesleo Bar** vereint bestes Paint und American Quarter Horse Blut. Der Vater **Clues Rocky Road**, der ebenfalls im Besitz der Chrom Ranch ist, wurde 1990 aus Illinois importiert, nachdem er die State Fair gewonnen hatte. Auch er ist ein PHCG Elitehengst mit ROM Trail und Reining, der über 100 Punkte EWU und APHA in Halter, Western Riding, Super Horse, Trail, Reining, Hunter Hack, Western Pleasure errungen hat. Clues Rocky Road war PHCG Western Pleasure Futurity Champion 1992, PHCG und EWU Bayerischer Meister Trail, Super Horse, Western Riding sowie mehrfacher All Around Champion. Der Hengst ist ein Enkel des AQHA World Champions Halter 1982 **Conclusive**, einem der vielen erfolgreichen Söhne von **Impressive**. Die Mutter **Leos Pure Honey** geht auf **Doc Bar**, **Blondys Dude** und mehrfach **King** zurück.

Der Hengst: Der in Deutschland gezüchtete Doc Cluesleo Bar verfügt über beste Halter- und Performance-Qualitäten. Der von der University of California als homozygot Tobiano getestete Hengst (alle Fohlen werden bunt) hat ein absolut korrektes Gebäude und hervorragende Bewegungen – dies alles gepaart mit bemerkenswerter Nervenstärke. Es scheint nichts zu geben, wovor er sich fürchtet; nie kommt er aus seinem Gleichgewicht. Daher ist er sehr einfach zu reiten und hat an vielen verschiedenen Disziplinen Spaß. Insgesamt gehen über 20 Grand und Reserve Grand Champion Titel auf das Konto dieses bemerkenswerten Painthengstes, der in der Western Pleasure und Hunter ebenso brilliert wie im Trail. Aufgrund seiner Leistungen wurde er im Jahr 2008 zum PHCG Elitehengst.

Die Nachkommen: Seine Nervenstärke und Leichtrittigkeit gibt Doc Cluesleo Bar ebenso an seine Fohlen weiter wie seine Farbe. Die Nachkommen sind hervorragende Pferde auch für den Amateur- und Jugendbereich und prädestiniert für Western Pleasure und Trail. Sie verfügen über absolut korrektes Gebäude und herausragende Gangqualität. Daher finden sich unter den „Leos" viele prämierte Fohlen und Halter Champions. Viele Nachkommen haben es in die PHCG Highpoint Liste geschafft und machten Besitzerin Angelika Gallitzendörfer zum PHCG Breeder of the Year 2009.

Clues Rocky Road
— SR Be Conclusive (QH)
— Firehairs Belle

— Conclusive (QH)
— Be Lena (QH)
— Peppy Warrior
— Robins Firehair (QH)

— Impressive (QH) / Night Pacer (QH)
— Wallaby (QH) / Bee Jays 0236 (QH)
— Bold Warrior / Cutter Belle (QH)
— Firehair Locust (QH) / Huckle Robin (QH)

Leos Pure Honey
— Docs Rare Sunup (QH)
— Wranglers Miss Leo

— Docs Rare Vintage (QH)
— Scarlet Sunup (QH)
— Wrangler
— Mitzy Leo

— Docs Zimfandel (QH) / Jules Jill Bar (QH)
— Sunup Doc (QH) / Cass Cody (QH)
— Mr Winters Own / Dudes Cindy San (QH)
— Mr Leo / Mitzy Bond (QH)

DOCS GUN

Besitzer: Ute Holm
Lieschingstr. 36
D-70567 Stuttgart
mail@uteholm.de
www.uteholm.de

Station: Egenter Quarter Horses
Hofgut Reichenbach
D-72336 Balingen
Tel. +49 (0)7433-274133
info@eqh-online.de

Züchter: Joshua Oak Farms, Texas, USA

Deckeinsatz: TG, NS

Gentest: LWO n/n, GBED n/n, PSSM n/n, HERDA n/n

Körung: Gekört, Hengstbuch 1 der DQHA

Horsemotion

Eigenleistung: NRHA, NRCHA u. NCHA Money Earner, AQHA World Show Senior Reining Finalist, mehrfacher World Show Qualifier in Cutting, 48 AQHA Open Reining Points, 24,5 Punkte in Open Cutting, Platzierungen und Siege u. a. in Reined Cowhorse, Ranch Horse Versatility

Leistung Nachkommen: Altersbedingt noch nicht unter dem Sattel

D

Die Vorfahren: Docs Guns Vater **Playgun** war der Sohn des großen **Freckles Playboy**, der genau wie sein Vater unter den Top Ten Vererbern der besten Ranch Horses zu finden ist. Freckles Playboy war AQHA World Champion und hat sein enormes Talent bei der Rinderarbeit und seine gute Arbeitsmoral an seine Kinder weitervererbt, die über $ 27 Millionen in der Cutting-Arena gewonnen haben. Seine Show-Karriere beendete Playgun mit einem Preisgeld von über $185.000. Auch seine Nachkommen haben bisher schon über $ 7 Millionen gewonnen.

Die Mutter **Docata** ist eine direkte **Doc Bar** Tochter aus einer **Poco Bueno** Stute. Zu Doc Bar muss eigentlich kein weiteres Wort verloren werden. Doc Bar ist ein Leading Sire of AQHA Champions, NCHA Champions und Arena ROMs. Viele seiner Nachkommen, z. B. **Doc Olena**, sind selbst Quarter Horse Legenden. Das gleiche gilt auch für den Hall of Famer **Poco Bueno**, der zunächst in der Halter-Arena mehrfach Grand Champion stand und später mit seinem

grandiosen Cutting-Talent wahre Scharen von Fans gewann. Docata war selbst NCHA Money Earner und im Showring sehr erfolgreich. Die Stute hat mehrere NCHA Money Earner und AQHA Champions in verschiedenen Disziplinen produziert.

Der Hengst: Docs Gun ist ein American Quarter Horse Hengst im alten Stock Type. Er ist relativ klein, kompakt, mit sehr stabilem Fundament und guter Bemuskelung. Der Hengst ist intelligent und extrem umgänglich. Eine seiner hervorragenden Eigenschaften ist seine Ruhe gepaart mit extrem dynamischen, athletischen Bewegungen, die er auch an seine Nachkommen vererbt. Der Hengst wurde in den USA gezüchtet und dort hauptsächlich von Clint Haverty in der Reining geshowt, der ihn u. a. auf den 10. Platz in der AQHA World Show ritt. Docs Gun ist ein ausgesprochen vielseitiger Hengst, der im Reining genauso einen +1 Stop zeigt wie erstklassige Arbeit am Rind. Hier brilliert er durch seinen Cowsense, seine extreme Wendigkeit und Schnelligkeit sowie seine grenzenlose

Geduld am Rind. Wenn nötig, kann er geradezu ewig auf die Kuh warten. Ein All Arounder mit viel Cowsense und Nervenstärke, der 2010 kein Turnier ohne Sieg im Cutting verlassen hat. Dass Ute Holm ihn bevorzugt auch auf Messen und Ausstellung zu Cutting-Vorführungen einsetzt, spricht Bände über die Belastbarkeit und Ausgeglichenheit dieses Hengstes

Die Nachkommen: Wer an gut gebauten, leistungsfähigen und charakterlich einwandfreien All Aroundern mit Cutting Talent interessiert ist, kommt an diesem Hengst nicht vorbei. Sein erster Fohlenjahrgang kam erst 2008 zur Welt, wurde also noch nicht geshowt. Seine Nachkommen stehen im alten Quarter Horse Typ mit kräftigem Fundament und guter Bemuskelung. Sie zeichnen sich durchweg durch ihr ruhiges und anhängliches Wesen aus. Von ihrem Vater haben sie zudem den Cowsense, die Einsatzbereitschaft und den Mut eines guten Rinderpferdes geerbt. Sie sind aber durchaus auch sehr gut im All Alround Bereich einzusetzen.

Playgun	Freckles Playboy	Jewels Leo Bars	Sugar Bars / Leo Pan
		Gay Jay	Rey Jay / Georgia Cody
	Miss Silver Pistol	Doc´s Hickory	**Doc Bar** / Miss Chickasha
		Pistol Lady 2 Be	Kings Pistol / Miss Bailey 24
Docata	**Doc Bar**	Lightning Bar	Three Bars / Della P
		Dandy Doll	Texas Dandy / Bar Maid F
	Poco Gata	Poco Bueno	King / Miss Taylor
		Lady Bee Pep	Bee Line / Lady Pep Up X

Besitzer: Heiko Keuchel
Barmbruch 1
D-29614 Soltau
Fax +49 (0)5071-912629
Mobil +49 (0)170-9052350
info@docssmokinlena.com
www.docssmokinlena.com

Station: Equine Acres (beim Besitzer)
Züchter: Robert L. Mendenhall, Alpine, Utah, USA
Deckeinsatz: KS, TG
Gentest: OLWS n/n, GBED n/n
Körung: 1996 Zuchtverband für Deutsche Pferde,
Lenkföhrden, Deutschland
2000 Swedish Horse breeding Society, Skövde, Schweden
Ausgezeichnet als Elitehengst PHCG (Hengstbuch I)

Eigenleistung: LTE über € 10.000, APHA Versatility Champion, Superior Reining u. Trail Horse, 7-mal ROM, 200 APHA Performance Points, mehrfacher Deutscher Meister u. Highpoint in diversen Disziplinen, mehrfach European Champion, Nations Cup Reserve Champion Team Schweden

Leistung Nachkommen: LTE über € 25.000, über 750 APHA Points, Versatility Champions, Superior, ROM, European und German Champions, Futurity und Maturity Champions, Highpoint Horses in diversen Disziplinen sowie All Around Champions

Horsemotion

Die Vorfahren: Docs Smokin Lena stammt von dem legendären Cutting-Hengst und Leading Sire **Doc Doll** ab, der ein direkter Sohn von **Doc Olena** und Vater mehrerer APHA World Champions war. Doc Doll wurde 1978 Vierter bei der NCHA Futurity und Zweiter bei der Oklahoma Futurity. Außerdem erreichte er 1979 den siebten Platz beim NCHA Derby und den dritten Platz bei der California Maturity. Damit kommt er auf LTE $ 37.195 und hat ein ROM Cutting mit 25 Punkten. Doc Olena ist American Quarter Horse Legende. Dieser großartige Hengst ist einer der einflussreichsten Söhne von Doc Bar. Doc Olena war NCHA Open Futurity Champion, wobei er alle vier Go Rounds für sich entschied. Die Nachkommen dieses AQHA Hall of Famers, unter denen World Champions und 36 Futurity Finalisten sind, brachten es auf über $ 15 Millionen in der Cutting-Arena. Die Mutter **More White Smoke** ist ein Crop Out von **Mr Gun Smoke**. Dieser legendäre American Quarter Horse Hengst ist ein NCHA , NRHA, und NRCHA Hall of Famer und einer der führenden Vererber von Reining- und Cutting-Pferden.

Sein großes Herz, seine Ausstrahlung und seinen Cowsense prägten eine wahre Dynastie von Spitzen Performance Pferden. Seine Nachkommen erzielten allein 2.000 AQHA Performance-Punkte. Zu seinen berühmtesten zählen der NCHA Futurity Champion **Gun Smoke's Dream,** die NRHA Hall of Famer **Hollywood Smoke** und **Miss White Trash,** der NRCHA Snaffle Bit Futurity Champion **Kit's Smoke** und NRCHA Hackamore Champion **Political Smoker.**

Der Hengst: Docs Smokin Lena ist ein absoluter Ausnahmehengst: erstklassiges Leistungspedigree, großartiger Show Record und Toperfolge als Vererber – dieser Hengst vereint alles. Docs Smokin Lena wurde in Utah gezüchtet und kam als Zweijähriger nach Deutschland. Unter Heiko Keuchel wurde er eines der erfolgreichsten Paint Horses Europas. Allein sieben ROMs gehen auf sein Konto – von Halter über Cutting, Working Cowhorse, Reining, Barrel Race und Trail bis hin zu Hunter Hack. Dazu zahlreiche Deutsche und Europameistertitel. Trotz seines Alters ist dieser

Hengst noch heute ein Eyecatcher: Er ist kraftvoll, gut bemuskelt und besitzt eine schöne Zeichnung. Außerdem überzeugt er durch viel Ausdruck sowie einem dynamischen und korrekten Bewegungsablauf. Ein absolut leistungswilliger All Arounder mit allerbestem Charakter.

Die Nachkommen: Seine Schönheit, Ausgeglichenheit und Nervenstärke gibt Docs Smokin Lena genauso an seine Nachkommen weiter wie seine Leichtrittigkeit und korrektes Gebäude mit solidem Fundament. Über 70 Prozent vererbt er seine Farbe. Seine Vielseitigkeit schlägt sich auch in den zahllosen Erfolgen seiner Nachkommen weltweit in unterschiedlichsten Disziplinen nieder. Unter ihnen sind Futurity Champions, Deutsche Meister, Europameister und mehrere mit dem Titel Register of Merit ausgezeichnet. Mit ihrem ausgezeichneten Charakter sind die Docs Smokin Lenas aber auch zuverlässige Freizeitpartner für die ganze Familie.

Doc Doll	Doc Olena (QH)	Doc Bar (QH)	Lightning Bar (QH) / Dandy Doll (QH)
		Poco Lena (QH)	Poco Bueno (QH) / Sheilwin (QH)
	Uvalde Doll	Uvalde King (QH)	Hiredhands Cardinal (QH) / Desvelada (QH)
		Paint Mare	– / –
More White Smoke	Mr Gun Smoke (QH)	Rondo Leo (QH)	Leos Question (QH) / War Bird (QH)
		Kansas Cindy (QH)	Kansas Star (QH) / Miss Gun Smoke (QH)
	Harlan Buffy (QH)	Keith Harlan (QH)	Harlan (QH) / Leota San (QH)
		Bobs Buff (QH)	Bob Ford (QH) / Osage Kitten (QH)

Besitzer: Christa Eden
Am Burghof 7
D-61130 Nidderau
www.doctor-stream.de

Station: Ilan Rosenberg Reining Horses
Küffner Hof
Neudeck 20
D-74243 Langenbrettach
Tel. +49 (0)178-8992278
Fax +49 (0)7946-9439760
www.horses4reining.de

Züchter: Koby Kempel, Boston, Massachusetts, USA

Deckeinsatz: NS

Gentest: –

Körung: –

Horsemotion

Eigenleistung: LTE über $ 5.000, 2004 AQHA European Champion SBH Reining; 2005 NRHA Maturity Champion Ltd. Open; 2004 AQHA Intl. Highpoint Jr. Reining, ROM Open und Amateur; 2007 NRHA Jahresendwertung 4.Platz Rookie

Leistung Nachkommen: BRS Gold Stream: 2008 British Jr Reining Year End Champion, AQHA Highp. Jr. Reining Horse, AQHA World Show Qualifier; **Stream Sodd Tas:** AQHA Open Point Earner Jr. Reining; **Shes A Cute Star:** Open Futurity Prospect

D

Die Vorfahren: **Doctor Stream** ist doppelt **Doc Bar** gezogen. Der Vater **Doctor Pick** ist ein Enkel von Doc Bar, der in Europa sehr erfolgreich in Reining und Cutting ging. Unter anderem gewann er die Bronzemedaille auf der Deutschen Meisterschaft Cutting 2003, war zweimal Vierter beim Americana Masters Cutting und Vierter auf der FEQHA European Championship Amateur Cutting. Von Doctor Pick, dessen metallischen Fellglanz Doctor Stream geerbt hat, stammt unter anderem auch **GR Get The Doctor**. Die Mutter **Doc Stream Guard** ist eine Enkelin des großen **Docs Lynx** aus der **Gold Stream Guard**, einer Stute, die 20 Perfomance-Punkte und 52 Halter-Punkte errang und u. a. AQHA World Champion Youth Performance wurde. Docs Lynx war NCHA Derby Champion und unter den Top 5 der NCHA Futurity. Er gehört zu den Top 15 All Time Leading Cutting Sires.

Der Hengst: Doctor Stream ist ein wunderschöner, goldener Palominohengst, der seit vielen Jahren erfolgreich im großen Sport läuft. Er fällt auf durch sein korrektes Gebäude mit sehr schönem, ausdrucksvollem Kopf, durch sein extrem starkes Fundament mit guten, kräftigen Hufe und natürlich durch die besondere Farbe mit dem metallischen Glanz. In der Arena besticht dieser Hengst durch seine Präsenz, seine überragenden Bewegungen, außergewöhnliches Stopvermögen und sein großes Herz. Den Höhepunkt seiner Karriere feierte Doctor Stream 2005, als er sich in Italien auf der IRHA Maturity gegen stärkste Konkurrenz durchsetzte und Limited Open Champion wurde. Heute beweist er seine Zuverlässigkeit und Leistungsfähigkeit genauso im Amateur und Non Pro Bereich. Im Umgang zeigt sich dieser Ausnahmehengst als überaus umgänglich und ohne jegliche Hengstmanieren. Nicht umsonst sagt sein Pfleger von ihm: „Das ist ein Pferd, das uns jeden Tag daran erinnert, warum wir Pferde lieben."

Die Nachkommen: Seine Robustheit, das gute Exterieur und kräftige Fundament vererbt Doctor Stream ebenso an seine Nachkommen wie seinen lieben, umgänglichen Charakter. Die Doctor Streams sind zu 40 Prozent Palominos und zeichnen sich durch ihr Stopvermögen ebenso aus wie durch hervorragende Qualitäten als All Arounder. So wurde seine 2006 geborene Palomino-farbene Tochter **BRS Gold Stream** zunächst Reining trainiert, zeigte aber nach ihrem Verkauf nach England noch viel mehr Qualitäten. Sie war AQHA Highpoint Reining und ein Jahr später Britischer Reserve Champion in Hunter under Saddle. Zudem errang sie zahlreiche Siege in All Around Klassen. Die erste Reining-Nachzucht in Deutschland feiert 2010 ihr Futurity Debut (Doctor Stream ist SSP einbezahlt).

		Doc Bar	Lighting Bar / Dandy Doll
	Docs Poco Bar	Poco Gata	Poco Bueno / Lady Bee Pep
Doctor Pick		Holly San Gold	Peppy San / Hollywood Red
	Gold Pick Bar	Pick Bar	Orphan Lad / You Bar
		Docs Lynx	Doc Bar / Jameen Tivio
	Doc King Lynx	Gay Jean	Gay Bar King / Cora Jean
Doc Stream Guard		Goldstream Guard	Afton Creek / Miss Adelita
	Gold Stream Guard	Skips Dove	Skips Command / Emerald

Thomas Ramsdorfer

Besitzer: Zip Nic Partners
An der Fischa Nr. 53
A-2440 Mitterndorf
Tel. +43 (0)664-1504573
Fax +43 (0)223-478474
info@doctorzipnic.com
www.doctorzipnic.com
Station: VetMed Uni Vienna
Veterinärplatz 1
A-1210 Wien
Züchter: Lucio Ferrarini, Reggio Emilia, Italien
Deckeinsatz: TG
Gentest: –
Körung: –

Eigenleistung: LTE über $ 53.000
Multiple CRI Champion, Multiple Bronze Trophy Champion
IRHA Derby Champion
Bronzemedaille (Team) FEI WM 2008

Leistung Nachkommen: –

Die Vorfahren: Doctor Zip Nic stammt aus der Verbindung zweier hervorragender Leistungspferde mit hochkarätigem Pedigree. Der Vater ist kein geringerer als NRHA und NCHA Million Dollar Sire **Reminic**. Reminic war der einzige Sohn aus der Anpaarung des Million Dollar Sires **Docs Remedy** und der **Arizona Junies** Tochter **Fillinic**, die selbst sehr erfolgreich in der Cutting-Arena und das erste Pferd war, das in die NRCHA Hall of Fame aufgenommen wurde. Reminic war NCHA Futurity Champion 1981 und gewann über $ 92.000. Zu seinen Nachkommen, die über $ 3,4 Millionen gewonnen haben, zählen NRHA und NCHA Futurity Champions. Seine bekanntesten: **Von Reminic**, **Boomernic**, **Reminics Pep** und **Nic In The Bud**.

Die Mutter **Sugar Jodie Doll** (eine Enkelin des AQHA Champion Sires **Gay Bar King**), war 1987 South West Open Futurity Champion, 1987 NRHA USA Open Finalist, 1988 Dritte auf der IRHA Open Futurity und gewann zahlreiche Bronze Trophys Open und Non Pro.

Der Hengst: Spätestens seit der FEI Weltmeisterschaft in Manerbio 2008 ist dieser Hengst eine europäische Reining-Legende geworden. Damals erzielte Sylvia Rzepka mit Doctor Zip Nic den besten Score des Mannschaftswettkampfes (227) und sicherte damit die begehrte WM-Bronzemedaille für Deutschland. 2010 startet er in Kentucky bei den Weltreiterspielen für Deutschland. Der in Italien gezüchtete, beeindruckende Schwarzbraune wurde von Duane Latimer für die US Futurity 2005 ausgesucht. Nur um einen halben Punkt verpassten sie das Open Finale, revanchierten sich jedoch im Folgejahr mit einem fünften Platz beim NRHA Derby Int. Open. Danach kam Doctor Zip Nic nach Italien zurück. Unter Nico Hörmann gewann er 2007 das Italienische Derby und den Equitana Cup. Seit Juli 2007 wird er von Sylvia Rzepka trainiert und mit großem Erfolg geshowt, die ihn mit einem Satz beschreibt: „Er ist einzigartig." Doctor Zip Nic präsentiert sich als bildschöner, hervorragend bemuskelter Hengst mit viel Ausdruck und überragenden Bewegungen. Seine Manöver in der

Reining-Arena beeindrucken ebenso wie sein unbändiger Leistungswille und sein großes Herz. Eine absolute Ausnahmeerscheinung, dessen Nachkommen mit Spannung in der Show-Arena erwartet werden.

Die Nachkommen: Sein erster Fohlenjahrgang war 2008, sodass es noch eine Zeit dauern wird, bis sich die Nachkommen unter dem Sattel bewähren können.

Reminic	Docs Remedy	Doc Bar	Lightning Bar / Dandy Doll
		Teresa Tivio	Poco Tivio / Saylors Little Sue
	Fillinic	Arizona Junie	G FS Punchinello / MCS Lone Wolf
		Alouette	Master Boss / Powder
Sugar Jodie Doll	Mr Gay Sugar Bar	Gay Bar King	Three Bars / Gay Widow
		Sugar Deer	Sugar Bars / Della King
	Sans Jodie Dee	Hornet Star	K Hornet / **Joe Star Sue**
		Joe Star Sue	Joe San / Red Star Sue

Besitzer: Casanova Quarter Horses
Case sparse, 99
I-14034 Castello d'Annone Asti
Tel. +39 (0)348-9025219
mail@casanovaquarterhorses.com
www.casanovaquarterhorses.com

Station: beim Besitzer
Züchter:
Deckeinsatz:
Gentest: HERDA n/n, PSSM n/n, GBED n/n
Körung: –

Archiv Casanova Quarter Horses

D

Eigenleistung: LTE über $ 30.000, 2002 Congress NSBA Breeders Fut. Western Pleasure Fünfter, 2004 Scottsdale Classic Western Pleasure Maturity Res. Champ., 2004 Pro Denver Circuit Champ., mehrf. Europ. Champ. Western Pleasure, 2008 Italian Maturity Champ. Western Pleasure

Leistung Nachkommen: DQHA Halter Fut. Champions, Western Pleasure Celebration Champion, NSBA Fut. Champion Longeline, NSBA Europ. Champion Longeline, DQHA Trail Fut. Res. Champions, AIQH Western Pleasure u. Trail Fut. Champions

Die Vorfahren: Der Vater von Dont Dress Me ist ein Sohn des legendären Pleasure-Vererbers. Der Hengst war mehrfach AQHA Highpoint Western Pleasure und World Show Qualifier und brachte viele herausragende Pferde, darunter AQHA Champions und World Champions. Erstklassiges Leistungsblut auch auf der Mutterseite: ist eine Tochter des NSBA Hall of Famers und Leading Sire , die einen beachtlichen Show Record hat. Sie war Southern Bell und Tom Powers Futurity Champion sowie zwei Mal NSBA Highpoint Horse Western Pleasure.

Der Hengst: Dont Dress Me ist ein Hunter und Western Pleasure Vererber der Spitzenklasse. Der Hengst wurde in den USA gezüchtet und dort auch sehr erfolgreich geshowt. Später wurde er nach Italien verkauft. Unter Keith Long errang er unter anderem mehrere European Champion Titel. Ein hochnobler, eleganter Sorrel-farbener Hengst mit überragenden Bewegungen und bestem Charakter, der über $ 30.000 gewonnen hat.

Die Nachkommen: Dont Dress Me vererbt seinen Fohlen seine hervorragenden Bewegungen, seinen guten Charakter und seine Ausstrahlung in der Show-Arena. Er hat bereits viele erfolgreiche Performer gebracht, darunter Futurity Champions und European Champions. Zudem steht er an der Spitze der erfolgreichsten Vererber der europäischen Celebration. Von ihm stammen u.a. der Hunter Celebration Champion 2010 und der Longeline Reserve Champion 2010 ebenso wie der Pleasure Celebration Champion 2009.

Dont Skip Zip	Zippo Pine Bar	Zippo Pat Bars	Three Bars / Leo Pat
		Dollie Pine	Poco Pine / Hobo Sue
	She Shes A Ten	Saved The Day	Three Par / Mattie Day
		Zeros Bar Miss	Scrap Iron Bars / Zeros Sue
Dress Casual	Invitation Only	Barpassers Image	Barpasser / Tee Command
		Bears Raisin Kane	Mr Kane Raiser / Revenda
	Impressem Dotty	Zip To Impress	Impressive / Scarborough Fair
		Dotty Socks	Eight To The Bar / Ramona Belle

Doris Geißler, Am Holzgarten 10, 86316 Friedberg
mobil: +49(0)160-95 85 81 59
doris_geissler@t-online.de, www.mountain-view-appaloosa.de

K. J. Guni

Besitzer: Doris Geißler
Am Holzgarten 10
D-86316 Friedberg
Mobil +49 (0)160-95858159
doris_geissler@t-online.de
www.mountain-view-appaloosa.de

Station: Schlossberghof, Landsberied
(weitere Auskünfte Mountain View Appaloosa)

Züchter: Allevamento Euganeo, Italien

Deckeinsatz: NS, TG

Gentest: HYPP n/n

Körung: ApHCG

Eigenleistung: ROM in Halter und Most Colorful, 18-facher Grand Champion International ApHC Highpoint Aged Stallions 2007, ApHC European Champion 2-Year-Old Stallions, 3-Year-Old Stallions und Get of Sire, Zahlreiche German, Italian und French Champion Titel
Mehrere International und German Highpoint Auszeichnungen

Leistung Nachkommen:

Pegasus Dream Girl: Reserverchampion Mares als Fohlen

Smooth Cowboy: Siegerhengstfohlen 2009 in Breech mit einer 1a Prämie

K.J. Guni

D

Die Vorfahren: **Dream Cowboys** ist doppelt **Cowboy Justice** gezogen. Der Leopard Hengst Cowboy Justice war ApHC Reserve World und National Champion und brachte zahlreiche ApHC State, Regional und Futurity Champions, ROMs und Medallion Earners. Zudem ist er der Vater von 21 ApHC World und Reserve World Champions. Cowboy Justice geht interessanterweise sowohl über seinen Vater als auch die Mutter mehrfach auf den AQHA Hall of Famer und World Champion Racing Horse **Joe Reed II** zurück. Dream Cowboys' Vater **Ima Cool T**, der unter den Top Ten auf der ApHC National und World Show war, stammt von **Dream T**, einem Sohn des berühmten **Dreamfinder**, aus der **Impress A Cowboy**. Dreamfinder ist ein ApHC Hall of Famer, der 1989 und 1991 World Champion Get of Sire war und viele National und World Champions hervorbrachte. Impress A Cowboy ist eine direkte Tochter von Cowboy Justice aus einer Enkelin von **Impressive**. Die Mutter von Dream Cowboys ist eine direkte Tochter von Cowboy Justice aus der Vollblutstute **Rebel Sweet Thing**, die das Blut

großer Rennpferde wie **Man O'War** und **Nasrullah** führt. Die bildschöne Black Blanket Spots Stute wurde leider nie auf Turnieren vorgestellt.

Der Hengst: Dream Cowboys hat nicht weniger als 18 Grand Champion Titel errungen und beeindruckt nicht nur durch Conformation und Farbe, sondern auch durch Leistung. Ein sehr gelassener, dabei sensibler und menschenbezogener Hengst, der absolut problemlos im Handling ist. Seine Besitzer bezeichnen ihn nicht umsonst als 'echten Gentleman'. Dream Cowboys ist gekört und leistungsgeprüft. Er war bester deutscher Hengst der ApHCG Körung in Aachen 2006. Seine Stärken liegen in der Western Pleasure und der Hunter under Saddle. Eine Besonderheit ist seine große Freude am Springen, wo er seine Vielseitigkeit zeigt. Dream Cowboys, der mehrfacher French, Italian und European Champion ist, wird weiter ausgebildet.

Die Nachkommen: Der Hengst brachte bisher 19 Fohlen, die alle farbig und auf Fohlenschauen und

Futuritys hoch platziert waren. So wurde **Pegasus Dream Girl** Reserve Champion Mares und **Smooth Cowboy** Siegerhengstfohlen 2009 in Breech mit einer 1a Prämie. Dream Cowboys steht auch für Stuten der Rassen American Quarter Horse, Englisches Vollblut und Arabisches Vollblut zur Verfügung. Auskunft hierzu beim Besitzer.

	Dream T	Dreamfinder	Alias King / Aztecs Fancy Frani (QH)
Ima Cool T		Honeysuckle Tea (QH)	Te N Te (QH) / Honey Step (QH)
	Impress a Cowboy	**Cowboy Justice**	**Banjo Bandit** / Menta (QH)
		Impressive World	Top Impressive (QH) / Itsa Small World
	Cowboy Justice	**Banjo Bandit**	Robin Robin (QH) / Josie Bandit
The Cowboys Girl		Menta (QH)	Sugar Bull (QH) / Zoo Mar (QH)
	Rebel Sweet Thing (TB)	Opachisco (TB)	In Reality (TB) / Wenona (TB)
		Rains Rebellion (TB)	Windsor Ruler (TB) / Rebel Queen (TB)

Besitzer: Irmgard Brendgens
In Isengraben 41
D-41844 Wegberg
Mobil +49 (0)171-3069261
Irmgard.brendgens@gmx.com
www.triangle-b.de
Station: beim Besitzer
Züchter: Irmgard Brendgens, Deutschland
Deckeinsatz: NS, KS
Gentest: HERDA n/n, PSSM n/n
Körung: DQHA (Wertnote 7,0)

privat

Eigenleistung: LTE $ 8.730, Superior Reining
NRHA Breeders Futurity Finalist 2005 und 2006
DQHA Int. German Champion Jr. und Sr. Reining
AQHA Highpoint Horse Senior Reining 2008

Leistung Nachkommen:
Lenas Smart For You: 3. Platz DQHA Ostfuturity 2009,
3. Platz AQHA European Experience 2009
US Too Fast For You: 4. Platz DQHA Fohlenschau in Deislingen 2008

D

Die Vorfahren: Dun It For You ist ein weiterer prächtiger **Hollywood Dun It** Sohn, der noch dazu in Deutschland gezüchtet wurde. Der NRHA 6 Million Dollar Sire und NRHA Hall of Famer Hollywood Dun It ist Reining-Legende. Nach einer großen Reining-Karriere schuf der Sohn des All Time Leading Reining Sire **Hollywood Jac 86** eine ganze Dynastie von herausragenden Pferden. Hollywood Dun It war u. a. NRHA Futurity Reserve Champion, NRHA Derby Champion und Superstakes Champion. In insgesamt 13 Jahrgängen brachte dieser einzigartige Hengst NRHA Futurity Champions, NRHA Derby and Superstakes Champions, NRBC Champions, All American Quarter Horse Congress Futurity und Southwest Reining Horse Association Futurity Champions und vieles mehr. Die Mutter **My Pretty Paulette** ist eine Tochter von **Pauli Olena** aus einer direkten **Colonel Freckles** Stute. Pauli Olena war u. a. Fünfter auf der NHA Futurity 1994 und NRHA Derby Champion. Er ist ein Sohn des großen Cutting Vererbers und AQHA Hall of Famers **Doc Olena**.

Der Hengst: Dun It For You ist ein echter 'Dun It': schön, leistungsbereit und wendig mit einem enormen Stoppvermögen. Der Hengst, der über $ 8.700 gewonnen und sein Superior hat, war als Drei- und Vierjähriger Finalist auf der NRHA Breeders Futurity. Er war Finalist auf der FEQHA European Championship in SBH Reining und Senior Reining Open und wurde Int. German Champion der DQHA in Junior und Senior Reining. Der Hengst wurde in Deutschland geboren, von seiner Besitzerin selbst eingeritten und von Volker Schmitt erfolgreich ausgebildet und geshowt.

Die Nachkommen: Der Hengst vererbt seine Schönheit, seine Rittigkeit, seine Wendigkeit, sein herausragendes Stoppvermögen und seine Leistungsbereitschaft. Er ist sehr menschenbezogen, dabei ruhig und gelassen und immer gehorsam. Diese wichtigen Attribute gibt er sehr dominant weiter. Robuste, kräftige Stuten veredelt er, und selbst die Fohlen aus schwierigen Müttern werden umgänglich. Ein typischer Dun It For You Nachkomme ist **Duns Hollwood Kid** aus der **Brennas Hollwood**. Volker Schmitt, der den Hengst fünf Monate im Training hatte, spricht vom „besten Dreijährigen", der er je hatte.

Hollywood Dun It	Hollywood Jac 86	Easter King	King / Gocha H
		Miss Hollywood	Hollywood Gold / Miss Buggins 86
	Blossom Berry	Dun Berry	John Berry / Fish's Streak
		Regina Bella	Mr. Tres Bars / Tina Regina
My Pretty Paulette	Pauli Olena	Doc Olena	Doc Bar / Poco Lena
		Paula San Chex	Peppy San / Paula Chex
	The Freckles Fix	Colonel Freckles	Jewels'Leo Bars / Christy Jay
		Deanna Bar Dude	Blondy's Dude / King' Sheree

WWW.DUN-IT-ON-THE-QT.DE

Besitzer: Michael Jungfer-Schubert &
Katja Jungfer
Schloßstr. 8
D-37412 Herzberg am Harz
Tel. + 49 (0)5521-72340
Fax + 49 (0)5521-929940
Jungfer-schubert@kabelmail.de
www.dun-it-on-the-qt.de

Station: EU Besamungsstation
Bombeck Stallion Service
Bombeck 24
D-48727 Billerbeck
Tel. +49 (0)2543-239012
Fax +49 (0)2543-238417
info@bombeck-qh.de
www.bombeck-qh.de

Züchter: Tim McQuay, Texas, USA

Deckeinsatz: nur TG

Gentest: –

Körung: –

Andrea Bonaga

Eigenleistung: $ 70.000; NRHA Fut. Finalist 2007; Southwest Fut. Champion 2007, Score 225,5; NRHA Breeders Bit Fut. Open Champion 2008, Score 226,5; Derby Res. Champion Open Italien 2008 und 2009, Score 232,5 bzw. 228; CS Classic Open Reserve Champion 2009; Ital. Maturity 2010, 3. Platz, Score 225,5

Leistung Nachkommen: erster Fohlenjahrgang 2010

D

Die Vorfahren: Wie der Name schon andeutet, ist **Dun It On The QT** ein **Hollywood Dun It** Sohn. Der NRHA 6 Million Dollar Sire und NRHA Hall of Famer Hollywood Dun It ist eine Reining-Legende. Nach einer großen Reining-Karriere schuf der Sohn des All Time Leading Reining Sire **Hollywood Jac 86** eine ganze Dynastie von herausragenden Pferden. Hollywood Dun It war u. a. NRHA Futurity Reserve Champion, NRHA Derby Champion und Superstakes Champion. In insgesamt 13 Jahrgängen brachte dieser einzigartige Hengst NRHA Futurity Champions, NRHA Derby and Superstakes Champions, NRBC Champions, All American Quarter Horse Congress Futurity und Southwest Reining Horse Association Futurity Champions und vieles mehr. Die Dun Its gewannen Goldmedaillen in USET Turnieren und wurden AQHA World Champions, waren Non Pro Reserve Champion bei der National Reined Cow Horse Association World Championship Snaffle Bit Futurity und NRCHA World Champion, gewannen NCHA Shows und wurden sogar Champions in Roping und Driving.

Dun It On The QTs Mutter **Tivios Little Queen** ist eine Tochter des King Ranch Hengstes **Peppy San Badger**, der NCHA und AQHA Hall Of Famer ist. Dieser Hengst gewann über $ 172.000 in der Cutting-Arena, war NCHA World Champion und ist ein All Time Leading Cutting Sire.

Der Hengst: Die unglaublichen Turns und Stops sind das Markenzeichen dieses Red Dun Hengstes, der bereits über $ 70.000 gewonnen hat. Tim Mc Quay wurde mit diesem Hengst Southwest Futurity Champion und NRHA Futurity Finalist 2007. Rudi Kronsteiner ritt ihn mit einer 226,5 zum NRHA Breeders Futurity Champion Bit Open 2008 und wurde zwei Mal Reserve Champion beim italienischen Derby (Score 223,5 bzw. 228). Dun It On The QT besticht in der Show-Arena durch seine Ausstrahlung und seinen großen Leistungswillen sowie durch seine enorme Ruhe. Ein Hengst, von dem man sicher noch viel hören wird.

Die Nachkommen: 2010 wurde das erste Fohlen von Dun It On The QT geboren, das mit seinem kräftigen Körperbau und dem starken Fundament ganz nach dem Vater kommt. Auch den guten Charakter hat es offenbar von ihm geerbt. Mit Spannung wird der Fohlenjahrgang 2011 erwartet.

Hollywood Dun It	Hollywood Jac 86	Easter King	King / Gocha H
		Miss Hollywood	Hollywood Gold / Miss Buggins 86
	Blossom Berry	Dun Berry	John Berry / Fishs Streak
		Regina Bella	Mr Tres Bars / Tina Regina
Tivios Little Queen	Peppy San Badger	Mr San Peppy	Leo San / Peppy Belle
		Sugar Badger	Gray Badger III / Sugar Townley
	Tari Tivio	Right On Tivio	Poco Tivio / Docs Alameda
		Sorrel Lady Bird	Joe Hank / My Lady Red

Besitzer: Rosi und Christian Wagner
Friedhofstr. 17 · D-69242 Mühlhausen
Tel. +49 (0)7253-270320
Fax +49 (0)7253-270324
www.einsteinsrevolution.com und
Melissa und Ruben Vandorp
USA-76227 Aubrey (TX)
www.vandorpinc.com

Station: Kyle Ranch
13526 Hwy 377
USA-76273 Whitesboro, Texas
www.einsteinsrevolution.com

Züchter: Rosi und Christian Wagner

Deckeinsatz: TG, siehe Station oder:
Jomm Ranches
Tel.: +49 (0)6022-26340
www.jomm-ranches.de oder
INFOAL Partners
Tel.: +39 (0)35-4823721
www.infoalpartners.com

Gentest: HYPP negativ, HERDA negativ, OLWS n/n, PSSM n/n, GBED n/n

Körung: –

Eigenleistung: über $ 340.000; NRBC Champion; NRHA Derby Res. Champion Int. Open; Bill Horn Shoot Out Derby Champion

Leistung Nachkommen: Der erste Jahrgang startet 2010.

privat

E

Die Vorfahren: Einsteins Revolution ist der bislang erfolgreichste Sohn seines großen Vaters Great Resolve („Einstein"). **Great Resolve,** der vom NRHA Top 25 All Time Leading Sire **Great Red Pine** abstammt, gewann selbst bei nur sieben Shows über $ 147.000. Unvergessen bleibt sein Sieg auf der All American Congress Futurity 2000, als er unter Tim McQuay Vorlauf und Finale für sich entschied. Die beiden wurden Dritte auf der NRHA Futurity, nachdem Einstein bestes Pferd des Vorlaufs gewesen war. Auch beim NRBC und beim NRHA Derby konnte McQuay den Hengst ganz nach vorn reiten. Als Vererber hat Great Resolve längst seine Qualität bewiesen. Seine Nachkommen brachten es bisher auf über $ 500.000. Er zählt damit bei Equi-Stat zu den Top 20 Sires. Aktuell hat der Einstein Sohn **Kaystein** die 2010 NRHA European Futurity 2010 gewonnen. Die Mutter **Fly Flashy Jac** ist eine Tochter des All Time Leading Sires **Boggies Flashy Jac** aus einer Tochter des NRHA Hall of Famers und NRHA Futurity Champions **Topsail Cody.** Sie ist ein NRHA Money und AQHA Perfor-

mance Point Earner. Ihre Vollschwester **Bee Flashy Jac** wurde NRHA Germany Breeders Futurity Champion.

Der Hengst: Einsteins Revolution, genannt „Junior", ist das erfolgreichste von einem Deutschen gezogene Reining-Pferd weltweit. Er war das erste Pferd, dessen Gewinnsumme bei der NRHA die $ 300.000 Marke übersprang. Insgesamt hat der Hengst über $ 340.000 gewonnen und zählt damit zu den NRHA All Time Leading Money Earners. Einsteins Revolution wurde zunächst von Tim McQuay geshowt, mit dem er 2005 NRHA Open Futurity Finalist wurde. Der Hengst war laut Equi-Stat Leading Money Earner der 4- ,5- und 6-jährigen Pferde. Auf dem Congress wurde er Reserve Champion und auf der AQHA World Show Dritter in Junior Reining (Tie). Unter Ruben van Dorp siegte Einsteins Revolution beim NRBC mit dem sagenhaften Score von 232, wobei er unter anderem durch sein phänomenales Stopvermögen weltweit für Aufsehen sorgte. Weitere große Erfolge waren der

Reserve Champion Titel in der Intermediate Open beim NRHA Derby, der Sieg beim Las Vegas Classic Derby Open und Intermediate (Score 228) und der zweimalige Champion Titel beim Bill Horn Shoot Out.

Die Nachkommen: Die ersten, wenigen Nachkommen aus dem Jahr 2007 von Einsteins Revolution gehen in diesem Jahr an den Start. Erst aus dem Jahrgang von 2008 ist eine größere Anzahl zu erwarten. Dann wird Einsteins Revolution seine Qualität als Vererber beweisen.

Great Resolve	Great Red Pine	**Great Pine**
		Nifty Jodieann
	Silversnow Pinestep	Greyhound Step
		Patiences Reward
Fly Flashy Jac	Boggies Flashy Jac	Hollywood Jac 86
		Boggie's Last
	Navajo Image	Topsail Cody
		Gloria's Image

Poco Bright Star / Crier's Betty
Nifty Bee / Miss Jodieann
Big Step / Greyhound Doll
Great Pine / Miss Hollie Leo
Easter King / Miss Hollywood
Nifty Bee / Boggie Bee
Joe Cody / Doc Bar Linda
Wimpy Ray / Gloria's Power

Roberto Robaldo

Besitzer: Kristin Siepert
Nierow 1 - Landgut Elshof
D-14715 Schollene
Tel. +49 (0)39389-96340
Fax +49 (0)39389-969850
landgutelshof@aol.com
www.landgut-elshof.de
Station: beim Besitzer
Züchter: Draggin A Ranch, Texas, USA
Deckeinsatz: NS, TG
Gentest: OWLS n/n
Körung: PHCG 2005 Speckreu (7,58), Prämienhengstanwärter,
Leistungsprüfung 2011

Stefan Borde

E

Eigenleistung: Siege und Platzierungen in Reining und Cutting

Leistung Nachkommen: –

Die Vorfahren: Die Abstammung von **Elans Choice** lässt keinerlei Wünsche offen. Der Vater **HB Instant Choice** ist ein Sohn des American Quarter Horse Hengstes **SR Instant Choice**, der doppelt **Doc Bar** gezogen ist und über $ 102.000 in der Cutting-Arena verdiente. Seine 83 Performer-Nachkommen gewannen bislang über $ 4 Millionen. HB Instant Choice ist einer davon. Er war APHA Reserve World Champion Junior Cutting und 4-Year-Old Open Cutting Challenge Reserve Champion sowie Fort Worth Stock Show NCHA $ 10.000 Non-Pro Reserve Champion. Die Mutter **Miss Elan** ist eine herausragende American Quarter Horse Stute, die Pedigree und Eigenleistung in Sport und Zucht vereint. Sie stammt vom legendären **Doc Olena** aus der **Gay Bar King** Tochter **Gay Sugar Chic** – der Mutter von **Smart Chic Olena**. Miss Elan gewann über $ 100.000 im Cutting und war u. a. NCHA Open Futurity Finalist und Fünfte bei den Open Superstakes und dem Open Derby. Sie ist die Mutter des AQHA World Champion Cutting **Elans Playboy**.

Der Hengst: Elans Choice besticht nicht nur durch sein Pedigree, das exzellente Performance-Blutlinien vereint, sondern auch durch Exterieur und Wesen. Der in Texas gezüchtete Hengst wurde 2004 nach Europa importiert und hier in den Jahren 2009 und 2010 erfolgreich in Reining und Cutting vorgestellt. Elans Choice verfügt über ein sehr korrektes Gebäude und schöne Gänge. Er ist ein umgänglicher, überaus freundlicher und leistungsbereiter Hengst, der sehr verträglich, leicht trainierbar und willig ist. Zudem fällt er durch seine schöne Zeichnung auf.

Die Nachkommen: Seinen Fohlen vererbt Elans Choice sein korrektes Gebäude, den hervorragenden, umgänglichen Charakter und die Farbe. Sie eignen sich gleichermaßen für den großen Sport wie auch als hervorragende, stets einsatzbereite und zuverlässige Freizeitpartner.

HB Instant Choice	SR Instant Choice (QH)	Doc's Hickory (QH)	Doc Bar (QH) / Miss Chickasha (QH)
		Stylish Lynx (QH)	Docs Lynx (QH) / Stylish Squaw (QH)
	Crimson Sassy Doll	Crimson Three	Poco Three Bars / Crimson Eight (QH)
		Docs Sassy Chick (QH)	Sassy Doc (QH) / Gid Gets Booties (QH)
Miss Elan (QH)	Doc Olena (QH)	Doc Bar (QH)	Lightning Bar (QH) / Dandy Doll (QH)
		Poco Lena (QH)	Poco Bueno (QH) / Sheilwin (QH)
	Gay Sugar Chic (QH)	Gay Bar King (QH)	Three Bars (QH) / Gay Widow (QH)
		Chicy Little (QH)	Frisco (QH) / Bay Sugar Chic (QH)

Gera Hoving

Besitzer: Caitewick Western Stables
Niederlande
Tel. +31 (0)621-263036
Info@caitewickwesternstables.com
www.caitewickwesternstables.com
Station: beim Besitzer
Züchter: Stacey Jones, USA
Deckeinsatz: TG
Gentest: HERDA n/n, OLWS n/n
Körung: –

Eigenleistung: LTE fast $ 4.500, APHA ROM Open, APHA Superior Open, 6. Platz DRHA Futurity Ohio 2007, 3. Platz Limited Open Futurity Murfreesboro Tennessee 2007, Americana Reserve Champion 4-Year-Olds Derby 2008, Top 10 APHA Honor Roll Open Junior Reining und Open Reining Standings 2008. EU Paint Horse Champ. Jr. Open 2008 u. 2009, Honor Roll Champ. 2009

Leistung Nachkommen:
Der erste Fohlenjahrgang wurde 2010 geboren.

G

Die Vorfahren: Wie sein Vater **Colonels Smoking Gun** (‚Gunner') ist **Gunners Crome Son** sowohl als American Quarter Horse als auch als American Paint Horse registriert. Der Vater ist schon Reining-Legende. Gunner ist der erste Painthengst, dessen Nachkommen die 1 Million Dollar Marke der NRHA übersprungen haben. Mittlerweile haben es seine Fohlen bereits auf über zwei Millionen Dollar in der Reining-Arena gebracht. Diese gewaltige Summe haben bisher insgesamt nur acht Vererber erreicht. Zu seinen erfolgreichsten Nachkommen gehören der NRHA Open Futurity Reserve Champion und Intermediate Open Champion **Gunners Special Nite**, **The Great Guntini** (Dritter auf der NRHA Futurity), der AQHA World Champion Senior Reining **Sorcerers Apprentice**, der NRBC Non Pro Derby Co-Champion **Smokin Dually** und der NRHA Futurity und Derby Champion **Gunnatrashya**. Gunner ist ein Sohn von **Colonelfourfreckle**, einem NCHA Money Earner und NRHA All Time Leading Sire, aus der **Katie Gun**. Diese Stute liegt auf Platz 4 der NRHA All Time Leading Dams. Von ihren insgesamt 19 Fohlen wurden zwölf geshowt, die zusammen über $ 424.000 gewannen.

Gunners Crome Sons Mutter **Beautiful Crome** stammt von **Crome Plated Jac**, der unter den Top 3 der World Show in Senior Reining war, sein ROM hat und NRHA Money Earner ist. Dieser Hengst ist unter anderem auch der Vater des NRHA Million Dollar Sire **Custom Crome**. Seine Fohlen haben über 100 AQHA Shows und mehr als LTE $253.000. Beautiful Cromes Mutter **Love N String** geht auf den Wieskamp Hengst **Skippa String** zurück. Beautiful Crome hat ihr ROM in der Open und ist mehrfacher NRHA Bronze Trophy Champion mit fast $ 2000 Gewinnsumme.

Der Hengst: Gunners Crome Son ist mit seinem weißen Gesicht schon auf den ersten Blick als ein typischer ‚Gunner' erkennbar. Er ist ein Hengst mit sehr gutem Gebäude und solidem Fundament, der leicht zu trainieren und zu handeln ist. Das Pferd wurde in den USA gezüchtet und von Mike McEntire gestartet. Nach den Futuritys kam er im November 2007 in die Niederlande und wird seit Anfang 2008 von Nico Hörmann trainiert. Dieser stellte ihm beim NRHA Speed N Style erstmals vor und gewann die SBH Open mit einem 146er Score. Eine Erfolgsserie begann, die bisher u. a. in zwei European Champion Titeln sowie Honor Roll Champion 2009 Jr. Reining und Honor Roll Dritter Open Reining 2009 gipfelte. Ein Painthengst, von dem man sicher noch einiges hören wird.

Die Nachkommen: Der erste Fohlenjahrgang dieses Hengstes wurde 2010 geboren.

Colonels Smokin Gun	Colonelfourfreckle	Colonel Freckles — Jewels Leo Bars / Christy Jay
		Miss Solano — Docs Solano / Dorthea
	Katie Gun	John Gun — One Gun / Cee Bars Echols
		Bueno Katie — Aledo Bueno Bar / Bank Night Kate
Beautiful Crome	Crome Plated Jac	Hollywood Jac 86 — Easter King / Miss Hollywood
		Miss Doll Pine — Great Pine / Jinx Lucy Star
	Love N String	Strings Nick — Skippa String / Spanish Miss
		Tons O Stardust — Sixteen Tons / Kings Star Jo

forest creek ranch

GUN
SLIDER

Besitzer: Forest Creek Ranch
Heike Nixdorf und Mario Karner
Ladinach 244
A-9181 Feistritz im Rosental
Tel. +43 (0)4228-39140
office@forest-creek-ranch.at
www.forest-creek-ranch.at
Station: beim Besitzer
Züchter: Debra Sloan, Florida, USA
Deckeinsatz: NS, FS, TG (erhältlich bei der Station)
Gentest: HERDA n/n, GBED n/n, PSSM n/n
Körung: –

K.J. Guni

Eigenleistung: LTE $ 43.617
2009 AQHA Reserve European Champion Senior Reining
2008 NRHA Reserve Champion Lawson Trophy Open
2006 5th NRBC Open Classic Derby

Leistung Nachkommen: –

G

Die Vorfahren: Der auffallende Palominohengst **Gunslider** ist sowohl AQHA als auch APHA registriert – genauso wie sein Vater **Colonels Smokin Gun (Gunner),** auf den schon Gunsliders breite weiße Blesse hindeutet. Der NRHA 2 Million Dollar Sire und NRHA Hall of Famer Gunner war AQHA World Championship Futurity Champion 1996 und World Champion 1997, NRHA Futurity Open Reserve Champion 1996, Fünfter beim NRHA Derby 1997, NRBC Open Res. Champion 1998 und United States Equestrian Federation (USEF) Reining Champion im Jahr 2001. Sein Vater **Colonelfourfreckle,** ein NCHA Money Earner und Sohn des AQHA Hall of Famers **Colonel Freckles,** brachte gute Pferde sowohl für Cutting als auch Reining. Vor allem durch Gunner wurde er zu einem NRHA All Time Leading Sire. Gunners Mutter **Katie Gun** liegt auf Platz vier der NRHA All Time Leading Dams. Von ihren insgesamt 19 Fohlen wurden zwölf geshowt, die zusammen über $ 424.000 gewannen. Gunsliders Mutter **Slidin Miss Daisy** hat sich sowohl in der Show-Arena als auch als Producer bewiesen. Sie hat LTE $ 8.216

und brachte vier Fohlen von Gunner, die allesamt im Geld laufen. Sie ist eine direkte Tochter von **Steady Tradition,** der wiederum vom NRHA und NRCHA All Time Leading Sire **Smart Little Lena** abstammt. Steady Tradition gewann über $ 37.000 und 63,5 AQHA Punkte, war AQHA Reserve World Champion Senior Working Cowhorse, Congress Open Reining Futurity Champion, Texas Classic NRHA Open Reserve Champion und NRHA Open Derby Finalist. Der Palominohengst ist ein NRHA All Time Leading Sire, der u. a. auch der Vater von **Steadys Dude** ist, der unter Shawn Flarida die World Reining Trophy in Mooslargue gewann und über $ 148.600 LTE. hat. Auch Slidin Miss Daisys Mutter **Docs Steady Date** vereint Pedigree, Leistung und Vererberqualitäten. Die **Doc Bar** Tochter, die Siebte auf der NCHA Futurity und AQHA Superior Cutting Horse war, brachte zwölf Fohlen, die über $ 351.000 gewannen. Damit geht Gunslider gleich drei Mal auf Doc Bar zurück.

Der Hengst: Gunslider wurde in den USA bereits sehr

erfolgreich von Craig Schmersal vorgestellt. Die beiden gewannen die Rocky Mt. Summer Slide Limited Open Futurity 2004 in Denver und wurden NRHA Limited Open Futurity Finalist im gleichen Jahr. Zwei Jahre später wurde Gunslider Fünfter beim NRBC Classic Open Derby und Cactus Reining Classic Open Derby Finalist. Der Hengst kam im Jahr 2007 nach Europa und wurde in der Folge von Grischa Ludwig geritten. Mit ihm wurde er u. a. NRHA Lawson Bronze Trophy Reserve Champion in den Niederlanden 2008 (der Score: 148,5). Torsten Gärtner ritt Gunslider im Jahr 2009 zum FEQHA European Reserve Champion Senior Reining 2009. Die Gewinnsumme des Hengstes beläuft sich derzeit auf knapp $ 44.000. Zudem hat Gunslider sein AQHA ROM und das Silver Certificate. In der Arena besticht der Palomino durch seine Ausstrahlung, seine Farbe und herausragende Bewegungen.

Die Nachkommen: Der erste Fohlenjahrgang dieses Hengstes wird 2011 erwartet.

Colonels Smokin Gun	Colonelfourfreckle	Colonel Freckles	Jewels Leo Bars / Christy Jay
		Miss Solano	Docs Solano / Dorthea
	Katie Gun	John Gun	One Gun / Cee Bars Echols
		Bueno Katie	Aledo Bueno Bar / Bank Night Kate
Slidin Miss Daisy	Steady Tradition	Smart Little Lena	Doc Olena / Smart Peppy
		Docs Steady Date	Doc Bar / Steady Date
	Flips Lady Te	Hesa Te N Te	Te n Te / Twistie Miller
		Ceasars Flip	Red Ceasar / Miss Goldie Sappho

forest creek ranch

Home of Gunslider . Hollywood Yankee Kid . Whizoom . Tari Smart Lena
Freistritz . Austria . Tel +43.4228.391.40 . www.forest-creek-ranch.at

Ilse Sidon

Besitzer: Viktoria Fischer
Wolfsgrubenstr. 7
D-90596 Schwanstetten
Tel. +49 (0)79-6732076
info@vf-performance-horses.com
www.vf-performance-horses.com

Station: VF Performance Horses
Buen
CH-8634 Hombrechtikon
Tel. +41 (0)79-6732076
info@vf-performance-horses.com
www.vf-performance-horses.com

Züchter: Rainer Haensel, Schwanstetten, Deutschland

Deckeinsatz: TG

Gentest: HYPP n/n

Körung: 2001 Körnote 7,6 (Prämienhengst)

Eigenleistung:
PHCG Elite Hengst
PHCG Leading Sire
German Bronze Medalist

Leistung Nachkommen: Gewinnsumme ca. € 15.000
Heartbroker Review: PHCG Maturity and European Champion Western Pleasure
White Man Review: European Reserve Champion Open Team Penning
VF Dial Man Review: PHCG Futurity Champion 2-Year-Old Stallions and Geldings

H

Die Vorfahren: Der Vater **Openingnite Review** ist ein Superior Halter und Superior Western Pleasure Hengst, der in den 90er Jahren European Champion in Halter war und zudem die Bronzemedaille in Western Pleasure holte. Er stammt von dem AQHA All Time Leading Sire, Superior Halter Hengst und PHBA World Champion **Impressive Review**, der auf **Impressive** und **Skipper W** zurückgeht, aus der **Sheza Gallant Hug**. Diese Stute, die ein Superior Western Pleasure Horse war, ist eine Tochter des APHA Champions **Gallant Hug** (vom APHA Supreme Champion **Gallant Ghost**) aus der American Quarter Horse Stute **Ole Apple Dude**, die auf **Two Eyed Jack** und **The Ole Man** zurückgeht.

Die Mutter **Southern Girl** geht väterlicherseits auf **Royal King** zurück, ein Superior Cutting Horse, das 1953 NCHA Reserve World Champion war und in die AQHA Hall of Fame aufgenommen wurde. Die Mutterlinie führt über den AQHA Champion **Moore Chic** auf den großen **Go Man Go** zurück.

Der Hengst: Dieser Hengst hat sich längst einen Namen als Topvererber in der europäischen Paint Horse Szene gemacht. **Hesa Rockin Review** ist der erste Painthengst in der Geschichte des PHCG, der im selben Jahr (seinem ersten Fohlenjahrgang 2002) zwei Futurity Champions in der gleichen Altersklasse stellte: Weanling Mares und Stallions. Doch seine Nachkommen brillieren nicht nur in den Halter-Klassen, sondern auch als Performer. Im Jahr 2007 wurde Hesa Rockin Review aufgrund der herausragenden Leistungen seiner Nachkommen das Prädikat PHCG Elitehengst verliehen. Vier Jahre lang war er bereits PHCG Leading Sire und Nr. 1 Money Earner der PHCG Futurity Halter. Der bildschöne, ausdrucksstarke Hengst gibt sein korrektes Gebäude, die eleganten, überdurchschnittlichen Bewegungen und seine hohe Leistungsbereitschaft ebenso an seine Fohlen weiter wie seinen überaus gutmütigen Charakter. Wie er sind seine Nachkommen erstklassige All Arounder. Hesa Rockin Review stand vielfach Grand Champion und hat sein PHCG ROM Halter.

Die Nachkommen: Rockys Nachkommen sind genauso hervorragende Pferde für den Turniersport wie zuverlässige Freizeitpartner für die ganze Familie. Wie ihr Vater sind sie immer leistungs- und einsatzbereit und haben einen exzellenten Charakter. Die ‚Rockies' wurden u. a. APHA Honor Roll Träger, European, German und Bavarian Champions, PHCG Futurity/Maturity Champions und PHCG Highpoint Horses. Auch für die Zucht sind etliche Juwelen dabei, z. B. eine PHCG Elitestute, Bundes-Stuten-Championatssieger und Prämienhengste.

Openingnite Review	Impressive Review (QH)	Pretty Impressive (QH)	Impressive (QH) / Pretty Chicaro (QH)
		Taffy Skip (QH)	Skip A Barb (QH) / Taffy Blanton
	Sheza Gallant Hug	Gallant Hug	Gallant Ghost / Dotty Hug (QH)
		Ole Apple Dude (QH)	Apple Jack (QH) / Ole Skip Dude (QH)
Southern Girl	Royal Dynasty	Royal Splendar (QH)	Royal King (QH) / Fifty Rosy (QH)
		Snipper's Buttons	Snipper Supreme (QH) / Apaches Patches
	Poli Power Chic (QH)	Moore Chic (QH)	Go Moore Go (QH) / Lady Chic Marble (QH)
		Poli Carline (QH)	Big Badger King (QH) / Laura Carline (QH)

Besitzer: JACPOINT QH
Tina Künstner-Mantl
Innsbruckerstr. 40
A-6631 Lermoos / Tirol
Tel. +43 (0)664-3223819
Fax +43 (0)5673-2362 512
tina@mohr-resort.at
www.jac-point.com
Station: beim Besitzer
Züchter: Oelhof Brooke, Oklahoma, USA
Deckeinsatz: TG
Gentest: –
Körung: –

Horse & Light (Dirk)

Eigenleistung: LTE $ 65.000
NRHA Reserve World Champion Non Pro 2007
NRHA European Champion Non Pro 2007
Multiple Bronze Trophy Champion

Leistung Nachkommen:
Der erste Fohlenjahrgang von Heza Sure Whiz wird 2010 erstmals geshowt.

H

Die Vorfahren: Heza Sure Whiz ist der wohl erfolgreichste Sohn von **Topsail Whiz** in Europa. Die Nachkommen des NRHA Leading Sire Topsail Whiz brachten es bisher auf über $ 6,8 Millionen. Topsail Whiz stammte vom NRHA Futurity Champion und AQHA World Champion Junior Reining **Topsail Cody** aus der **Jeanie Bar Whiz**, einer Stute, die u. a. AQHA Highpoint Youth Reining Horse 1977 und AQHA Reserve Champion in der Open 1978 war. Topsail Whiz gewann selbst $ 57.178 (laut Equi-Stat) in der Show-Arena. Unter Bob Loomis war er unter anderem Southwest Reining Horse Association Futurity Champion, Dritter auf der NRHA Futurity, NRHA Lazy E Classic Champion und Vierter auf dem NRHA Derby. Topsail Whiz brachte 1.269 AQHA registrierte Fohlen, von denen 634 im Preisgeld laufen bzw. AQHA Punkte errungen haben.

Die Mutter **Im Not Blonde** hat sich bereits als erfolgreiche Mutterstute bewiesen. Ihre Nachkommen gewannen bisher über $ 135.000. Sie ist eine Tochter des NRHA Futurity Champions **Catalyst Too**,

der wiederum vom NCHA Champion Sire **Taris Catalyst** abstammt.

Der Hengst: Seit Beginn seiner Show-Karriere als Dreijähriger ist Heza Sure Whiz konstant an der Reining-Spitze und wird von Jahr zu Jahr besser. Er war Finalist auf der NRHA Futurity Intermediate Open und beim NRBC Open 2003. Unter seiner Besitzerin Tina Künstner-Mantl wurde er in den vergangenen Jahren zu einem der besten Non Pro Pferde Europas, läuft jedoch genauso gut auf Top Niveau in der Open. Wo immer dieser Hengst die Show-Arena betritt, besticht er durch seine Präsenz und seinen Ausdruck. Er beeindruckt durch rasante Turnarounds, kraftvolle und tiefe Stops auf jedem Boden und viel Stil auf den Zirkeln. Ein wahrer Eyecatcher, dabei cool und ausgeglichen, absolut klar im Kopf, sehr freundlich und von einem unglaublichen Leistungswillen – kurz „a horse you can go to war with!“ Heza Sure Whiz war unter anderem Intermediate Non Pro Champion beim IRHA Derby 2004, NRHA Breeders Derby Non Pro Reserve

Champion 2005, Americana Bronze Trophy Non Pro Champion 2006, 23 Classic Non Pro Champion 2007 und Reserve Champion 2010, NRHA European Champion Non Pro, Swiss Slide und Mallorca Bronze Trophy Reserve Champion 2007 und beendete das Jahr 2007 als NRHA World Reserve Champion Non Pro. Der Hengst hat mehrere NRHA Bronze Trophys gewonnen und vertrat Österreich bei den Weltreiterspielen 2006 in Aachen. Heza Sure Whiz hat zudem das Silver Certificate, Gold Certificate und das Platinum Certificate.

Die Nachkommen: Heza Sure Whiz' älteste Nachkommen sind im Jahr 2010 vierjährig und werden erstmals geshowt. Der typvolle Braune vererbt vor allem seine Ausgeglichenheit, seine Athletik und seine Willigkeit. Seine Nachkommen sind leicht zu trainieren, sehr umgänglich und absolut klar im Kopf. Insbesondere die Anpaarung von Stuten von **Heza New Twist** und **Dry Doc** hat sich als sehr vielversprechend erwiesen.

	Topsail Cody	Joe Cody	Bill Cody / Taboo
Topsail Whiz		Doc Bar Linda	Doc Bar / Bettys Mount
	Jeanie Whiz Bar	Cee Red	Cee Bars / Miss Jo Holly
		Jeanie Whiz	Billys Whizzer / Jeanie Bugle
	Catalyst Too	Taris Catalyst	Doc Tari / Minnicks Goldie
Im Not Blonde		Little Bess Too	Dry Doc 23 / Cages Little Bess
	Glendas Jac	Glendas Son	Muskeg / Glenda Echols
		Ms Majestic Jac	Hollywood Jac 86 / Majestic Memory

Besitzer: Stefan Schrievers
Hübeck 7
D-41334 Nettetal
Tel. +49 (0)2158-404247
Tel. +49 (0)2158-2288
Fax +49 (0)2158-4045369
stefan.schrievers@gmx.de
www.hints-supreme-mickey.de

Station: beim Besitzer

Züchter: Meadow Hills Stables, Thornbury, Kanada

Deckeinsatz: NS, TG

Gentest: HYPP n/n, OLWS N/n (mischerbig)

Körung: PHCG 2009,
über Leistung vom PHCG ins Hengstbuch aufgenommen

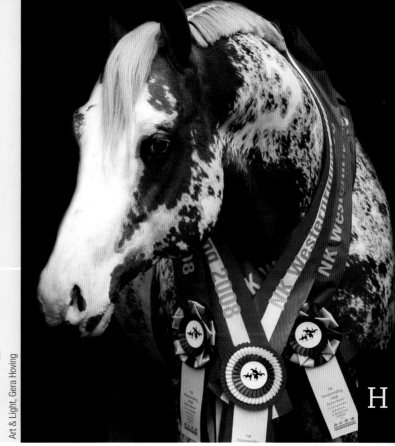

Art & Light, Gera Hoving

Eigenleistung: mehrfacher EPHA Vize-Europameister, mehrfach PHCG Deutscher Meister und Niederländischer Meister, ROM in Halter, Hunter u. Saddle, Longe Line, Western Pleasure, Vize-Europameister Halter Open 3-Year-Old Stallions 2007, Aged Stallions 2009, Bronze Halter Aged Stallions Open, EM 2008, Vize-Europameister Hunter u. Saddle Open 2009, 13-mal Grand Champion, 1-mal Res.Grand Champion

Leistung Nachkommen: –

H

Die Vorfahren: In seinem Pedigree vereint **Hints Supreme Mickey** bestes Paint und American Quarter Horse Blut. Der Vater **HPH Colorful Hint** ist ein Sohn des American Quarter Horse Hengstes **Hint Of Conclusive** aus der Paint Stute **Pawnee Skip**, die zu drei Vierteln American Quarter Horse ist und von dem APHA Champion **Skip Out Loud** stammt. Hint Of Conclusive war unter anderem 1986 AQHA Congress Champion Aged Stallions und AQHA World Champion Halter Open & Amateur. 31 Grand Champion und zwölf Reserve Grand Champion Titel gehen auf sein Konto. Zu seinen Nachkommen zählt auch der mehrfache DQHA Leading Sire **Undeniably Hint**, der bereits viele Leistungspferde gebracht hat, die sowohl in Halter als auch Performance ganz vorne zu finden sind. HPH Colorful Hint war 42-mal Grand Champion und hat insgesamt 144 APHA Halter Points. Von ihm stammt u. a. auch der in Belgien und den Niederlanden sehr erfolgreiche **A Hint Of Te**.

Die Mutter **SS Snazzy Supreme** ist eine Tochter des AQHA Champions **Sierra Supreme**, der vier APHA World Champions und vier Reserve World Champions brachte, aus der American Quarter Horse Stute **Pocos Fancy Te**. Auch SS Snazzy Supreme hat sich in der Show-Arena bewiesen. Sie stand 17-mal Grand und zwölfmal Reserve und errang 204 Halter Points.

Der Hengst: Hints Supreme Mickey ist ein wahrer Eyecatcher, der in Ausstrahlung, Bewegung, Gebäude und Charakter einfach begeistert. Der überdurchschnittlich große, imposante Overo Hengst startete seine Show-Karriere bei 4K Trainingsstable in Oklahoma und bewies von Anfang an, dass er ein außergewöhnliches Pferd ist. Er errang sein ROM in Longeline und wurde TPHC Reserve Super Yearling. Ed Gosen holte den Hengst für Belinda Pisano nach Holland, wo er sich schnell einen Namen als einer der besten Hengste in den Niederlanden machte. Heute ist er im Besitz der Familie Schrievers in Nettetal. Hints Supreme Mickey kann auf eine Vielzahl von Erfolgen

in Western Pleasure, Hunter under Saddle und Trail verweisen, darunter PHCG Deutsche Meister und EPHA Vize Europameister. Ein vom Pedigree wie von der Eigenleistung wirklich außergewöhnlicher Painthengst, von dem man sicher noch viel hören wird.

Die Nachkommen: Die ersten Fohlen von Hints Supreme Mickey sind nicht vor 2012 in der Show-Arena zu erwarten. Seine Nachkommen zeichnen sich jedoch bereits jetzt durch starke Bemuskelung und korrektes Gebäude sowie gute Bewegungen aus. Vor allem aber bringen sie die Gelassenheit und den guten Charakter ihres Vaters mit, der sie zum Einsatz im Leistungssport ebenso prädestiniert wie als zuverlässige Partner für die ganze Familie.

HPH Colorful Hint	Hint of Conclusive (QH)	Conclusive (QH)	Impressive (QH) / Night Pacer (QH)
		Hintons Lucky Bill (QH)	Otoes Luck (QH) / Flair Minxie (QH)
	Pawnee Skip	Skip Out Loud	Skip n Scrach (QH) / Cimmaron Jodie
		Pawnee Santa Mia (QH)	Pawnee Eagle (QH) / Shast Foam (QH)
SS Snazzy Supreme	Sierra Supreme	Plaudits Leo Skip	Leo Question / Skips Plaudette (QH)
		Sierra Shasta (QH)	Sierra Mount (QH) / Boyeros Shasta (QH)
	Pocos Fancy Te (QH)	Mighty Te Go (QH)	Mighty Te (QH) / Miss Mayflower (QH)
		Champs Jewel (QH)	Poco Champ (QH) / Howards Josephine (QH)

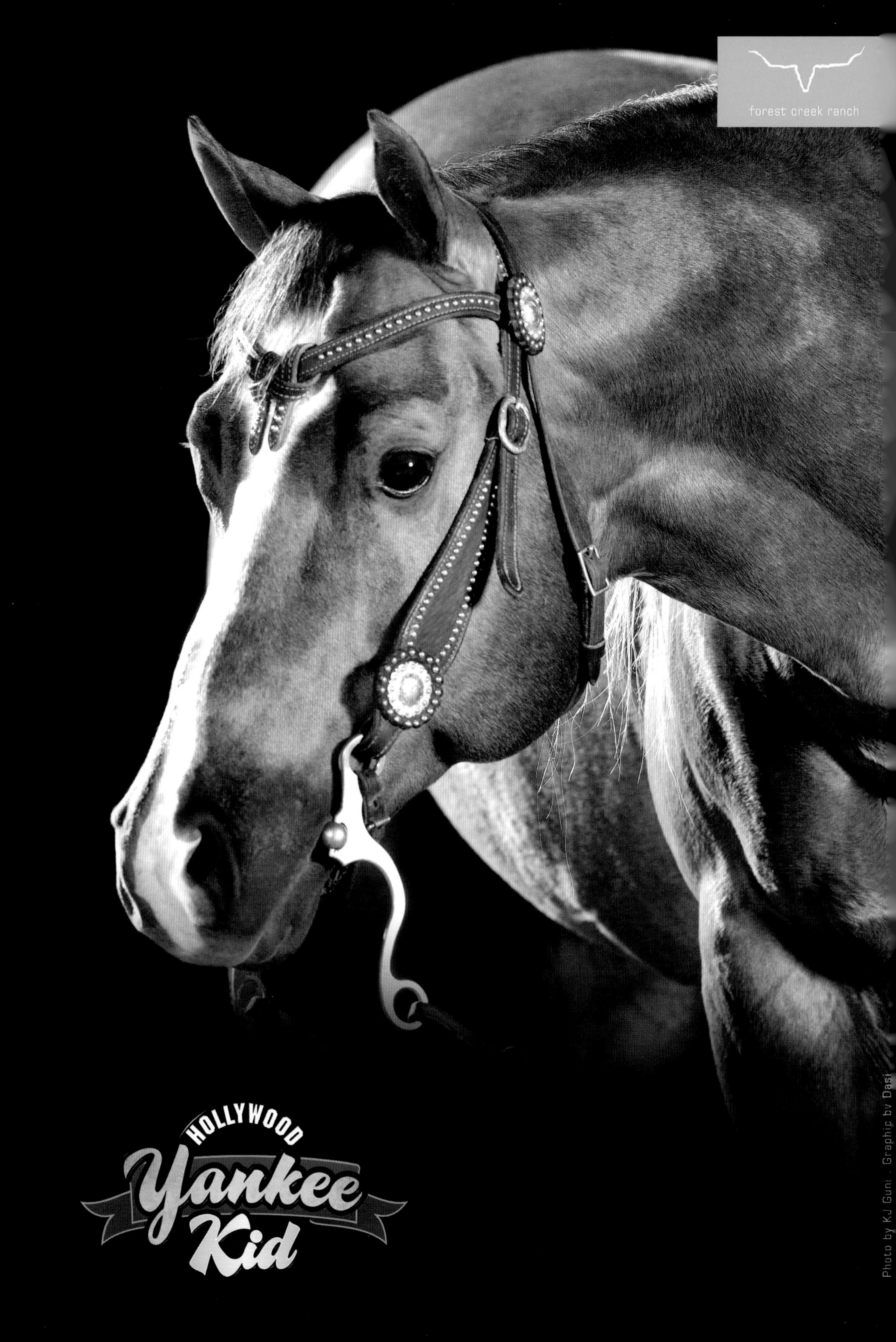
forest creek ranch
HOLLYWOOD
Yankee
Kid
Photo by KJ Guni . Graphic by Dasi

Besitzer: Forest Creek Ranch
Heike Nixdorf und Mario Karner
Ladinach 244
A-9181 Feistritz im Rosental
Tel +43 (0)4228-39140
office@forest-creek-ranch.at
www.forest-creek-ranch.at
Station: beim Besitzer
Züchter: Jack Donaldson, Ohio, USA
Deckeinsatz: NS, FS, TG
Gentest: HERDA n/n, PSSM n/n
Körung: –

K.J. Guni

Eigenleistung: LTE $72.879,54
NRHA Bronze Trophy Champion, NRHA European Futurity 2010
NRHA Lawson Trophy Open Champion Lier 2009
NRBC Open Reserve Champion 2005

Leistung Nachkommen: –

H

Die Vorfahren: In der Liste der Equi-Stat Topvererber wird **Hollywood Yankee Kid** als einer der erfolgreichsten Söhne von **Rowdy Yankee** geführt. Dieser Hengst, dessen Nachkommen bereits über $847.000 gewonnen haben, gilt als der beste Producer des legendären **Smart Chic Olena**. Er ist ein All Time Leading Sire, der selbst über $96.000 in der Reining-Arena holte und unter anderem NRHA Non Pro Futurity Champion, Limited Non Pro Futurity Reserve Champion sowie NRBC Champion Non Pro war. Neben Hollywood Yankee Kid brachte dieser Hengst **Big League Yankee** (u. a. RBC Intermediate Non Pro Derby Co-Reserve Champion), **Strike Em Out** (Siebter NRHA Non Pro Futurity) und **Yankee Bambino**, mit dem Nico Hörmann bereits sehr erfolgreich war. Über Rowdy Yankees Vater Smart Chic Olena muss eigentlich kein weiteres Wort verloren werden. Er ist einer der besten Söhne von **Smart Little Lena**, NRHA Hall of Famer und NRHA Four Million Dollar Sire. Rowdy Yankees Mutter **Nita Chex** hat beides: ein hervorragendes Pedigree und hervorragende Qualitäten als Vererber.

Sie stammt von **Ready Chex**, einem AQHA Reserve World Champion Senior Reining, Superior Reining und AQHA Highpoint Reining Stallion, der wiederum ein Sohn des Foundation-Hengstes und NRCHA Hall of Famers **King Fritz** ist, aus einer direkten Tochter des NCHA World Champions **Peponita**. Nita Chex brachte mehrere sehr gute Fohlen, die über $140.000 holten.

Spitzenleistung findet sich auch auf der Mutterseite von Hollywood Yankee Kid. Die Mutter **Sunshine Yellow Kid** ist eine Tochter des NRHA Open Futurity Champions und Congress Open Reining Champions **Brennas Kid** (LTE über $114.700). Brennas Kid ist ein Enkel von **Joe Cody** (NRHA und AQHA Hall of Fame) aus der NRHA Leading Dam **Be Aechs Brenna**. Mütterlicherseits geht sie auf **Hollywood Jac 86** zurück.

Der Hengst: Hollywood Yankee Kid läuft seit Jahren überaus konstant an der Spitze. Der ausdrucksstarke Hengst, der in allen Manövern im Plusbereich laufen

kann, hat bereits über $72.000 Gewinnsumme auf seinem Konto. Er war u. a. Vierter auf der NRHA Futurity Anciliary Open und NRHA Futurity NAAC Open Reserve Champion 2005 sowie NRBC Open Reserve Champion. Im Laufe der Jahre gewann er mehrere NRHA Lawson Bronze Trophys (darunter die 2009 in Belgien mit Score 226,5 und die auf der NRHA European Futurity 2010 mit einer 221) und war Finalist bei der Americana Lawson Bronze Trophy Open 2008. Er hat sein ROM und das NRHA Gold Certificate.

Die Nachkommen: Der erste Fohlenjahrgang von Hollywood Yankee Kid wird 2011 erwartet.

Rowdy Yankee
— Smart Chic Olena
— Nita Chex

— Smart Little Lena
— Gay Sugar Chic
— Ready Chex
— Pinenita

— Doc Olena / Smart Peppy
— Gay Bar King / Chicy Little
— King Fritz / Mexicali Baby
— Peponita / Carolina Pine

Sunshine Yellow Kid
— Brennas Kid
— Miss Yellow Jac

— Kid Five Cody
— Be Aechs Brenna
— Hollywood Jac 86
— Tigress Sun

— Joe Cody / Kitty Kid
— Be Aech Enterprise / Misty Penny Bar
— Easter King / Miss Hollywood
— Big Sun / Brownie Tiger

HOT KRYMSUNS CHOICE

AQHA 4969239 · Brown · 2007 · 162 cm

Carsten Böhmer

Besitzer: Sunhill Quarter Ranch
Bianca Küsters
Dorfstr. 30
D-16359 Biesenthal OT Danewitz
Mobil +49 (0)177-5342261
Tel. +49 (0)3337-450671
info@sunhill-quarter-ranch.de
www.sunhill-quarter-ranch.de
Station: beim Besitzer
Züchter: Bianca Küsters, Deutschland
Deckeinsatz: NS
Gentest: –
Körung: –

Eigenleistung: NSBA European Reserve Champion Longeline 2008
International Highpoint Reserve Champion Halter 2008

Leistung Nachkommen: –

Die Vorfahren: **Hot Krymsuns Choice** ist ein Sohn des dreifachen AQHA World Champions und vierfachen Congress Champions **One Hot Krymsun**. Die Nachkommen dieses Hengstes, unter denen mehrere World und Congress Champions sind, haben laut Equi-Stat bislang über $ 65.000 gewonnen. Sie brillieren sowohl in der Western Pleasure, Hunter, Western Riding als auch in der Halter. One Hot Krymsun stammt vom NABA Hall of Famer **Invitation Only** aus der **Hotrodders Jet Set** Tochter **Krymsun Jet Set**, deren Fohlen über $ 200.000 gewonnen haben.

Die Mutter **Chips Hot Charleen** war DQHA Futurity Reserve Champion Western Riding und Halter und Youth World Show Qualifier – ein absolut gelassenes, vielseitiges Youth Pferd. Die Stute ist eine Tochter des mehrfachen European und Futurity Champion sowie DQHA Leading Sire **Leaguers Lil Chip** aus einer Stute von **Scotch Bar Time**, einem AQHA Leading Sire und AQHA und NSBA Hall of Famer.

Der Hengst: Hot Krymsuns Choice ist ein bildschöner, großrahmiger Nachwuchshengst mit hübschem Kopf, guter Halsung und überragenden Bewegungen. Er ist sehr korrekt gebaut und verfügt vor allem über ein starkes Fundament. Ein Pferd mit sehr viel Ausstrahlung und vorbildlichem Charakter, das auch auf Turnieren durch nichts zu erschüttern ist. Der Hengst hat sich bereits in Halter und Longeline in der Show-Arena bewährt. Mit Spannung werden seine Leistungen unter dem Sattel erwartet.

Die Nachkommen: Der erste Fohlenjahrgang des Hengstes wird 2011 erwartet.

One Hot Krymsun	Invitation Only	Barpassers Image	Barpasser / Tee Command
		Bears Raisin Kane	Mr Kane Raiser / Revenda
	Krymsuns Jet Set	Hotrodders Jet Set	Docs Hotrodder / Miss Clique
		Crystal Class	Impressive Class / Dawsons Miss
Chips Hot Charleen	Leaguers Lil Chip	Zips Hot Chocolate	Zips Chocolate Chip / Ima Blister Bug
		Casino League N Lady	Im A Big Leaguer / Casino Fever
	Scotch Hobby	Scotch Bar Time	Sonny Dee Bar / Chubby Time
		Hobbys Starlet	– / –

Besitzer: Curtis-Hof GmbH
Kerstin Grosse
Untere Hauptstr. 79
D-09232 Hartmannsdorf
Tel. +49 (0)3722-7137933
Fax +49 (0)3722-7137935

Station: Hengststation Bachl
Gut Fasselsberg
D-84389 Postmünster / Pfarrkirchen
Tel. +49 (0)8561-1400
Fax +49 (0)8561-5759

Züchter: Hilldale Farm, USA

Deckeinsatz: FS, TG (erhältlich bei der Station)

Gentest: –

Körung: DQHA (leistungsgeprüft, Note 8,4)

Eigenleistung: LTE über $ 170.000, 2008 NRHA Europ. Champ. Open, 2004 AQHA Congress Open Fut. Champ., NRHA Open Fut. Platz 3, Perry Open Fut. Champ., Open Dixie Fut. Champ., mehrf. Bronze Trophy Champ., Americana Res. Champ. World Open, Superior Reining

Leistung Nachkommen: Mehrere Fohlenschausieger 2009
A Smokin Enterprise: NRHA Futurity Oklahoma 2009, Platz 6 im Open Final
Boggies Flashy Jac: Prospect Sale bei NRHA Futurity Oklahoma: 2jähriger Hengst von Hot Smokin Chex x verkauft für $ 50.000,-

Archiv Curtis Hof

Die Vorfahren: Hot Smokin Chex ist ein Vollbruder von **Big Chex To Cash** und einer der besten Söhne des großen **Nu Chex To Cash**, der ein Sohn des NRCHA Futurity Champions und World Champion Sire **Nu Cash** aus der **Bueno Chex** Tochter **Amarilla Chex** ist. Nu Chex To Cash war selbst ein Phänomen in der Reining-Arena, gewann fast $ 60.000 und war u.a. AQHA World Champion 1999. Dieser Hengst errang mehr AQHA Reining Points als jedes andere Pferd in der Geschichte der AQHA und ist bislang das einzige Pferd, das im selben Jahr AQHA Highpoint in Reining und Working Cowhorse wurde. Noch mehr leistete er als Vererber: Er ist NRHA Million Dollar Sire, NRHA Leading Sire und NRCHA All Time Leading Sire. Seine Nachkommen brachten es bislang auf über $ 1,7 Millionen und 5338 AQHA Punkte. Die Mutter **Snip O Gun** stammt von **One Gun**. Sie ist eine herausragende Producerin, die unter den Top Ten NRHA All Time Leading Dams ist und deren Nachkommen über $ 400.000 gewonnen haben.

Der Hengst: Hot Smokin Chex ist ein absoluter Ausnahmehengst. Er vereint hervorragende Abstammung mit großartiger Eigenleistung, die er über viele Jahre konstant bewiesen hat und die in seiner Teilnahme an den Weltreiterspielen 2010 gipfelten. Zudem besitzt er eine hervorragende Conformation – er war Körsieger der DQHA in Wenden mit der Topnote 8,4, wobei er für Typ und Gebäude 8,75 und für seine überragenden Bewegungen 8,5 erhielt. Der in USA gezüchtete Hengst wurde von Mike McEntire trainiert, der mit ihm die Congress Open Futurity gewann und Dritter bei der NRHA Futurity war. Weitere Erfolge folgten unter Francois Gauthier und Andrea Fappani. 2008 kam Hot Smokin Chex nach Deutschland und wurde unter Uli Kofler nach zweijähriger Showpause auf Anhieb NRHA European Champion. Mehrere Bronze Trophys folgten. Das Jahr 2009 beschloss er als Neunter der NRHA Weltrangliste Open. 2010 qualifizierte sich der Hengst unter Grischa Ludwig für die deutsche Mannschaft bei den Weltreiterspielen in Kentucky. Ein Spitzenathlet mit großem Herz und vorzüglichem

Charakter, immer willig, gelassen und freundlich. Kurz: ein ideales Verlasspferd.

Die Nachkommen: Wer schöne, ausdrucksstarke Leistungspferde für den großen Sport mit hervorragendem Gebäude, Bewegungen und bestem Charakter sucht, kommt an diesem Hengst nicht vorbei. Sein erster deutscher Fohlenjahrgang war 2009 und wird 2012 erstmals in der Show-Arena vorgestellt. Ihre Conformation, Typ und Bewegung haben seine Fohlen schon mehrfach durch entsprechende Platzierungen auf den Fohlenschauen bewiesen. So stellte Hot Smokin Chex den Gesamtsieger der Fohlenschau in Workerszell mit der Note 8,15 unter 29 Fohlen.

Nu Chex To Cash	Nu Cash	Colonel Freckles	Jewels Leo Bars / Christy Jay
		Nu Rendition	Nu Bar / Docs Rendition
	Amarilla Chex	Bueno Chex	King Fritz / Sutherlands Miss
		Karlye King	Radel King / Doc Bar Laurie
Snip O Gun	One Gun	Mr Gun Smoke	Rondo Leo / Kansas Cindy
		Miss Seventy One	King Command / Bay Princess Kay
	Miss Kim O Lena	Doc Olena	Doc Bar / Poco Lena
		Jokers Kim	Captain Joker / Tonkas Tempest

Besitzer: Konrad Gerber
Bernstr. 6 · CH-3110 Münsingen
Tel. +41 (0)79-6583876
Mobil +41 (0)31-7216817
info@shotgunner.ch
www.shotgunner.ch

Station: EU/ Gefriersamen
Equine Concepts Martin Steck
Bergwiese 1
D-89290 Buch-Rennertshofen
Tel. +49 (0)7343-922542
Fax +49 (0)7343-922543
info@ms-reiners.de

Züchter: Mc Padden Dennis, North Springfield, Vermont, USA
Deckeinsatz: FS, TG
Gentest: OLWS n/n
Körung: DQHA Burgebrach 2007 (Note 7,85)

Eigenleistung: LTE über $ 25.000, NRHA Bronze Trophy Open Champion Reggio Emilia 2006, EPHC European Champion 2005 Senior Reining fünfmal Platz 1, Mallorca Western Festival 2006 Finalist, APHA ROM, 30 APHA Points Senior Reining, 2006 NRHA Open Weltrangliste Platz 11

Leistung Nachkommen:
Shotgirl: PHCG Futurity Champion 2008

MP-Agentur

I

Die Vorfahren: Wie sein Vater **Colonels Smokingun** („Gunner') ist **I Am Shotgunner** sowohl als American Quarter Horse als auch als American Paint Horse registriert. Der Vater ist gewissermaßen schon Reining-Legende. Gunner ist der erste Painthengst, dessen Nachkommen die 1 Million Dollar Marke der NRHA übersprangen. Mittlerweile haben es seine Fohlen bereits auf über 2 Millionen Dollar in der Reining-Arena gebracht. Diese gewaltige Summe haben bisher insgesamt nur acht Vererber erreicht. Zu seinem erfolgreichsten Nachkommen gehören der NRHA Open Futurity Reserve Champion und Intermediate Open Champion **Gunners Special Nite**, **The Great Guntini** (Dritter auf der NRHA Futurity), der AQHA World Champion Senior Reining **Sorcerers Apprentice**, der NRBC Non Pro Derby Co-Champion **Smokin Dually** – nicht zu vergessen NRHA Futurity und Derby Champion **Gunnatrashya**. Gunner ist ein Sohn von **Colonelfourfreckle**, einem NCHA Money Earner und NRHA All Time Leading Sire, aus der **Katie Gun**. Diese Stute liegt auf Platz 4 der NRHA All Time Leading Dams. Von ihren insgesamt 19 Fohlen wurden zwölf geshowt, die zusammen über $ 424.000 gewannen. Die Mutter **Cross Tie Smoke** ist eine Tochter von **Ima Colonel Peppy** aus der **Miss Kitty Chex**. Ima Colonel Peppy ist ein direkter Sohn von **Colonel Freckles**, der u.a. den Missouri Spring Challenge Open gewann und Co-Reserve Champion bei den Southeastern Classics war. Somit geht I Am Shotgunner sowohl väterlicherals auch mütterlicherseits auf den AQHA Hall of Famer und Leading Sire Colonel Freckles zurück.

Der Hengst: Shotgunner ist schon äußerlich auf den ersten Blick als Gunner zu erkennen und beweist das auch durch seine vielen Erfolge in der Reining-Arena. Der Sorrel zeichnet sich durch enorme Leistungsbereitschaft, ungeheure Nervenstärke und einen hervorragenden Charakter aus. Ein überaus athletischer, kompakter und schöner Hengst mit überdurchschnittlichen Bewegungen und hervorragendem Stopvermögen. I Am Shotgunner wurde in den USA gezüchtet und von Bryant Pace auf der Congress Futurity gestartet, wo die beiden einen hervorragenden vierten Platz belegten. Der Hengst kam im Jahr 2005 nach Deutschland und wurde auf Anhieb European Champion PHCG Senior Reining (fünfmal Platz 1). Trainiert und geshowt wurde I Am Shotgunner von Emanuel Ernst.

Die Nachkommen: Der erste Fohlenjahrgang dieses Hengstes war 2007. Mit Spannung werden seine Nachkommen nun in der Show-Arena erwartet. Bereits als Fohlen überzeugen sie mit ihrem guten Gebäude, schönen Bewegungen und viel Ausstrahlung. Sie sind leicht trainierbar und haben das Reining-Talent ihres Vaters.

Colonels Smokin Gun	Colonelfourfreckle	Colonel Freckles	Jewels Leo Bars / Christy Jay
		Miss Solano	Docs Solano / Dorthea
	Katie Gun	John Gun	One Gun / Cee Bars Echols
		Bueno Katie	Aledo Bueno Bar / Bank Night Kate
Cross Tie Smoke	Ima Colonel Peppy	Colonel Freckles	Jewels Leo Bars / Christy Jay
		Ima Peppy Dodger	Peppy Hand 2 / Ima Poco Dodger
	Miss Kitty Chex	Mr Gun Smoke	Rondo Leo / Kansas Cindy
		Chex Design	Kings Randyman / Monique Too

I CEE DIAMONDS »ICE«
APHA 532132 · Sorrel Overo · 1999 · 150 cm

Gera Hoving

Besitzer: Caitewick Western Stables
Niederlande
Tel. +31 (0)621-263036
Info@caitewickwesternstables.com
www.caitewickwesternstables.com

Station: beim Besitzer
Züchter: Gillespie Ranch, USA
Deckeinsatz: TG
Gentest: HERDA n/n, OLWS n/h
Körung: –

Eigenleistung: APHA Futurity Int. Open Champion, 171 APHA Reining Points, 97 Open,10 Amateur, 64 Novice/Amateur, Open and Novice/Amateur Superior Reining, Amateur Rom, Open Bronze Trophy winner, 2005 Top 10 APHA World Show Open Senior Reining

Leistung Nachkommen: Tanzanite Express $ 1.030,00, 41 Points, Open Reining ROM; **Little Peppy Diamond** Money Earner, Open ROM; **Diamond Chic Tari** $ 3.400 APHA World Champ. Money u. $ 3.632,47 NRHA Earnings; **Diamond Safari** 2-facher Club 3-Year-Old Class Winner (2009); **Diamond Club** NRHA US/DE Money Earner

Die Vorfahren: I Cee Diamonds vereint feinste Paint und Quarter Horse Blutlinien, die für Topleistung in Reining, Cutting und Cowhorse stehen. Der Vater **Like A Diamond** ist ein direkter Sohn des großen American Quarter Horse Hengstes **Grays Starlight** aus der Paintstute **Diamond Jewel Wood**. Grays Starlight (von **Peppy San Badger** aus der hervorragenden Cutting-Stute **Docs Starlight**) ist einer der führenden Vererber in der Reining, Cutting und Reined Cowhorse Szene. Er zählt zu den NRHA Million Dollar Sires, ist laut Equi-Stat und NCHA auf Platz 11 der All Time Leading Cutting Sires und bei der NRCHA Fünfter der All Time Leading Sires. Diamond Jewel Wood, die selbst CRCHA Snaffle Bit Futurity Non Pro Champion und APHA National Champion war, ist die All Time Leading Dam of Paint Cutting Horses. Ihre Fohlen brachten es auf über $ 1,9 Millionen. Zu ihren besten zählt Like A Diamond, der fast $ 35.000 gewann und Neunter bei den NCHA Superstakes 1996 war. Der Hengst ist ein All Time Leading Sire of Paint Cutting Horses und brachte mehrere World Champions. Nach ihm wurde

sogar ein Breyer Modell geschaffen. Die Mutter **Cee Sebra Smokin** ist eine American Quarter Horse Stute von **Smokin Jose** aus einer **Three Bars** Enkelin. Smokin Jose war AQHA World Champion Junior Cutting und Masters Open Cutting Champion. Auch er ist ein All Time Leading Cutting Sire.

Der Hengst: Dieser bildschöne Painthengst ‚has it all': exzellentes Pedigree, großartige Eigenleistung und bewiesene Vererber-Qualitäten. Er besticht auf den ersten Blick durch seine Athletik, sein Exterieur und seine überragenden Bewegungen. Hinzu kommen ein grundehrlicher Charakter und große Ausgeglichenheit. Er ist ein Vererber der Extraklasse, wenn man neben besten Reiteigenschaften auch noch Farbe haben will. I Cee Diamonds wurde in den USA gezüchtet und von Fred Gillespie sowie später Tim McQuay trainiert. Dort wurde er erfolgreich in Reining und Junior Working Cowhorse geshowt. Im April 2006 kam er zu seinen jetzigen Besitzern in die Niederlande. Im Jahr 2007 stellte ihn Rudi Kronsteiner noch-

mals vor und gewann mit ihm die NRHA Lawson Bronze Trophy beim Austrian Western Star.

Die Nachkommen: Die Gewinnsumme seiner Nachkommen beläuft sich derzeit auf $ 8.135,37. Längst hat sich ‚Ice' auch als Vererber bewährt. Seinen Fohlen gibt er sein Talent für Reining, Cutting und Cowhorse ebenso weiter wie seinen exzellenten Charakter. Viele bewähren sich in den USA und in Europa in der Show-Arena. Ein Paint Horse Vererber der Sonderklasse, der bereits einen APHA Open World Champion und APHA Amateur Reserve World Champion hervorgebracht hat.

Like A Diamond	Grays Starlight (QH)	Peppy San Badger (QH) —— Mr San Peppy (QH) / Sugar Badger (QH)
		Docs Starlight (QH) —— Doc Bar (QH) / Tasa Tivio (QH)
	Diamond Jewel Wood	Diamond Jim —— Painted Jewel / Sallisaw Rose
		Castros Sister —— Tony Hank / Cecily
Cee Sebra Smokin (QH)	Smokin Jose (QH)	Jose Uno (QH) —— Joes Last (QH) / Shov Zan (QH)
		Gunsmokes Ripple (QH) —— Mr Gun Smoke (QH) / Leading Girl (QH)
	Cee Poco Debra (QH)	Cee Bars (QH) —— Three Bars (TB) / Chicaro Annie C (QH)
		Poco Debra (QH) —— Poco Bueno (QH) / Serenade Girl (QH)

Besitzer: Martin Seelos
Aufberg 1
D-72805 Lichtenstein
Tel. +49 (0) 7129-4307
Fax +49 (0) 7129-694996
Mobil +49 (0) 172-6306751

Station: Lightstone-Stable
www.lightstone-stable.de

Züchter: Georgia Wales, Texas, USA

Deckeinsatz: FS

Gentest: –

Körung: gekört und leistungsgeprüft

Helmut Nicklas

Eigenleistung: 1993 ApHCA Futurity Champion, 1994 ApHC National Champion Working Cowhorse, ApHCG European Champion Senior Reining 1995 u. 1996 u. Cutting 2007, ApHCG Goldmedaille u. Supreme Champion

Leistung Nachkommen: Satin Dazzelena: ApHCG Fut. Champ. Reining, 2004 Europameister Jr. Reining, mehrf. Highp. Horse u. World Show Qualifier; **Smart Little O'Lena:** 2004 EM Jr. Reining Platz 3, 2005 ApHC Europ. Champ.; **Lexis O'Lena:** 2005 ApHCG Reining Fut. Champ.

I

Die Vorfahren: **Ima Dazzelena** ist ein Sohn von **Ima Doc Olena**, dem ersten Sohn der Rasse Appaloosa des AQHA und NCHA Hall of Famers **Doc Olena**. Ima Doc Olenas Einfluss auf die Appaloosazucht kann ohne weiteres mit der von **Doc Olena** bei den American Quarter Horses verglichen werden. Der Hengst war zweifacher World Champion im Cutting. Seine Qualitäten und auch seinen Cowsense gab er an seine Nachkommen weiter, unter denen über 20 Bronzemedaillengewinner, Appaloosa Cutting Horse Breeders Futurity Champions, European und Canadian Champions und ein NRCHA Snaffle Bit Futurity Champion sind. Bis heute ist er einer der Top 3 Vererber der Appaloosa-Industrie. Die Mutter **Cutter Kings Crackerjack** geht auf die berühmten Hengste **Hands Up** und **Little Britches** zurück, die beide World Champions brachten.

Der Hengst: Ima Dazzelena ist der erfolgreichste Appaloosa der NRHA Germany und einer der erfolgreichsten Vererber in der deutschen Appaloosazucht überhaupt. Der Hengst wurde in den USA gezüchtet und zunächst von O.V Smith, später von Clint Haverty, Bill Riddle, Bernie Hoeltzel und Bozo Rogers trainiert. Nach einer bemerkenswerten Karriere im Cutting und Cowhorse wurde er ab 1995 in Europa vor allem im Reining-Sport eingesetzt – mit Erfolg. Aufgrund seiner Leistungen hat ihm der ApHCG die Goldmedaille und den Supreme Award verliehen. Ima Dazzelena ist eine wahre Persönlichkeit von Pferd. Noch heute im Alter von 20 Jahren präsentiert er sich im ‚besten Lack' mit viel Vorwärtsdrang, stets hellwach und aufmerksam. Er ist ein immer leistungsbereiter Hengst mit viel Herz und dem Willen zum Sieg, der im Training und im Showring stets voll bei der Sache ist. Darüber hinaus verfügt er über sehr viel Cowsense.

Die Nachkommen: Wie der Vater sind auch ‚Dazzys' im Training voll bei der Sache und durch ihren enormen Bewegungsdrang leicht trainierbar. Neben ihrem Reining-Talent verfügen sie alle über viel Cowsense, so dass sie sich auch hervorragend für den Cutting-Sport eignen. Unter ihnen sind Futurity Champions, European Champions, World Show Qualifier und Highpoint Horses.

Ima Doc Olena	Doc Olena (QH)	Doc Bar (QH)	Lightning Bar (QH) / Dandy Doll (QH)
		Poco Lena (QH)	Poco Bueno (QH) / Sheilwin (QH)
	Wa Jos Freckles	Wa-Jo-Re	Wapiti / Jokers Miss Reed
		My Happiness	Comanches Freckles / Thats My Lady
Cutter Kings Cracker Jack	Cutter King	Golden King	Fiesta / Winema
		Thigpin	– / –
	Sonny Boys Duty Bound	Kellys Sonny Boy	Little Britches K / Susie Que
		Kitty Black (Araber)	Jerry Caesar (QH) / Kittys Grey

MEHR SPASS AM REITEN

Besitzer: Walli und Wieland Groenewold
Bergengruenstr. 54
D-14129 Berlin
Tel. +49 (0)175-5227973
Fax +49 (0)30-80904546
walli@groenewold-berlin.de
www.invitationwithpine.de
Station: auf Anfrage beim Besitzer
Züchter: Nichols Marlborough
Purcell, Oklahoma, USA
Deckeinsatz: TG über EU Besamungsstation
Dr. Gerhard und Edith Storch
D-88459 Tannheim
Tel.: +49(0)8395-93343
www.dr-storch.com
Gentest: HERDA n/n, OLWS n/n, PSSM n/n,
GBED n/n
Körung: –

Wieland Groenewold

Eigenleistung: NSBA Money Earner
AQHA Open und Amateur Western Pleasure Point Earner
mehrfacher World Show Qualifier
mehrfaches AQHA und DQHA Highpoint Horse

Leistung Nachkommen: –

I

Die Vorfahren: Das Pedigree von **Invitation With Pine** liest sich wie das Who Is Who der Western Pleasure Szene. Der Vater **Green With Invy** gilt als einer der schönsten und erfolgreichsten Söhne von **Invitation Only** – einem Hengst, der eine wahre Pleasure-Legende ist. Invitation Only ist der All Time Number 1 Vererber von Western Pleasure Pferden. Er ist u. a. Nr. 1 AQHA Leading Performance Sire 2006 bis 2008, Nr. 1 Leading Youth Halter Sire 2007 und 2008 und Nr. 1 Leading Sire of Money Earners. Allein 2009 war er der Vater von 35 World und Congress Champions bzw. Reserve Champions. Seine Nachkommen errangen bisher fast 39.000 AQHA Punkte und über $ 2,6 Millionen. Für seine Leistungen als Vererber wurde Invitation Only in die NSBA Hall of Fame aufgenommen.

Die Mutter **Ultimate Heaven** vereint die herausragenden Vererber **Zippo Pine Bar** (NSBA Hall of Fame) und **Raddical Rodder** (NSBA Top 15 All Time Leading Sire, AQHA Top 10 Leading Sire) in ihrem Pedigree. Sie

stammt von **Zippos Heaven Sent**, einem All American Quarter Horse Congress Open Western Pleasure Futurity Champion, der über $ 60.000 gewonnen hat und bereits erfolgreiche Nachkommen zeugte (über 3.800 AQHA Punkte).

Der Hengst: Ein hochinteressanter, topmoderner Hengst für den ambitionierten Züchter von Western Pleasure und All Around Pferden. Invitation With Pine überzeugt nicht nur durch seine Abstammung. Auch seine außergewöhnliche Buckskin-Farbe und sein einwandfreier Charakter machen ihn zu einer interessanten Wahl für anspruchsvolle Züchter. Bereits als Junghengst konnte Invitation With Pine diverse Siege und Platzierungen in Halterklassen erreichen. Drei Jahre in Folge qualifizierte er sich für die AQHA World Show in Amateur und Open Halter und stand mehrfach Grand Champion. In seiner ersten Turniersaison unter dem Sattel (2009) zeigte er sich von Anfang an als sehr kooperativ und lernwillig. Bei nur drei Shows errang er sieben AQHA Open Pleasure Points und kam

ins NSBA Preisgeld. In der Amateur Pleasure auf dem Ride of America in Wenden wurde der Hengst mit seiner Besitzerin in einer sehr starken Prüfung zweimal Zweiter und konnte somit erste AQHA Amateur Pleasure Points sammeln. Mit seiner Ausstrahlung, seinen hervorragenden Bewegungen, seiner Rittigkeit und vor allem seinem grundehrlichen, zuverlässigen Charakter ist Invitation With Pine ein perfekter Partner für den großen Sport. Der Hengst vererbt dominant Braun und zu 50 Prozent Buckskin (auch mit Fuchsstuten): Farbgentest: Sorrel n/n, Agouti (A/A), Cream(Cr/cr).

Die Nachkommen: Die ersten Nachkommen von Invitation With Pine werden im Jahr 2011 erwartet. Die Fohlen sind AQHA Incentive Fund, DQHA SSA und NSBA Futurity einbezahlt.

Green With Invy	Invitation Only	Barpassers Image	Barpasser / Tee Command
		Bears Raisin Kane	Mr Kane Raiser / Revenda
	Bold Vanessa (TB)	Jungle Blade (TB)	Blade (TB) / Jungle Princess (TB)
		Run For Senate (TB)	Senate Whip (TB) / Miss El Khobar (TB)
Ultimate Heaven	Zippos Heaven Sent	Zippo Pine Bar	Zippo Pat Bars / Dollie Pine
		Heaven Sent	Custus Rastus (TB) / Heavenly Flower
	Ultra Radical	Radical Rodder	Hotrodders Jet Set / Flashy Bar Flower
		Free Of Trouble	Scottish Will / Shalom

Besitzer: Dainmasa Horses & HD Schulz

Station: EU-bewilligte Besamungsstation H&D Schulz Quarter Horses
Günserstr. 280
A-2700 Wiener Neustadt
Tel. +43 (0)2622-81112
info@westernstar-hd.com
www.westernstar.at

Züchter: Fernand Grenier, Quebec, Kanada

Deckeinsatz: FS, TG

Gentest: PSSM n/n, HERDA n/n, GBED n/n

Körung: gekört in Österreich

Eigenleistung: LTE über $ 73.000, NRHA Futurity Open Res. Champion und Ltd. Open Champion 1989, mehrfacher Grand und Reserve Grand Champion, 4.5 AQHA Performance und 4.5 AQHA Halter Points

Leistung Nachkommen: LTE derzeit ca. € 100.000, mehrfacher Futurity, Maturity & Derby Champion Producer

Golden Mc Jac: NRHA Breeders Futurity Champion 2002
Jacs Ready To Slide: NRHA Breeders Derby Champion
Golden Dry Doc Jac: NRHA Breeders Futurity Champion 2001

HD Schulz

J

Die Vorfahren: Jac O Rima ist ein Sohn des großen **Hollywood Jac 86**, der auch der Vater von **Hollywood Dun It** ist. Hollywood Jac 86 war der erste Vererber, dessen Nachkommen die $ 1 Million-Grenze übersprangen. Er war selbst Sechster auf der AQHA World Show, hatte sein Superior Reining und das ROM. Der auf den ersten Blick eher unscheinbar wirkende, kleine Palomino wurde zum großen Star, wenn er die Arena betrat – insbesondere durch sein phänomenales Stopvermögen. Es sollte das Markenzeichen der Hollywood Jac 86 Dynastie werden, und auch Jac O Rima und seine Nachkommen zeigen diese großartigen, tiefen Stops.

Die Mutter **Torima** ist eine Tochter des AQHA Champions **Two Eyed Beaver**, der wiederum vom AQHA Hall of Famer und Leading Sire **Two Eyed Jack** stammt, aus einer Tochter des AQHA Champions **Torino**. Torima brachte 17 Fohlen, von denen 14 sehr erfolgreiche Performer sind.

Der Hengst: Jac O Rima ist mittlerweile so etwas wie eine europäische Reining-Legende. Der typvolle Palomino zählt zu den erfolgreichsten Vererbern von Reining-Pferden in Europa. Mit knapp € 80.000 ist er auf Platz 2 der Leading Futurity Sires der NRHA Germany. Jac O Rima war selbst überaus erfolgreich in der Show-Arena. Er war NRHA Futurity Open Reserve Champion und brachte es auf eine Gewinnsumme von über $ 73.000. Seine 24 Jahre sieht man diesem prächtigen Hengst nicht an. Er präsentiert sich nach wie vor in bestem ‚Lack'. Jack O Rima ist ein stark bemuskelter, dabei eleganter Hengst mit viel Ausdruck und überragenden Bewegungen. Ein Performance-Vererber der absoluten Extraklasse.

Die Nachkommen: Seinen Nachkommen gibt Jac O Rima sein außergewöhnliches Reining-Talent mit herausragendem Stopvermögen ebenso weiter wie seine Ausstrahlung und seinen hervorragenden Charakter. Zu seinen bekanntesten zählen **Golden Mc Jac**, der 2002 die Breeders Futurity gewann und 2006 unter Sylvia Rzepka für Deutschland bei den Weltreiterspielen in Aachen startete, und der Breeders Futurity Champion 2001 **Golden Dry Doc Jac**. Weitere herausragende Nachkommen sind **Ninjajac Hollywood**, **Overlook Me Jac**, **Ostinato Jac**, **Miles O Rima**, **Piccino Hollywood**, **Jac Golden Touch Down**, **Lenas Top Jac**, **Golden Jac Woman**, **Reinmejac**, **Jacs Tobago Bay**, **Jacs Ready To Slide** und **Smart Arrow O Rima**.

Hollywood Jac 86	Easter King	King	Zantanon / Jabalina
		Gocha H	Cuate / Jane By Darity
	Miss Hollywood	Hollywood Gold	Gold Rush / Triangle Lady 17
		Miss Buggins	Buggins / Joe Graham Mare
Torima	Two Eyed Beaver	Two Eyed Jac	Two D Two / Triangle Tookie
		Coopkseys Pep Up	Beaver Pep Up / Cooksey Lady
	Ima Torino	Torino	Ledo Bars / Rita Blue
		Paprika Red	Lenas Red / Sybil

JACK COW O LENA

AQHA 4206811 · Bay · 2001 · 143 cm

Besitzer: Verena Simon
Libellenstr. 22
CH-6004 Luzern
Tel. +41 (0)41-4202006
Mobil +41 (0)79-7685661
info@vs-westernriding.com
www.vs-westernriding.com

Station: Privat-Stall Fam. Kunz
Wies
CH-6032 Root

Züchter: Luigi Pasini Gian, Ospitaletto, Italien

Deckeinsatz: NS

Gentest: HYPP n/n

Körung: –

privat – Matthias Leidl

Eigenleistung: Deutsche Meisterschaft (FN) Bad Salzuflen platziert

Leistung Nachkommen: Jack Cow O Lenas erster Fohlenjahrgang wird voraussichtlich 2011 auf Turnieren vorgestellt.

Die Vorfahren: Der in Italien gezüchtete **Jack Cow O Lena** stammt von **Smart As A Jaybird**, einem Sohn des NCHA All Time Leading Sires **Smart Little Lena** aus einer Tochter des Superior Cutting Hengstes **Rey Jey**. Der NCHA Triple Crown Winner und NCHA World Champion Smart Little Lena gewann über $ 577.000 und wurde als Vererber legendär (über $ 33,5 Millionen). Die Mutter **Jack Cow Miss** ist **Son and Heir/ Two Eyed Jack** gezogen.

Der Hengst: Der überaus nervenstarke, sehr menschenbezogene Hengst kann zahlreiche Platzierungen auf AQHA und NRHA Shows in der Schweiz vorweisen. Zudem war er auf der Americana 2006 platziert und auf der Deutschen Meisterschaft (FN) in Bad Salzuflen. Jack ist ein absoluter Reiner. Seine besondere Stärke ist der kraftvolle Spurt vor dem Sliding Stop.

Die Nachkommen: Jack Cow O Lena ist ein American Quarter Horse Hengst im alten Stock Type: klein, kompakt und sehr gut bemuskelt. Seinen Nachkommen (bislang ausschließlich Hengstfohlen) vererbt er sein Gebäude ebenso wie seinen freundlichen, unkomplizierten Charakter und seine Nervenstärke. Der erste Fohlenjahrgang wird gerade ausgebildet. Jack kann leider nicht gekört werden, da er durch einen schweren Unfall einen der beiden Hoden verloren hat.

Smart As A Jaybird	Smart Little Lena	Doc Olena	Doc Bar / Poco Lena
		Smart Peppy	Peppy San / Royal Smart
	Joepico Jay	Rey Jay	Rey Del Rancho / Calandria K
		Tamu Joepico	Fourble Joe / Tamc Wimpico
Jack Cow Miss	My Jet Royal	My Top Heir	Son and Heir / Miss Bar Tops
		Royal Satin Queen	Royal De King / Satin N Lace
	Missy May Surprise	Rodeo Jack	Two Eyed Jack / My Jeanaleta
		Just A Sugar Doll	Just Right Bonanza / Yellow King Doll

Besitzer: Monique und Frank Weber
Waldhof 2
D-66557 Hirzweiler
Mobil +49 (0)163-8718022
www.weber-waldhof.de
weber.waldhof@web.de
Station: beim Besitzer
Züchter: Barr Stephen Stanton, Michigan, USA
Deckeinsatz: NS
Gentest: –
Körung: –

Hans-Peter Marquardt

Eigenleistung: All American Quarter Horse Congress Champion; AQHA Halter Point Earner; AQHA Open Reining Point Earner; Res. Champion Aged Stallions; AQHA Halter; AQHA Amateur Reining Point Earner

Leistung Nachkommen: King Barr Texas: AQHA Grand Champ. Stallion; **Tashina Jeta King:** PHCG Fut. Champ. Weanl. Mares u. Yearl. Mares, German Champ. PHCG 2-Yr.-Old Mares; **King Barr Noshota:** PHCG Fut. Champ. Weanl. Mares; **King Barr:** NRHA Jackpot Winner Frankreich; **Holborns King Jackson:** DQHA Futurity Dritter

K

Die Vorfahren: Der Name sagt schon alles: **King Barr 234** ist liniengezüchtet auf den legendären **King P-234.** Er geht zu 86 Prozent auf die alten Foundation Linien zurück und ist bei der NFQHA registriert. Der Vater **Crockett Gay Bar,** ein NRHA Money Earner, ist ein Sohn des Spitzenvererbers **Gay Bar King,** der viele AQHA Champions brachte und dessen Nachkommen allein in der Cutting Arena über $ 400.000 gewannen. Gay Bar King war ein direkter Sohn des legendären Vollblüters **Three Bars** aus der **Gay Widow,** einer King-Tochter, die sowohl in der Halter als auch in der Reining Arena erfolgreich war und u. a. AQHA Champion wurde.

Die Mutter **Continental Baby** stammt von **Continental King,** der unter Bill Horn NRHA World Champion Open 1960 wurde. Continental King wurde 1988 in die NRGA Hall of Fame aufgenommen und brachte eine Reihe hervorragender Pferde, darunter **Continental Ace, Continental Buff, Continental Nancy, Continental Pistol** und **King Of Four Mac.**

Der Hengst: King Barr 234 ist erste Wahl für Liebhaber von Foundation Quarter Horses. Er präsentiert sich als ausdrucksstarker, hervorragend bemuskelter Hengst, der durch sein korrektes Gebäude, seinen auffallend schönen Kopf und vor allem seinen liebenswerten Charakter besticht. Mit seiner Ausgeglichenheit, Nervenstärke und Umgänglichkeit ist er typischer Vertreter seiner Rasse – ein American Quarter Horse, wie es im Buche steht. Ebenso verkörpert er deren Leistungsfähigkeit und Vielseitigkeit. Mario und Ellen Lenz entdeckten den in den USA gezüchteten Hengst im März 1994 bei Francois Gauthier in Kanada, der ihn auf dem All American Quarter Horse Congress vorstellte, und brachten ihn nach Europa. Hier folgten viele Siege und Platzierungen in Reining, Western Pleasure, Western Riding, Trail, Horsemanship und Hunter under Saddle Open. Zudem stand er Grand Champion in Aged Stallions Open. Vor zwei Jahren wechselte der Hengst in den Besitz der Familie Weber im saarländischen Hirzweiler. Seine mittlerweile 21 Jahre sieht man ihm nicht an, und auch auf den Beinen ist

er gesund wie eh und je. King Barr 234 wird nach wie vor täglich geritten und zeigt auch auf Kursen, wie ein American Quarter Horse stoppen und drehen sollte. Auch das spricht für diesen liebenswerten Hengst, der sich auch als Vererber längst einen Namen gemacht hat.

Die Nachkommen: King Barr 234 hat mittlerweile fast 100 American Quarter Horse und 25 Paint Horse Nachkommen, die nicht nur in Deutschland, sondern auch Luxemburg und Frankreich stehen. Die King Barrs überzeugen bereits auf den Fohlenschauen durch ihr korrektes Gebäude, das solide Fundament und die guten Bewegungen. Viele sind in Deutschland, Luxemburg und Frankreich erfolgreich in der Halter und Performance Szene, vor allem in Reining und Western Pleasure. Zu seinen Nachkommen zählen u. a. mehrere PHCG Futurity Champions.

Crockett Gay Bar	Gay Bar King	Three Bars	Percentage / Myrtle Dee
		Gay Widow	King / Happy Gal
	Me Jo	Poco Hankins	Poco Pine / LH Lady Bee
		Me Crockett	Crockett King / Chocolate Sox
Continentals Baby	Continental King	King	Zantanon / Jabalina
		Sue Hunt	San Siemon / Little Sue
	Miss Baby Bar	Illini King Hand	King Hand / Peppy American Girl
		Bar Y Baby Doll	Silver Cash / Bar Y Viv

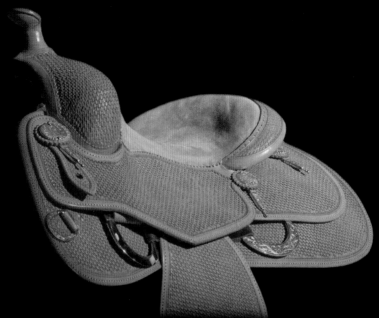
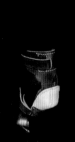
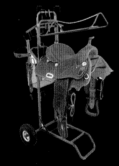

Besitzer: Chrom-Ranch
Angelika Gallitzendörfer
Im Dickenreis 61
D-87700 Memmingen
Tel. +49 (0)174-1606694
Fax +49 (0)8331-9849346
info@chrom-ranch.de
www.chrom-ranch.de
Station: beim Besitzer
Züchter: Layer Terry Steve, Luetzelburg, Deutschland
Deckeinsatz: NS, TG auf Anfrage
Gentest: –
Körung: 2009 München Riem, Hengstbuch I, 7,55

Foto Chris

Eigenleistung: EWU Bayerischer Meister Junior Reining 2005, Junior Trail 2004
AQHA, VWB und EWU über 50 All Around Champion Titel
AQHA Grand Champion, EWU Bronze Superhorse, Reining, Silber Trail

Leistung Nachkommen:
Sonny Toffifee Lady: EWU und AQHA Youth All Around Champion mit vielen
Siegen in Reining, Trail und Western Pleasure; **Shades Olena:** Sieger AQHA Junior
Trail und Junior Pleasure; **Zancers Chula:** AQHA Grand Champion, DQHA
Highpoint Horse; **Olenas Lancer Bar:** mehrmaliger Haltersieger uvm.

Die Vorfahren: Lancers Little Jack ist das Ergebnis der Anpaarung zweier hochinteressanter Blutlinien. Der Vater **Docs Royal Lancer**, ist ein Sohn des legendären **Doc Olena** aus der **Miss Royal Texas**. Zu Doc Olena muss man nicht viele Worte verlieren. Er war einer der besten Söhne von **Doc Bar** aus der großartigen Cutting Stute **Poco Lena**. Doc Olena war das bisher einzige Pferd, das es fertig brachte, alle vier Go Rounds und das Finale der NCHA Futurity zu gewinnen. Der AQHA Hall of Famer und NCHA World Champion zählt zu den erfolgreichsten Cutting-Vererbern aller Zeiten. Miss Royal Texas, eine Enkelin des AQHA Hall of Famers und AQHA Res. World Champion **Royal King**, machte als Producerin auf sich aufmerksam. Ihre Fohlen holten über $ 68.000 Preisgeld. Docs Royal Lancer war u. a. Canadian National Stakes CCHA Open Champion, Sunbelt Futurity Res. Champion und NCHA Saskatchewan Champion und brachte viele gute Pferde, die sich in einer Vielzahl von Disziplinen hervortaten.

Die Mutter von Lancers Little Jack ist eine direkte Tochter des bekannten schwarzen Hengstes der Glis Ranch, **Shades Of Wonder**. Dieser Hengst, der über **Otoes Wonder** und **Otoe** auf den AQHA Hall of Famer **Sugar Bars** zurückgeht, brachte NRHA Breeders Futurity Finalisten ebenso wie All Around Champions und Grand Champions Halter.

Der Hengst: Lancers Little Jack ist ein beeindruckender, lackschwarzer Hengst, der nicht nur durch gute Abstammung überzeugt, sondern auch durch Eigenleistung. Der leichtrittige, nervenstarke Hengst ist in einer Vielzahl von Disziplinen erfolgreich. Er ist mehrfacher Bayerischer Meister und EWU Allaround Champion, wobei er insbesondere in Reining und Trail brilliert. Lancers Little Jack ist reinerbig Black, produziert also keine Füchse, und vererbt seine schwarze Farbe zu 85 Prozent. Ein wunderschöner Hengst, der mit seiner Vielseitigkeit, seiner Nervenstärke und seinem angenehmen Wesen das American Quarter Horse par excellence verkörpert.

Die Nachkommen: Seinen Nachkommen gibt dieser Hengst ein hervorragendes Nervenkostüm, starke Bemuskelung und gutes Gebäude mit. Seine Fohlen sind gut zu trainieren, korrekt und unerschrocken. Viele werden von Amateuren und ambitionierten Freizeitreitern geritten, die es schätzen, in ihrer Freizeit ein leichtrittiges und braves Pferd für ihr Hobby zu haben. Viele haben Erfolge in Amateur und Jugend Klassen und wurden schon oft All Around Champion.

Docs Royal Lancer	Doc OLena	Doc Bar	Lightning Bar / Dandy Doll
		Poco Lena	Poco Bueno / Sheilwin
	Miss Royal Texas	Royal Texas	Royal King / Texas Kitty
		Pearly Ginger	Poco Chub / Gregory Mare
Shades of Queen Star	Shades of Wonder	Otoes Wonder	Otoe / Wonder Baby
		Noor Fudge	Noor Charge / Double Fudge
	Rose Star Miss	Watch Don Juan	Watch Joe Jack / Jauna Dust
		Queen Star Miss	Sea Wolf / March Star

LAPWAI DREAM

ApHC 602839 · Chestnut, Blanket mit Spots · 1999 · 152 cm

Steffi Mertz

Besitzer: Lapwai Ranch
Stefan Kelemen
An der Wache 7
D-99444 Blankenhain / OT Kleinlohma
Tel. +49 (0)160-99886574
Fax +49 (0)36454-12962
lapwai.ranch@web.de
www.lapwairanch.de

Station: beim Besitzer
Züchter: Gabriele Hartmannsberger, Deutschland
Deckeinsatz: NS
Gentest: –
Körung: ApHCG Aachen 2002

Eigenleistung:
2-facher Grand Champion
International Highpoint
ApHCG Highpoint

Leistung Nachkommen:
Lapwai Top Secret: 2-jährig gekört, 2-facher Futurity Sieger
Cisco Dream: Champ of Champions, ApHCG Europameister, Grand Champion, bestes Fohlen 2009 ApHCG Fohlenschauen bundesweit

Die Vorfahren: **Lapwai Dream**s Vater ist der ApHCG Supreme Champion **Brightest Dream**, der 70 Halter- und Performance-Punkte errungen hat. Er stammt von **Dreamfinder** aus der **Cherry Bunny**, einer Tochter des ApHC Champion Sires **Mighty Tim**. Der ApHC Hall of Famer Dreamfinder war vielfacher World Champion und brachte selbst World Champions. Dreamfinder ist sicherlich einer der Hengste, welche die Appaloosazucht am entscheidendsten beeinflusst haben. Er selbst war ein wahrer Eyecatcher, der seinen Nachkommen Schönheit, Farbe und Balance mitgab. Seine Fohlen brillierten in der Halter-Arena wie auch in den unterschiedlichsten Disziplinen. Sie wurden unter anderem National und World Champions, Supreme und Versatility Champions.

Auch Lapwai Dreams Mutter **Samsguardianangel** ist nicht nur exzellent gezogen, sondern überzeugt vor allem durch Eigenleistung – sowohl in der Show-Arena als auch als Mutter. Die Stute errang Punkte in Halter und Performance und brachte Championfohlen hervor. Sie ist eine Tochter von **Rancher Sam** aus der **The Color Guard**, einer direkten Tochter des großen **The Executive** (ApHC Hall of Fame). Rancher Sam ist ROM Sire, Superior Halter Sire und Medallion Sire, dessen Nachkommen 72 ApHC Performance- und 206 Halter-Punkte errungen haben. Was The Executive betrifft, so ist dieser gewissermaßen Appaloosa-Legende. Er gewann jede Klasse, für die er genannt war (bis auf eine, wo er Reserve wurde) und war National Champion der zweijährigen Hengste. Der Hengst brachte 297 Fohlen, die über jeweils 3000 Performance- bzw. Halter-Punkte errangen.

Der Hengst: Der sehr charismatische Lapwai Dream ist ein würdiger Nachkomme seiner großen Vorfahren. Er vereint Schönheit, hervorragenden Charakter, Farbe und Leistungsfähigkeit. Lapwai Dream präsentiert sich als echter All Arounder, der Erfolge in Halter wie in Performance aufzuweisen hat. Ob Trail, Reining oder Team Penning – der kräftig bemuskelte Hengst beweist Leistungswillen, eine große Ausstrahlung und ein sehr angenehmes Wesen. Seine Nervenstärke und Zuverlässigkeit stellt er immer wieder auch auf Messen unter Beweis, wo er die besonderen Vorzüge der Rasse Appaloosa repräsentiert. Diese gibt er auch an seine Nachkommen weiter, die sich als Turnierpferde ebenso eignen wie für den anspruchsvollen Freizeitreiter.

Die Nachkommen: Alle von Lapwai Dreams bisher 21 Fohlen, die auf Fohlenschauen vorgestellt wurden, sind auch prämiert worden. Unter seinen Nachkommen sind Fohlenschausieger, ApHCG Futurity Champions und Prämienstuten. Sein Sohn **Lapwai Top Secret** wurde bereits als Zweijähriger gekört und ist zweifacher Futurity Champion. Ein weiterer Nachkomme, **Cisco Dream**, wurde Champion of Champions, ApHCG Europameister und Grand Champion. Er war 2009 bestes Fohlen der ApHCG Fohlenschauen bundesweit. Die Anpaarung mit Stuten von **Goer** und **Rock Star** hat sich dabei ebenso bewährt wie die mit Wiescamp-gezogenen Blutlinien.

Brightest Dream	Dreamfinder	Alias King	Alias Smith and Jones / Carlin (QH)
			Aztec Sun (QH) / Another Sister (QH)
		Aztecs Fancy Frani (QH)	
	Cherry Bunny	Mighty Tim	Mighty Bright / Cherry Cordial (QH)
		Scoops Bunny (QH)	Scooper Hank ST (QH) / Trotters Doc (QH)
Samsguardianangel	Rancher Sam	Peavys Uncle Sam	Due Claw (QH) / Papoose Peavy (QH)
		Dudes Misty (QH)	Dude Enders (QH) / Thrifty Miss (QH)
	The Color Guard	The Executive	Dial Bright Too / Dial Right Time
		Clarice	Peacocks Pomo / Darts Annette (QH)

<table>
<tr><td>Besitzer:</td><td>Dainmasa Horses
Saadi Hadj-Abdou
A-2801 Katzelsdorf/Wr. Neustadt
dainmasa@dainmasa.at
www.dainmasa.at</td></tr>
<tr><td>Station:</td><td>EU-bewilligte Besamungsstation H&D
Schulz Quarter Horses
Günserstr. 280
A-2700 Wiener Neustadt</td></tr>
<tr><td>Züchter:</td><td>Lance Griffin, OK, USA</td></tr>
<tr><td>Deckeinsatz:</td><td>FS / TG</td></tr>
<tr><td>Gentest:</td><td>DNA getestet</td></tr>
<tr><td>Körung:</td><td>–</td></tr>
</table>

Christian Kellner

L

Eigenleistung: mehrfacher Bronze Trophy Champion, 2010 FEI Weltreiterspiele, 2009 NRHA Open Ranking Top 5 weltweit, 2008/2009 AQHA World Show Qualifier, mehrfacher AQHA Halter Grand Champion, 2007 Canadian Open Reining Futurity Champion, 2007 NRHA Futurity OKC Open

Leistung Nachkommen: Der erster Fohlenjahrgang wird 2010 geboren.

Die Vorfahren: Das Pedigree von **Laredo Whiz** spricht für sich. Der Vater **Topsail Whiz** stammt vom NRHA Futurity Champion und AQHA World Champion Junior Reining **Topsail Cody** aus der **Jeanie Bar Whiz**, einer Stute, die u. a. AQHA Highpoint Youth Reining Horse 1977 und 1978 AQHA Reserve Champion in der Open war. Topsail Whiz gewann selbst $ 57.178 (laut Equi-Stat) in der Show-Arena. Unter Bob Loomis war er unter anderem Southwest Reining Horse Association Futurity Champion, Dritter auf der NRHA Futurity, NRHA Lazy E Classic Champion und Vierter auf dem NRHA Derby. Topsail Whiz brachte 1.269 AQHA registrierte Fohlen, von denen 634 im Preisgeld laufen bzw. AQHA Punkte errungen haben. Die Nachkommen dieses NRHA Leading Sire brachten es bisher auf über $ 6,8 Millionen.

Die Mutter **Genuine Starbright** ist eine Tochter von **Genuine Doc** aus der erfolgreichen Producerin **Skips Stardust**. Genuine Doc, der selbst fast $ 24.000 gewann und u. a. AQHA Reserve World Champion

Senior Cutting war, ist ein All Time Leading Cutting und Reining Sire. Auch Genuine Starbright hat beachtliche Erfolge in der Show-Arena und brachte mehrere herausragende Performer, darunter einen USA NRHA Non Pro Futirity Champion unter Samantha Griffin.

Der Hengst: Laredo Whiz überzeugt nicht nur durch sein exzellentes Pedigree, sondern hat sich längst selbst in der Reining-Arena bewiesen. Der Hengst wurde in Oklahoma von Lance Griffin gezüchtet und von Cody Sapergia ausgebildet. Er gewann u. a. die kanadische Open Reining Futurity. Die Besitzer Dainmasa Horses, Österreich, erwarben den Hengst als Zweijährigen und importierten ihn im Jahr 2008 nach Europa. Hier setzte er seine Erfolge unter Dennis Schulz fort. So waren die beiden unter den Top 5 der NRHA Weltrangliste Open 2009. Aufgrund seiner Leistungen kommt er 2010 auch bei den Weltreiterspielen in Kentucky für Österreich zum Einsatz. Laredo Whiz ist ein schöner, typvoller und gut bemuskelter Hengst mit hervorragenden Bewegungen und viel Präsenz

und Ausstrahlung in der Show-Arena. Er verfügt über viel Herz und enormen Leistungswillen. Ein grundehrlicher Hengst mit perfekten Manieren.

Die Nachkommen: Der erste Fohlenjahrgang des Hengstes wird 2010 geboren, sodass es noch eine Zeit dauern wird, bis man seine Nachkommen unter dem Sattel sieht. Seine Fohlen zeichnen sich durch korrektes Gebäude, viel Ausstrahlung und gute Bewegungen aus.

Topsail Whiz	Topsail Cody	Joe Cody	Bill Cody / Taboo
		Doc Bar Linda	**Doc Bar** / Bettys Mount
	Jeanie Whiz Bar	Cee Red	Cee Bars / Miss Jo Holly
		Jeanie Whiz	Billys Whizzer / Jeanie Bugle
Genuine Starbright	Genuine Doc	**Doc Bar**	Lightning Bar / Dandy Doll
		Gay Bars Gen	Gay Bar King / Princess Piper
	Skips Stardust	Skipity Scoot	Scooter W / Hired Girl
		Linda Duster	Poudre Duster / Lynda Fence

Besitzer: Sonja Kelly
Peppenhoven 9
D-53359 Rheinbach
Tel. +49 (0)171-4964807
Station: beim Besitzer
Züchter: Connie Martin, North Carolina, USA
Deckeinsatz: –
Gentest: –
Körung: DQHA 1998
gekört durch Eigenleistung

Roberto Robaldo

Eigenleistung: 11-facher Futurity Champion in den USA
AQHA Champion als 4-Jähriger
3 Superior Titel: Trail, Western Riding, Halter
2-mal FEQHA European Champion in Western Riding und Halter

Leistung Nachkommen: 115 Fohlen, 60 mit AQHA Showrecord
(AQHA Champion **Scotch Hot Chocolate**)
2009 Nachkommen in sieben europäischen Ländern als AQHA International
Highpoint Horse verschiedener Disziplinen ausgezeichnet

Die Vorfahren: **Leaguers Lil Chip**s Abstammung lässt keinerlei Wünsche offen. Der Vater **Zips Hot Chocolate** war mehrfach Congress Champion und AQHA Reserve World Champion Western Pleasure. Er ist ein Sohn des großen **Zips Chocolate Chip**, der 1989 AQHA World Champion Western Pleasure wurde und ein NSBA Hall of Famer und AQHA All Time Leading Sire of Western Pleasure Horses ist, aus der hervorragenden Zuchtstute **Fancy Blue Chip**. Die Mutter **Casino League N Lady** ist eine direkte Tochter des Hall of Famers **Im A Big Leaguer** – ein Leading Sire, der World Champions und AQHA Champions hervorbrachte.

Der Hengst: Der Name Leaguers Lil Chip ist längst ein Begriff in der europäischen Zucht. Der bildschöne Dunkelbraune ist einer der besten deutschen Vererber und war 2007 mit weitem Vorsprung DQHA Leading Sire. Die Besitzerin Sonja Kelly importierte den Hengst als Zweijährigen nach einer beeindruckenden Halter-Karriere in den USA. Seine Performance Qualitäten

sollte er dann unter Sonja Kellys Tochter Sandra Schaub beweisen. Leaguers Lil Chip holte dreimal den Superior Titel (Trail, Western Riding und Halter), machte sein ROM in fünf Disziplinen und wurde mehrfach FEQHA European Champion und DQHA Int. German Champion in Western Riding, Trail, Hunter Hack und Halter. 24-mal errang er den Titel Grand Champion, 29-mal wurde er All Around Champion. Dazu kommen viele Highpoint Titel. Insgesamt brachte es Leaguers Lil Chip in seiner Show-Karriere auf 51,5 Halter- und 136,5 Performance-Punkte bei der AQHA. Wo immer der Hengst vorgestellt wurde, beeindruckte er durch Typ, Bewegungen und Leistung. Ein hervorragender, rittiger Hengst von allerbestem Charakter, den er auch seinen Nachkommen weitergibt. Nicht umsonst sind hier viele im Amateur- und Jugendbereich ganz vorn zu finden.

Die Nachkommen: Von seinen bisher 115 registrierten Fohlen sind 60 bereits selbst erfolgreich im Sport und sammeln AQHA Punkte. Leaguers Lil Chip Nach-

kommen stehen mittlerweile nicht nur in Deutschland, sondern auch in Schweden. Norwegen, Finnland, Dänemark, den Niederlanden, Belgien, Frankreich, Luxemburg, Österreich und in der Schweiz. Unter ihnen sind unter anderem Futurity Champions, Deutsche Meister, Europameister und Highpoint Horses. Drei Chip Töchter errangen das Prädikat DQHA Elite-Stute. 2008 konnten sich vier seiner Nachkommen in Deutschland für die AQHA Youth World Show qualifizieren, und dies zum Teil gleich in mehreren Disziplinen. Zu seinen vielen erfolgreichen Nachkommen zählen **Ima Scotch Profiler** (u. a. Futurity Champion), **Frosty Lil Chip** (DQHA Futurity Champion und Deutscher Meister), **Chips Foxy Hot Ginny** (Futurity Champion), **Scotch Hot Chocolate** (AQHA Champion, Deutscher Meister, Futurity Champion) und **Sweet Lil Chocochip**. Dieser Wallach gewann bereits als Dreijähriger die Trail Futurity und holte ein Jahr später Silber auf der Europameisterschaft in Junior Western Riding und war erfolgreichstes Jungpferd der EWU.

Zips Hot Chocolate	Zips Chocolate Chip	Zippo Pine Bar	Zippo Pat Bars / Dollie Pine
		Fancy Blue Chip	Custus Jaguar / Irene 3
	Ima Blister Bug	Ladybugs Charge	Lady Bugs Moon / Deep Margie
		Pats Dee Bar	Sonny Dee Bar / Pats Kitten
Casino Leaguen Lady	Im A Big Leaguer	Barpasser	Senor Bardeck / Ranch Bars Vandy
		Johannis	Deacon Twist / Apache Valley (TB)
	Casino Fever	Eternal Reward Too	Bars Reward / Forever Eternal
		Miss Poppy Two	Wimpy Wardlo / Poppy Five

Besitzer: Anne Biebler
Vorwerkstr. 39 F
D-04668 Grimma
Tel. +49 (0)1511-2554728
A.Biebler@gmx.de

Station: Reined Cowhorses Philipp-Martin Haug
Gut Sputendorf
Eichenallee
D-14532 Sputendorf
Tel. +49 (0)171-7931441
info@pm-haug.de, info@gut-sputendorf.de
www.gut-sputendorf.de

Züchter: Ernst Grunder, Schweiz

Deckeinsatz: NS

Gentest: –

Körung: –

Eigenleistung:
ANCC Cutting Futurity Open Reserve Champion 3-Year-Olds 2004
ANCC Open Derby Champion 2005
ANCC Non Pro Derby Vierter 2006

Leistung Nachkommen: –

Dirk Büttner

L

Die Vorfahren: Leanins Little Luky stammt aus zwei herausragenden Performance-Blutlinien, die für den internationalen Spitzensport in Reining und Cutting stehen. Der Vater **Tang N Pep** ist ein Sohn des legendären **Peppy San Badger** aus einer direkten Tochter von **Doc Olena**. Peppy San Badger war NCHA Futurity und Derby Champion sowie Reserve World Champion. Aufgrund seiner außergewöhnlichen Eigen- und Vererberleistung wurde er in die AQHA und NCHA Hall of Fame aufgenommen. Seine Nachkommen gewannen bisher über $ 24 Millionen in der Cutting-Arena. Tang N Pep ist einer seiner herausragenden Söhne. Er war selbst AQHA World Champion Cutting.

Die Mutter **Leanin A Little** ist eine direkte Tochter des AQHA Hall of Famers und Leading Sire **Smart Little Lena**. Sie geht väterlicher- und mütterlicherseits auf **Doc Olena** und **Peppy San** zurück.

Der Hengst: Der schwarze Hengst besticht nicht nur durch seine vorzügliche Abstammung, sondern vor allem auch durch seine Leistung. Nachdem seine sehr erfolgreiche Cutting-Karriere aufgrund einer im Training zugezogenen Augenverletzung 2007 beendet werden musste, durchlief er bei Uli Kofler und Philipp Martin Haug 2008 eine Ausbildung zum Non Pro Reined Cowhorse. Die Erfolge können sich sehen lassen: International Region Non Pro Top Ten NRCHA, ERCHA Derby Reggio Emilia 2009 Platz 4, Working Cowhorse Non Pro Bridle und Open Bridle, Q9 International DQHA Championship Aachen Bronze Medaille Reining Amateur sowie Platz 3 und 4 Working Cowhorse Amateur etc. Beim Neustart seiner Show-Karriere überzeugt „Luky" mit viel Cowsense, einer unglaublichen Präsenz am Rind, Mut, Talent, Coolness und einem wirklich großen Kämpferherz. Ein ausdrucksstarker, immer leistungsbereiter und zuverlässiger Hengst, von dem man sicher noch hören wird.

Die Nachkommen: –

Tang N Pep	Peppy San Badger	Mr San Peppy	Leo San / Peppy Belle
		Sugar Badger	Grey Badger III / Sugar Townley
	Tangy Lena	**Doc Olena**	**Doc Bar / Poco Lena**
		Tangerine Chex	King Fritz / Sutherlands Miss
Leanin a Little	Smart Little Lena	**Doc Olena**	**Doc Bar / Poco Lena**
		Smart Peppy	**Peppy San** / Royal Smart
	Leanin Nita	Peponita	**Peppy San** / Bonita Tivio
		Measles Olena	**Doc Olena** / Measles Last

LIL PEPPY DUNIT RIGHT

Besitzer: Pferdebetrieb Adlstein
Adlstein 7
D-93161 Sinzing
Tel. +49 (0)9404-641494
info@pferdebetrieb-adlstein.de
www.pferdebetrieb-adlstein.de

Station: Thorsten Tiemann
www.tiemann-performancehorses.de
Hengststation Bachl
www.bachl-hengststation.de

Züchter: Legacy Ranch LLC, Texas, USA

Deckeinsatz: TG

Gentest: –

Körung: DQHA Aachen 2006 (7,90)

Art & Light

Eigenleistung: AQHA European Championship Senior Reining Open Champion und Reserve Champion; NRHA Breeders Derby Open 3. Platz
AQHA Superior Horse Senior Reining Open
World Show Qualifier

Leistung Nachkommen:
Erster Fohlenjahrgang 2008

L

Die Vorfahren: Lil Peppy Dunit Right ist einer der erfolgreichen **Hollywood Dun It**s in Europa. Der NRHA 6 Million Dollar Sire und NRHA Hall of Famer Hollywood Dun It ist Reining-Legende. Nach einer großen Karriere im Reining schuf der Sohn des All Time Leading Reining Sire **Hollywood Jac 86** eine ganze Dynastie von herausragenden Pferden. Hollywood Dun It war u. a. NRHA Futurity Reserve Champion, NRHA Derby Champion und Superstakes Champion. In insgesamt 13 Jahrgängen brachte dieser einzigartige Hengst NRHA Futurity Champions, NRHA Derby und Superstakes Champions, NRBC Champions, All American Quarter Horse Congress Futurity und Southwest Reining Horse Association Futurity Champions und viele mehr. Die Dun Its gewannen Goldmedaillen in USET Turnieren und wurden AQHA World Champions, waren Non Pro Reserve Champions bei der National Reined Cowhorse Association World Championship Snaffle Bit Futurity und NRCHA World Champion, gewannen NCHA Shows und wurden sogar Champions in Roping und Driving.

Lil Peppy Dunit Rights Mutter **Iron Badger Miss** lief selbst erfolgreich in der Cutting-Arena. Sie war AQHA Highpoint Horse und hat ihr CoA. Die Stute ist eine direkte Tochter des legendären King Ranch Hengstes **Peppy San Badger** aus einer **Gay Bar King** Stute. Der AQHA und NCHA Hall of Famer, der NCHA Futurity und Derby Champion war, ist ein All Time Leading Cutting Sire, seine Nachkommen leisten aber auch in Reining und Reined Cowhorse Großes (Top Paternal Reining Grandsire All Divisions).

Der Hengst: Der Dun Hengst, der in Texas gezüchtet wurde, ist ein ausgesprochen sympathisches, schönes Pferd mit hervorragenden Bewegungen. Er ist sensibel und doch ruhig und immer leistungsbereit, was ihn zu einem exzellenten Partner nicht nur im Open, sondern auch im Non Pro Bereich macht. Die Besitzer Angela Bauer und Martin Binder, die im bayerischen Sinzing den Pferdebetrieb Adlstein betreiben, kauften den Hengst im Jahr 2006. In der Folgezeit wurde er von Rudi Kronsteiner und von Martin Binder

mit bestem Erfolg geshowt. Der überaus typvolle und gut bemuskelte Hengst, der durch seine eindrucksvolle Farbe besticht, war Sieger der Hengstleistungsprüfung in Aachen 2006 und ist ins Hengstbuch I eingetragen. Er trägt das Dun und Buckskin Aufhellungsgen. Lil Peppy Dunit ist DQHA und NRHA einbezahlt.

Die Nachkommen: Der erste Fohlenjahrgang dieses Hengstes war 2008. Seine Nachkommen werden also frühestens 2011 in der Show-Arena erwartet. Lil Peppy Dunit Right gibt seinen Fohlen korrektes Gebäude, sein Talent und seinen ehrlichen Chrakter mit. Sie sind einfach zu trainieren und sehr umgänglich. Unter den Dunit Rights sind Palominos, Buckskins, aber auch Duns und Grullos.

Hollywood Dun It	Hollywood Jac 86	Easter King	King / Gocha H
		Miss Hollywood	Hollywood Gold / Miss Buggins 86
	Blossom Berry	Dun Berry	John Berry / Fishs Streak
		Regina Bella	Mr Tres Bars / Tina Regina
Iron Badger Miss	Peppy San Badger	Mr San Peppy	Leo San / Peppy Belle
		Sugar Badger	Gray Badger III / Sugar Townley
	Sams Gay Bar	Gay Bar King	Three Bars / Gay Widow
		Miss Joe Sam	Fourble Joe / Roan Laurie

LIL RUF WHIZARD
AQHA 4517002 · Sorrel · 2004 · 153 cm

privat

Besitzer: Irmgard Brendgens
In Isengraben 41
D-41844 Wegberg
Tel. +49 (0)171-3069261
Irmgard.brendgens@gmx.com
www.triangle-b.de
Station: beim Besitzer
Züchter: Tim Guill, Colorado, USA
Deckeinsatz: NS, KS, TG
Gentest: –
Körung: DQHA, Aachen, Wertnote 7,55

Eigenleistung: LTE $ 6.900; ROM in Reining; Breeders NRHA Derby Kreuth 2007, 6. Platz SBH Open; NRHA Breeders Futurity Open Finalist 2007 und 2008 (jew. Top Ten); Bav. Open Kreuth 2008, 3. Platz; FEQHA Europ. Futurity Open Finalist 2008 und 2009; German QH Championship Aachen 2009, 3. Platz Junior Reining

Leistung Nachkommen: 2010 ist sein erster Fohlenjahrgang.

Die Vorfahren: Lil Ruf Whizard vereint zwei sehr erfolgreiche Blutlinien. Der Vater **Lil Ruf Peppy** ist NRHA 2 Million Dollar Sire. Der Hengst, der doppelt **Mr San Peppy** gezogen ist, gewann über $ 28.000 in der Reining-Arena, war NRHA Open Derby Reserve Champion und NRHA Limited Open Derby Champion. Lil Ruf Peppy ist ein direkter Sohn des Number 1 Leading Cutting Horses Sires aller Zeiten **Peppy San Badger**. Der AQHA und NCHA Hall of Famer gewann über $ 172.000 und war NCHA Futurity Open Champion und NCHA Derby Open Champion.

Die Mutter **Fashions Last Wish** ist eine direkte Tochter von **Topsail Whiz** aus einer Stute von **Hollywood Jac 86**. Sie ist zu vier Fünfteln gleich gezogen wie **Whizard Jac** (LTE 175293 $). Die Nachkommen des NRHA Leading Sire Topsail Whiz brachten es bisher auf über $ 6,8 Millionen. Topsail Whiz stammte vom NRHA Futurity Champion und AQHA World Champion Junior Reining **Topsail Cody** aus der **Jeanie Bar Whiz**, einer Stute, die u. a. AQHA Highpoint Youth Rei-

ning Horse 1977 und AQHA Reserve Champion in der Open 1978 war. Topsail Whiz gewann selbst $ 57.178 (laut Equi-Stat) in der Show-Arena. Unter Bob Loomis war er unter anderem Southwest Reining Horse Association Futurity Champion, Dritter auf der NRHA Futurity, NRHA Lazy E Classic Champion und Vierter auf dem NRHA Derby. Topsail Whiz brachte 1.269 AQHA registrierte Fohlen, von denen 634 im Preisgeld laufen bzw. AQHA Punkte errungen haben.

Der Hengst: Lil Ruf Whizard ist ein ausdrucksstarker, sehr leistungsbereiter Hengst mit korrektem Gebäude. Seine Markenzeichen sind die tiefen Stopps und feine Turnarounds. Er zeichnet sich zudem durch einen umgänglichen, liebenswerten Charakter aus und kann im Gelände problemlos zusammen mit Stuten geritten werden. Ein Nachwuchshengst der Extraklasse, der auf der Breeders Futurity und der European Championship of American Quarter Horses bereits seine Fähigkeit unter Beweis gestellt hat, aber noch über viel Potential verfügt.

Er kam als Absetzer nach Deutschland und wurde von seiner Besitzerin selbst eingeritten. Ausgebildet und erfolgreich geshowt wird er zurzeit von Volker Schmitt.

Die Nachkommen: Lil Ruf Whizard macht sehr kräftige, schöne und zutrauliche Fohlen die sich hervorragend bewegen können. Seine Nachzucht zeigt Schönheit, Ruhe und hervorragendes Exterieur. Lil Ruf Whizard ist Farbvererber: Er macht bunte Fohlen aus Paintstuten.

Lil Ruf Peppy	Peppy San Badger	**Mr San Peppy**	Leo San / Peppy Belle
		Sugar Badger	Grey Badger III / Sugar Townley
	Rufas Peppy	**Mr San Peppy**	Leo San / Peppy Belle
		Santa Rufa	Otoe / Santa Anita Baby
Fashions Last Wish	Topsail Whiz	Topsail Cody	Joe Cody / Doc Bar Linda
		Jeanie Whiz Bar	Cee Red / Jeanie Whiz
	Miss Fashion Jac	Hollywood Jac 86	Easter King / Miss Hollywood
		A Great Star	Great Pine / Benett Star Bar

Besitzer: Peter und Josefine Koller
Marrengasse 12
CH-8965 Berikon
Tel. +41 (0)79-5046696
Fax +41 (0)56-6330622
info@kollerhof.ch
www.kollerhof.ch
Station: beim Besitzer
Züchter: Dr. William H. Green Dubach,
Louisiana, USA
Deckeinsatz: FS, NS, TG erhältlich auf Station
Gentest: –
Körung: –

Corina & Manuela Matti

Eigenleistung:
APHA Superior Reining, APHA ROM, 1997 APHA Top Ten Honor Roll Perform.
Junior Reining und Weltranglisten-Achter, APHA Silbermedaille Working Cow Horse

Leistung Nachkommen: APHA Grand Champions; APHA Champions Halter;
APHA Vize Highpoint Weanling Stallions; SPHA Highpoint Champion Greenhorse
Trail; SPHA Maturity Champion; SWRA 1. Rang Trail, 4. Rang Western Pleasure,
SWRA Res. Highpoint Champion Junior Western Pleasure

L

Die Vorfahren: **Little Bitta Cash** stammt aus besten Foundation-Blutlinien und führt väterlicherseits viel Vollblut. Der Vater **Pass The Cash** ist ein Sohn des Vollblüters **Paging The Class** aus der **Fancy Panzy**, einer Paintstute, die auf den berühmten Vollblüter **Princequillo** sowie auf den AQHA Hall of Famer und Leading Maternal Grandsire **Bert** zurückgeht. Paging The Class (von dem bekannten **Page**, der zweimal Bahnrekord in Santa Aniita lief) brachte mehrere World Champions.

Die Mutter **Parks Little Mac** ist eine direkte Tochter von **Docs Sug** aus der **Miss Double Mac**, einer Enkelin des Großen AQHA Hall of Famers **King P234**. Der AQHA Champion Docs Sug ist ein Equi-Stat All Time Leading Cutting Sire, der mehrere World Champions hervorbrachte. Er ist ein Sohn des legendären **Doc Bar** aus einer **Sugar Bars** Tochter und damit doppelt **Three Bars** gezogen.

Der Hengst: Es gibt Hengste, die haben das gewisse Etwas. Little Bitta Cash ist so einer. Dieser Black Tobiano hat eine ganz besondere Ausstrahlung und zieht den Betrachter mit seiner noblen, majestätisch wirkenden Art in seinen Bann. Er ist ruhig und gelassen, dabei aber stets hellwach und einsatzbereit. Ein bildschöner, korrekt gebauter Paint mit starkem Fundament und erstklassigem Charakter, der sich als Reiner, und als All Arounder bewiesen hat. Zudem besitzt er viel Cowsense. Cash kam als 4-Jähriger aus den USA nach Dänemark. Er brachte bereits 38 APHA Points in Reining mit und war 1997 unter den Top Ten der APHA Weltrangliste Junior Reining. In Dänemark wirkte Cash aufgrund seiner Schönheit und seiner Farbe als perfektes vierbeiniges Model für Jeanswerbung. Die jetzigen Besitzer kauften ihn als 6-jährigen. In Deutschland gewann er unter Stefan Kloeser die Silbermedaille in Working Cow Horse. Im Jahr 2003 kam er in die Schweiz und wurde hier von Carmen Schultheiss sehr erfolgreich vorgestellt. Cash war mehrfach SPHA Highpoint Reining Open, machte sein Superior

in Reining voll, stand jedoch genauso Grand Champion und gewann die APHA Silbermedaille in Working Cowhorse. Er ist der erste und bislang einzige Paint Horse Hengst in der Schweiz mit dieser hohen Auszeichnung.

Die Nachkommen: Längst hat sich dieser Hengst auch als Vererber einen großen Namen gemacht. Little Bitta Cash ist der wohl erfolgreichste Reining-Vererber in der Schweiz, macht jedoch auch vorzügliche All Arounder. Er gibt sein starkes Fundament und korrektes Gebäude ebenso weiter wie seinen hervorragenden Charakter und den Cowsense. Seine bisher auf Turnieren gezeigten Nachkommen waren immer unter den ersten Drei in unterschiedlichen Disziplinen. Seit der Hengst in der Schweiz ist, stellte er jedes Jahr einen Futurity Champion Weanling. Zu seinen erfolgreichsten Nachkommen zählt **Cashs Snow King** (SPHA Futurity Champion Reining, SPHA Highpoint Trail).

Pass The Cash	Paging The Class (TB)	Page	Old Pueblo / Miss Todd
		Ama Princess	Prince Khaled / Amapola
	Fancy Panzy	Panther Shu (QH)	Pantheon (TB) / Shu Doll (QH)
		Shonna I	Bando's Cowman / One Eyed Jill
Parks Little Mac (QH)	Docs Sug	Doc Bar	Lightning Bar / Dandy Doll
		Bar Gal	Sugar Bars / Cowgirl Krohn
	Miss Double Mac	King Hankins	King P234 / Hyglo
		Sable Belle	Sable Joe / Chicaro's Belle

Pleasure Sattel
Mit Pleasure Sitz und
Fenderaufhängung
ab 3995,-- €

Equiflex RS
Neuer Reinigsattel in
funktioneller Formgebung
2299,-- €

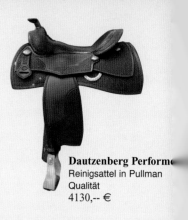

Dautzenberg Performe
Reinigsattel in Pullman
Qualität
4130,-- €

CONTINENTAL
PULLMAN
BRAND
SADDLERY CO.

NRHA Vintage Reiner

Der neue NRHA-Reiningsattel mit Butterfly-
Schnitt und außergewöhnlicher Punzierung, die
durch das Antik-Finish besonders betont wird.
Ausgedrehte twist + wrap Fender mit kleinem
Lochabstand.
NRHA Vintage Reiner 2499,--
NRHA Vintage Reiner Antik 2699,-- (Abb.)
NRHA Vintage Reiner Pullman 4170,--

Sattelanprobe bundesweit

Finanzierung ab 0 % Zinsen, ohne Anzahlung

Bitte vereinbaren Sie einen Sattelanprobe-Termin:

West- und Nordd.	Hartmut Schenck	02191 / 46 96 60
Niederlassung Berlin	Tanja Körner	030 / 89 39 09 17
Süddeutschland	Stefan Ullrich	089 / 99 98 26 9

Way Out West

Weil es um Dein Pferd geht...

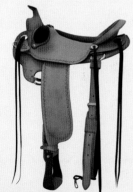

Parelli Nat. Performer
Auch als Ranch Roper lieferbar.
ab 2759,-- €

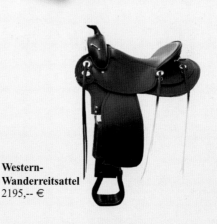

**Western-
Wanderreitsattel**
2195,-- €

Equiflex 131 / 182
1779,-- €

www.wayoutwest.de – Telefon: 02191–469660 • 400m² Store • Barmer Str. 62-66, 42899 Remscheid, Anfahrt: A1, Ausf. Ronsdorf, 800 m Richt. Lüttringhausen

Natalie Veekmans

L

Besitzer: Eifel Gold Ranch Baeck
Montenau 124
B-4770 Amel
Tel. +32 (0)80-348182
Fax +32 (0)80-348183
info@eifelgoldranch.be
www.eifelgoldranch.be
Station: beim Besitzer
Züchter: Tom Lyons, USA
Deckeinsatz: FS, TG (erhältlich bei der Station)
Gentest: HERDA n/n, HYPP n/n
Körung: –

Eigenleistung: LTE über $ 29.000, ROM; 2007 Mallorca Western Festival Dritter; 2007 Non Pro Champion Garden of England; 2007 NRHA Platinum Certificate mehrfach Top Ten NRHA World Ranking; 2002 USET Team Silber, Einzel Vierter 1998 Carolina Classic Derby Champion

Leistung Nachkommen: LTE über $ 200.000
Top 5 Offspring: **Gumpy Grumpy BB** ($ 50.000), **Little Royal BH** ($ 32.000), **Gumps Spider BB** ($ 20.000), **Gumps First Lady BB** ($ 19.000) und **Little Patrasha Gump** ($ 14000)

Die Vorfahren: Der Vater **Haidas Little Pep** ist einer der besten Cutting-Vererber aller Zeiten. Der Sohn des legendären **Peppy San Badger** aus der **Doc Bar** Tochter **Docs Haida** war NCHA Reserve World Champion und NCHA Futurity Reserve Champion. Seine Gewinnsumme betrug über $ 357.000. Wesentlich mehr verdienten seine Nachkommen: Er zeugte 1.389 AQHA Fohlen, die über $ 9,5 Millionen verdienten. Seine gewinnreichsten sind **Snack Box** (über $ 202.000, 1998 World Champion Stallion), **Haidas Jan** ($ 171.808, NCHA Open Superstakes Classic Res. Champion), **Sporty Little Pep** ($ 168.547) und **Haidas Becky** ($ 101.426). Die Mutter **Little Marmoset** ist eine direkte Tochter des legendären **Smart Little Lena** aus der **Doc Bar** Tochter **Docs Marmoset,** die NCHA Futurity, NCHA Derby und NCHA World Champion war. Zu **Smart Little Lena** muss wohl kein weiteres Wort verloren werden. Er gewann über $ 740.000 in nur acht Shows. Seine Nachkommen brachten es bis jetzt auf über $ 26 Millionen allein im Cutting.

Der Hengst: Little Gump ist ein schöner, athletischer und korrekt gebauter Hengst mit überragenden Bewegungen und hervorragendem Charakter. Ein überaus leistungswilliges Pferd mit viel Herz, das völlig unkompliziert und problemlos im Umgang ist. Zu seinen herausragenden Manövern zählen das gewaltige Stopvermögen und die Turns. Der Hengst wurde in den USA gezüchtet und von Bill Horn trainiert, der mit ihm das Carolina Classic Open Derby gewann. In Europa setzte er seine Erfolgsserie fort und kam mehrfach unter die Top Ten im NRHA Non Pro Ranking. Ein echter Ausnahmehengst der Extraklasse, der sich längst auch als herausragender Vererber bewiesen hat!

Die Nachkommen: Seine Leistungsfähigkeit, seine überragenden Bewegungen, sein hervorragendes Stopvermögen und seine Ausgeglichenheit gibt dieser Hengst auch an seine Nachkommen weiter, die über $ 200.000 gewonnen haben. Er zählt damit zu den erfolgreichsten europäischen Vererbern und wurde 2009 NRHA Reserve Leading Sire of Europe. Sein bekanntester Sohn dürfte **Gumpy Grumpy BB** sein, der schon über $ 50.000 gewonnen hat und mit Cira Baeck u. a. NRHA European Champion Non Pro wurde.

		Mr San Peppy	Leo San / Peppy Belle
	Peppy San Badger	Sugar Badger	Grey Badger III / Sugar Townley
Haidas Little Pep		**Doc Bar**	**Lightning Bar / Dandy Doll**
	Docs Haida	Teresa Tivio	**Poco Tivio** / Saylors Little Sue
		Doc Olena	**Doc Bar** / Poco Lena
	Smart Little Lena	Smart Peppy	Peppy San / Royal Smart
Little Marmoset		**Doc Bar**	**Lightning Bar / Dandy Doll**
	Docs Marmoset	Susies Bay	**Poco Tivio** / Susie L

Hardy Oelke

Besitzer: Triple J Quarter Horses
Judith und Jörg Junker
Grundhof 2
D-56288 Laubach
Tel. +49 (0)6762-951593
Fax +49 (0)6762-9623795
info@triplejquarter-horses.de
www.littleyellowspirit.de

Station: Pferdehof Laubach
Grundhof 2
D-56288 Laubach

Züchter: Charles & Deborah Skow,
Colorado, USA

Deckeinsatz: NS, TG

Gentest: HERDA n/n

Körung: DQHA

Eigenleistung: NRHA Money Earner, AQHA Superior Reining Horse, Jahreschampion NRHA Germany Interm. und Novice Horse Open 2009, Res. Champion Open Senior Reining Q8 Aachen, DQHA Highp. Horse Senior Reining Open 2008, DQHA Highp. Horse Junior Reining Open 2007, Res. Champion für 5-jährige Reiningpferde 2007

Leistung Nachkommen:
Erste Nachzucht 2007 Open Reining und Horsemanship gewonnen und platziert.

Die Vorfahren: **Little Yellow Spirit** führt zu 86 Prozent Foundation Blut und ist in die National Foundation Quarter Horse Association eingetragen. Der Vater **Cool Little Lena**, der aufgrund einer Verletzung als 3-Jähriger nie geshowt werden konnte, ist doppelt **Doc Olena** gezogen. Er ist ein direkter Sohn dieses großen Cutting-Hengstes aus einer Enkelin von Doc Olena. Der **Doc Bar** Sohn gewann 1970 die NCHA Futurity, nachdem er alle vier Go Rounds dominiert hatte – etwas, das vor und nach ihm kein einziges Pferd schaffte. Als Vererber brachte er viele NCHA Futurity und Derby Champions und AQHA World Champions. Cool Little Lenas Mutter **Freckles Memory** gewann selbst $ 25.000 in der Cutting-Arena und produzierte wiederum erfolgreiche Cutting-Pferde (über $ 30.000).

Little Yellow Spirits Mutter **Tivios Snappy Stripe** hat auf beiden Seiten **Poco Stripe** zum Großvater, einen Sohn von **Poco Bueno**. Little Yellow Spirit ist HERDA n/n getestet.

Der Hengst: Little Yellow Spirit ist einer der erfolgreichsten bei der NFQHA eingetragenen Reining-Hengste in Europa. Ein typvoller, athletischer Hengst mit äußerst ruhigem, ausgeglichenem Charakter und großer Nervenstärke. Diese Eigenschaften sind bei ihm derart ausgeprägt, dass sie ihn buchstäblich einzigartig machen, und er gibt diese bisher ausnahmslos an seine Nachzucht weiter. Der richtige Durchbruch gelang diesem Hengst unter Emanuel Ernst, der ihn bereits zwei Mal zum Jahreschampion der NRHA Germany und zum DQHA Highpoint Horse führte. Little Yellow Spirit hat sein Superior und war bereits zweimal für die World Show qualifiziert. Ein grundehrlicher, beeindruckender Hengst, der seinen Nachkommen unverkennbar seinen Stempel aufdrückt.

Die Nachkommen: Der erste Jahrgang von Little Yellow Spirit wurde 2010 erstmals auf Turnieren vorgestellt. Die Nachkommen können bereits Siege und Platzierungen in Open Reining und Horsemanship Klassen vorweisen.

Cool Little Lena	**Doc Olena**	Doc Bar	Lightning Bar / Dandy Doll
		Poco Lena	**Poco Bueno** / Sheilwin
	Freckles Memory	Jewel's Leo Bars	Sugar Bar / Leo Pan
		Miss Doc Olena	**Doc Olena** / Short Paula
Tivios Snappy Stripe	Tivio Stripe	**Poco Stripe**	**Poco Bueno** / Lady Beaver 10
		Tivio's Chic	Poco Tivio / Honest Chic
	Poco Snap Dragon	**Poco Stripe**	**Poco Bueno** / Lady Beaver 10
		Wimpy Dondi	Silvers Tonka / Panda Dondi

Besitzer: Köhler Quarter Horses
Reinhard und Ellen Köhler
Oberstr. 12
D-65527 Niedernhausen
Tel. +49 (0)160-8033140
Fax +49 (0)6127-920936
ret.koehler@t-online.de
www.lottazippo.com
Station: beim Besitzer
Züchter: Reynolds Inc., Nebraska, Lexington, USA
Deckeinsatz: NS
Gentest: –
Körung: gekört

Eigenleistung: $ 699,92 AQHA Incentive Fund
1998 Open Performance ROM
All Around Champion
Reserve Grand Champion

Leistung Nachkommen: $ 25.279,77 AQHA und NSBA
Lotta Scotch For Me: Superior Trail Horse, Superior Halter
Zippos Trendsetter: Performance ROM Amateur und Open
Little Less Zip: Halter ROM Amateur und Open

Helmut Nicklas

L

Die Vorfahren: Lotta Zippo ist das Produkt zweier großer Leistungsblutlinien. Der Vater **Zippo Pine Bar** ist eine Quarter Horse Legende. Der Sohn des großen **Zippo Pat Bar**s aus einer **Poco Pine** Tochter wurde zu einem der führenden Vererber der Western Pleasure Industrie. Zippo Pine Bar war selbst AQHA Champion (im Alter von drei Jahren) und AQHA Highpoint Western Riding 1972 sowie ein Superior Western Pleasure Pferd. Er wurde vier Jahre geshowt und errang in dieser Zeit 112 Performance und 33 Halter Punkte sowie sieben Grand und 19 Reserve Grand Champion Titel. Doch weit mehr beeinflusste er die Szene als Vererber. Unter seinen insgesamt 1655 Nachkommen (u. a. **Zips Chocolate Chip**, **Zippo LTD**, **Zipabull**) sind allein 15 World Champions, 27 Reserve World Champions und 10 AQHA Champions. Die Gewinnsumme seiner Fohlen bei AQHA und NSBA beträgt fast $ 2,5 Millionen. Wegen seiner großartigen Leistungen wurde er sowohl in die AQHA als auch NSBA Hall of Fame aufgenommen.

Die Mutter **Miss Punk Jo** ist eine Tochter von **Watch Joe Jack**, der 201 Performance Points sowie 225 Halter Points und sein Superior Western Pleasure und Superior Halter hat.

Der Hengst: Lotta Zippo zählt zu den bekanntesten deutschen Vererbern. Der Sorrel-farbene Hengst wurde in Nebraska geboren und kam 1998 über die Familie Leckebusch nach Europa. Hier bewährte er sich in der Halter (u. a. Reserve Grand Champion) wie auch unter dem Sattel (All Around Champion) und machte bald auch als Vererber auf sich aufmerksam. Lotta Zippo präsentiert sich als muskulöser, typvoller Hengst mit überragenden Bewegungen und viel Charme. Seine jetzigen Besitzer, die Familie Köhler, nennen ihn nicht umsonst einen „intelligenten, freundlichen Schelm". Ein sehr menschenbezogener, umgänglicher Hengst mit besten All Arounder Qualitäten.

Die Nachkommen: Seine Nachkommen sind freundlich, menschenbezogen und echte Partner fürs Leben, auch in schwierigen Situationen. Ihr herausragendes Merkmal ist der bequeme Jog und die schöne Galoppade. Viele seiner Töchter sind herausragende Zuchtstuten. So wurde beispielsweise **Miss Euro B Bar** Siegerin der DQHA Stutenleistungsprüfung 2009. Mittlerweile haben es Lottas Nachkommen auf weit über 923 AQHA Punkte gebracht.

Zippo Pine Bar	Zippo Pat Bars	Three Bars	Percentage / Myrtle Dee
		Leo Pat	Leo / Dunny Girl
	Dollie Pine	Poco Pine	Poco Bueno / Pretty Rosalie
		Hobo Sue	Hobo / Home Gal
Miss Punk Jo	Watch Joe Jack	Two Eyed Jack	Two D Two / Triangle Tookie
		Watch Jo Moore	Joe M Moore / Watch Poise
	Miss Punk Reed	Garver's Two	Hy Diamond / Garvers Mexico Special
		Punk Reed	Smuggler / Sandy Gee

MISTER DUAL SPRING
UNTER NICO HÖRMANN

Katharina Paulik

Besitzer: Birgit und Timo Blatt
Hofmarkstr.11
D-94486 Osterhofen/Oberndorf
Tel. +49 (0)8547-915733
Fax +49 (0)8547-915734
info@misterdualspring.com
www.misterdualspring.com

Station: EU-Hengststation Bachl
Gut Fasselberg
D-84389 Pfarrkichen/Postmünster
Tel. +49 (0)8561-1400
Fax +49 (0)8561-5759
hengststation-bachl@t-online.de
www.bachl-hengststation.de

Züchter: Greg Ward, California, USA

Deckeinsatz: FS, TG

Gentest: HERDA n/n, PSSM n/n, GBED n/n

Körung: DQHA Aachen 2006, Wertnote 8,3

Eigenleistung: IRCHA Open Cowhorse Futurity Champion, Multiple NRHA Bronze Trophy Champion Open und Non Pro, Deutscher Meister Reining FN, NRHA USA Silver COA, NRHA Germany Ehrenurkunde, NRHA Money Earner, 2010 Teilnahme an den Weltreiterspielen in Kentucky/USA

Leistung Nachkommen: Sugar Dual: 2007/08 Futurity Finalist, 2009 NRHA USA Open Bronze Trophy Champion, 2009 NRHA Frankreich Derby Open Champion, NRHA LTE $ 2.197; **Spring Spot:** 2008 Open Futurity Finalist; **Sugar Spring Pride:** ROM Performance Open; **Tarita Dual Spring:** NCHA LTE $ 2.069

M

Die Vorfahren: Mister Dual Spring ist mehrfach **Doc Bar** gezogen. Der Vater **Mister Dual Pep**, ein Vollbruder von **Dual Pep**, hat selbst über $ 52.000 Gewinnsumme. Seine Nachkommen brachten es bisher auf über $ 320.000. Mister Dual Pep stammt vom All Time Leading Cutting Horse Sire und NCHA sowie AQHA Hall of Famer **Peppy San Badger** aus der Top Producing Broodmare **Miss Dual Doc**.

Die Mutter **Spring Plain** ist eine Tochter von **Just Plain Colonel**, einem **Colonel Freckles** Sohn, der über $ 52.000 in der Cutting-Arena gewann, aus einer **Docs Remedy** Tochter.

Der Hengst: Mister Dual Spring ist ein in jeder Hinsicht außergewöhnlicher Hengst. Mit seiner Blesse und den weißen Beinen verbunden mit seinen herausragenden Bewegungen (Gangnote 8,5) zieht er die Augen der Zuschauer auf sich, wenn er die Arena betritt. Er ist ein sehr athletisches, hervorragend bemuskeltes Quarter Horse mit starkem Fundament, das auch von seinem Charakter her diese Rasse hervorragend repräsentiert. Mister Dual Spring ist ein enorm williger, sehr beständiger und immer leistungsbereiter Hengst, der extrem angenehm im Umgang und beim Reiten ist. Niemals nutzt er reiterliche Schwächen aus, immer versucht er sein Bestes zu geben. Er bleibt cool und kann seine Manöver stets abwarten. Nach 3-jähriger Showpause meldet sich Mister Dual Spring im Jahr 2010 topfit unter Nico Hörmann in die Reining-Arena zurück und schafft den Sprung in die deutsche Mannschaft für die Weltreiterspiele in Kentucky. Mehr muss eigentlich nicht über die Leistungsfähigkeit, Nervenstärke und den guten Charakter dieses Hengstes gesagt werden.

Die Nachkommen: Noch gibt es nicht viele Nachkommen dieses Ausnahmehengstes, doch die wenigen haben seine Qualitäten geerbt. Die meisten haben sich bereits als erstklassige Sportpferde bewiesen darunter **Sugar Dual**, **Mister Dual Chic**, **Spring Spot**, **Sugar Spring Pride** und **Tarita Dual Spring**. Egal ob Reining, Cutting oder Working Cowhorse – seine Nachkommen sind in allen drei Disziplinen einsetzbar. Doch auch die, welche bislang ausschließlich im Freizeitbereich eingesetzt werden, begeistern durch ihre Zuverlässigkeit und Nervenstärke.

Mister Dual Pep	Peppy San Badger	Mr San Peppy	Leo San / Peppy Belle
		Sugar Badger	Grey Badger III / Sugar Townley
	Miss Dual Doc	**Docs Remedy**	**Doc Bar / Teresa Tivio**
		Miss Brooks Bar	**Doc Bar** / St Marys Dream
Spring Plain	Just Plain Colonel	Colonel Freckles	Jewel's Leo Bars / Christy Jay
		Grey Nelly	Blue Whammy Cat / Nelly Tenny
	Spring Remedy	**Docs Remedy**	**Doc Bar / Teresa Tivio**
		Springinic	Sugar Vandy / Fillinic

ARNDT - Thermofaß
Sommer - kühles Wasser
Winter - frostfreies Wasser

Das **ARNDT - Thermofaß** bietet im Sommer keimfreies und kühles Wasser, welches Ihre Pferde gerne trinken. Im Winter bleibt das Wasser frostfrei und die Wasserschlepperei hat ein Ende.
Anerkannteste Züchter und Halter von Pferden, Lamas und Alpakas verwenden seit längerer Zeit **ARNDT Wasserfässer** jeglicher Art; so wie **ARNDT Tierhütten** (z.B. Horse-Shed) mit besten Erfolg.

Das Horse-Shed aus glasfaserverstärktem Kunststoff ist das wohl Idealste, das für die Freilandhaltung von Pferden in vergangener Zeit entwickelt wurde. Die Tierhütte erhalten Sie mit einem Eingang oder das verbreiterte Horse-Shed mit zwei Eingängen.

NEU im Sortiment
Die Bodenplatte der Zukunft
bei ARNDT dem Spezialist für Kunststoffe

Die Bodenplatte besteht aus primär und sekundär Kunststoffen. Die Haltbarkeit ist nahezu unübertroffen, Qualität aus deutscher Markenproduktion.

Die Platte ist bestens für größere Flächen geeignet, da im Preis nahezu unschlagbar.

Die Maße:
50 cm x 40 cm (Länge x Breite)
Stärke: 4 cm

Die Vorteile:
- Hohe Stabilität durch starke Stege (ca. 5 mm)
- Schneller Verbau da geringes Gewicht
- Einfache Verarbeitung und Anpassung
- Stabile Verbindungshaken
- Geringe Versiegelung - schnelle Wasserabfuhr
- Frost- und UV-beständig

ARNDT - *Seit über 40 Jahren Partner der Tierzüchter*

www.arndt-europadiscount.de

www.arndt-weidefaesser.de
www.arndt-tierhuetten.de

Rufen Sie uns an - ARNDT - wir beraten Sie gerne!

ARNDT Europa-Discount • Blumenweg 6 • 88454 Hochdorf • Tel. 07355 / 7857 • Fax 7858 • E-Mail: info@arndt-europadiscount.de

Besitzer: Seiler Quarter Horses
Seetalstr. 145
CH-6032 Emmen
Fax +41 (0)41-2603975
chris@seilerquarterhorses.ch
www.seilerquarterhorses.ch

Station: beim Besitzer·

Züchter: Uwe Niedostatek
Sulzfeld, Deutschland

Deckeinsatz: NS, TG

Gentest: –

Körung: –

Andrea Bonaga

Eigenleistung: LTE $ 20.000, ERCHA Derby Cowhorse Bridle Open and Novice Riders Champion 2009, Swiss Record Cowhorse 2008, NRHA Breeders Derby Finalist Top 7, Swiss Champion Open Reining 2005, NRCHA Intl. Bridle Champion 2009, mehrmals AQHA World Show Qualifier

Leistung Nachkommen: Smartest Lea: ERCHA Futurity 2007 Finalist, SQHA Reining Futurity 2008 Vierte, Intl. Highpoint Jr. Cutting; **Miss Colonel Smart:** NRHA Futurity Champion Ltd. Non Pro 2008 u. 2009, NRHA Ltd. Non Pro Derby Champion 2009; **Smartest Haida:** NRHA Ltd. Non Pro Futurity Top 6

M

Die Vorfahren: MR Colonel Smart verbindet zwei hochinteressante Blutlinien. Der Vater **Smartin Off** stammt vom All Time Leading Cutting Sire **Smart Little Lena**, dessen Nachkommen über $ 7,6 Millionen in der Cutting-Arena verdienten. Dass er nicht nur herausragende Cutting-Pferde machte, beweist Smartin Off. Der Fuchshengst gewann über $ 110.000 in der Show-Arena. Er war mit dem über 30-fachen Weltmeister Bob Avila im Sattel 1993 NRHA Futurity Reserve Champion und NRHA Limited Open Reserve Champion, NRHA Derby Open Reserve Champion und 1994 AQHA World Reserve Champ. Jr. Reining, WRC Cup Champion Reggio Emilia und Equitana Cup Champion 1995. Zudem wurde er sehr erfolgreich im Cutting geshowt, Americana Open Masters Cutting Champion 1998, NCHA Ladies Open Champion 2000 und WRT Open Cutting Reserve Champion Mooslargue 2004. Als Vererber brachte Smartin Off NRHA Futurity Finalists, APHA & APHC Champions, ANCR Champions und APHC und APHA European Champions.

Die Mutter **Jewelanna** ist eine direkte Tochter des großen **Colonel Freckles** aus einer **Docs Hotrodder** Stute. Der NCHA Futurity Champion 1976 Colonel Freckles ist AQHA Hall of Famer und World Champion Sire. Jewelanna hat sich selbst in der Cutting-Arena bewiesen. Sie war u. a. NCHA German Champion Cutting und Buckle Winner Cutting.

Der Hengst: Mit seinen Erfolgen in drei Disziplinen, seinem überragenden Wesen und seinem unglaublichen Vermögen am Rind ist dieser Hengst eine echte Ausnahmeerscheinung. MR Colonel Smart kam als Jährling in die Schweiz und wurde von Chris Seiler aufgezogen, eingeritten und ausgebildet. Bis heute wird er international hoch erfolgreich geshowt – ob Reining, Cowhorse oder Cutting. Der Hengst geht sowohl im Open als auch im Amateurbereich, was schon Bände über seinen hervorragenden Charakter spricht. Nicht umsonst sagt ihm sein Besitzer den ‚Best Mind in the World' nach. MR Colonel Smart ist ein gut bemuskelter, typvoller Hengst mit solidem Fun-

dament und ausgezeichneten Hufen. Er zeichnet sich durch große Leistungsbereitschaft und extremen Cowsense aus. In der Reining brilliert er vor allem mit überragenden Turns und großem Stopvermögen.

Die Nachkommen: MR Colonel Smarts Nachkommen haben sich schon vielfach in der Show-Arena bewiesen. Wie ihr Vater bewähren sie sich mit ihrem Cowsense in den Rinderdisziplinen ebenso wie mit herausragendem Stopvermögen in der Reining. Sie sind sehr korrekt gebaute, kompakte Pferde mit starken Knochen und sehr guten Hufe. Zudem haben sie die Leistungsbereitschaft und den liebenswerten Charakter ihres Vaters geerbt. Die MR Colonel Smarts bieten sich an und sind durchweg einfach zu trainieren und zu showen.

Smartin Off	Smart Little Lena	Doc Olena	**Doc Bar** / Poco Lena
		Smart Peppy	Peppy San / Royal Smart
	Miss Cal Sen	Cal Bar	**Doc Bar** / Teresa Tivio
		Miss Mac Sen	Mr McBarr / Miss Sen Sen
Jewelanna	Colonel Freckles	Jewels Leo Bars	Sugar Bars / Leo Pan
		Christy Jay	Rey Jay / Christy Carol
	Hotrodders Hannah	Docs Hotrodder	**Doc Bar** / Jameen Tivio
		Miss Poco Anchor	Flying Anchor / Poco Rey Ann

Besitzer: Sabrina Schwab
Forstweg 3
D-74906 Bad Rappenau
Tel. +49 (0)7264-5211
Mobil +49 (0)172-7605026
www.sabrina-schwab.com
Station: S S Quality Ranch (beim Besitzer)
Züchter: Sabrina Schwab, Deutschland
Deckeinsatz: NS, evt. ab 2011 auch TG
Gentest: –
Körung: –

Fachwerk

Eigenleistung: NRHA Breeders Futurity Finalist
1999 NRHA Breeders Derby Dritter
DQHA Maturity Champion Reining
Siege in Limited Open, Novice Horse und Ladies

Leistung Nachkommen: –

Die Vorfahren: Der Vater **Magic Otoe** ist ein Sohn des AQHA Champions **Otoes Wonder** aus einer Stute, die den berühmten Vollblüter **Top Deck** im Pedigree führt. Otoes Wonder geht über den AQHA Champion **Otoe** auf den großen Leading Sire **Sugar Bars** zurück und brachte viele hervorragende Pferde, darunter World Champions und AQHA Champions. Magic Otoe war unter anderem NRHA Futurity Finalist, European Championship Finalist und World Show Qualifier.

Die Mutter **Smoke And Spice** ist eine Tochter von **Docs Chardonnay** aus einer Stute von **Mr Gun Smoke,** die selbst sehr erfolgreich in Reined Cowhorse lief. Docs Chardonay, ein direkter Sohn von **Doc Bar,** ist AQHA Champion und hat sein Superior in Western Pleasure. Seine Nachkommen brachten es auf über 1100 AQHA Punkte bisher. Unter ihnen sind unter anderem mehrere Superior Horses. Was Mr Gun Smoke betrifft, so ist der bereits eine Vererber-Legende. Mr Gun Smoke ist ein NCHA, NRHA, und NRCHA Hall of Famer und einer der führenden Verer-

ber von Reining und Cutting Pferden. Sein großes Herz, seine Ausstrahlung und sein Cowsense prägten eine wahre Dynastie von Spitzen Performance Pferden. Seine Nachkommen erzielten allein 2.000 AQHA Performance-Punkte. Zu seinen berühmtesten zählen der NCHA Futurity Champion **Gun Smoke's Dream,** die NRHA Hall of Famer **Hollywood Smoke** und **Miss White Trash,** der NRCHA Snaffle Bit Futurity Champion **Kit's Smoke** und NRCHA Hackamore Champion **Political Smoker.**

Der Hengst: Mr Majestic Gun ist ein sehr schöner, gut bemuskelter American Quarter Horse Hengst, der sich durch überdurchschnittliche Bewegungen und großes Reining-Talent auszeichnet. Der Hengst wurde in Deutschland gezüchtet und überzeugte bereits als Dreijähriger auf der NRHA Breeders Futurity. 1999 wurde er Dritter beim NRHA Breeders Derby und gewann die DQHA Maturity Reining. Seitdem läuft dieser bildhübsche Braune seit Jahren sehr konstant im großen Sport und kann eine Vielzahl von Erfolgen vor-

weisen. Ein sehr leistungsbereiter, ausdrucksstarker Hengst mit überragenden Bewegungen und unkompliziertem Charakter.

Die Nachkommen: Seinen Nachkommen gibt dieser Hengst sein hervorragendes, kompaktes Gebäude, stabiles Fundament, Schönheit und hervorragende Bewegungen mit. Sie sind sehr menschenbezogen und überaus angenehm im Umgang, zurückhaltend und doch menschenbezogen. Es macht sehr viel Spass, mit ihnen zu arbeiten. Sie lernen schnell und wollen mitarbeiten. Sie alle sind Reiner und bereits sehr erfolgreich, eignen sich jedoch auch für andere Disziplinen.

Magic Otoe	Otoes Wonder	Otoe	Sugar Bars / Juleo
		Wonder Baby	Big Booger / Wonder Maid
	Majestic Baby	Majestic	Top Deck (TB) / Cowans Trouble
		Olympias Gold	Barjo / Olympia
Smoke And Spice	Docs Chardonnay	Doc Bar	Lightning Bar / Dandy Doll
		Gaye Mount	Music Mount / Fly Kimble
	Miss Hickory Smoke	Mr Gun Smoke	Rondo Leo / Kansas Cindy
		Princess Winnie	Commander King / Royal Winnie

Besitzer: Andrea Schmid und Richard Mayer
Burgholzstrasse 30
D-73527 Schwäbisch Gmünd
Tel. +49 (0)171-5313744
Fax +49 (0)7171-996103
www.beallaround.de
andrea-schmid-training@t-online.de
Station: Be Allaround Andrea Schmid
Züchter: Jerry und Susan Cole, Arkansas, USA
Deckeinsatz: NS, TG
Gentest: HERDA n/n, GBED n/n, OLWS n/n, PSSM n/n
Körung: DQHA Aachen 2009 (8,09)

Art & Light

Eigenleistung: Vize Europameister Junior Trail Open 2009
Deutscher Vizemeister Junior Trail Open Q 9
AQHA Highpoint Junior Trail Horse Germany
Siege in Trail, Pleasure, Western Riding, Hunter und Halter

Leistung Nachkommen: Die erste Nachzucht wird 2011 erwartet.

M

Die Vorfahren: Spitzenleistung liegt **My Rods Chipped** buchstäblich im Blut. Der Vater **Radical Rodder** ist einer der besten Söhne des herausragenden Vererbers und NSBA Hall of Famers **Hotrodders Jet Set**. Radical Rodder war selbst AQHA World Champion und Highpoint Performance Horse. Er ist der Vater von World und National Champions in sechs verschiedenen Verbänden, darunter AQHA, APHA und ApHC.

Die Mutter **Chips Chocolate Glow** hat bereits mehrfach erfolgreiche Nachzucht hervorgebracht. Sie ist eine direkte Tochter von **Zips Chocolate Chip**, dem AQHA World Champion Western Pleasure und AQHA All Time Leading Sire of Western Pleasure Horses. Der Sohn des legendären **Zippo Pine Bar** ist das erste Pferd, das in zwei Kategorien in die NSBA Hall of Fame aufgenommen wurde.

Der Hengst: My Rods Chipped ist ein Nachwuchshengst der Sonderklasse. Er ist in jeder Hinsicht erstklassig, ob in Abstammung, Eigenleistung oder aber in puncto Exterieur und Interieur. Sein korrektes und harmonisches Gebäude verbunden mit überragenden Gängen bescherten dem bildschönen schwarzen Hengst hervorragende Bewertungen bei der Hengstkörung 2009, die er mit der Durchschnittsnote 8,09 abschloss. In der Show-Arena besticht er durch große Ausstrahlung und Leistungsfähigkeit, ob in Halter oder Performance. Ein spitzenmäßiger All Arounder mit erstklassigem Charakter und Nervenstärke!

Die Nachkommen: Die erste Nachzucht wird 2011 erwartet.

Radical Rodder	Hotrodders Jet Set	Docs Hotrodder	Doc Bar / Jameen Tivio
		Miss Clique	Majors Jet / Bay Clique
	Flashy Bar Flower	Bar Flower	Three Bars / Mayflower Daugherty
		Sumpth`n Flashy	Bar Money / Quincy Lady
Chips Chocolate Glow	Zips Chocolate Chip	Zippo Pine Bar	Zippo Pat Bars / Dollie Pine
		Fancy Blue Chip	Custus Jaguar / Irene 3
	Miss Southern Glow	Southern Pleasure	Speedy Glow / Milk And Honey
		Miss Nix 75	Rebel Trey / Miss Nix Eight

ORIGIN DOC HOLLIWOOD

ApHC 556677 · Chestnut mit weißem Blanket · 1996 · 157 cm

Andrea Bonaga

Besitzer: Heimo Köhn
Lohmer Dorfstr. 26
D-16845 Zernitz-Lohm
Tel. +49 (0)33973-52886
Simone.Koehn@web.de

Station: Heimo Köhn
Lohmer Dorfstr. 26
D-16845 Zernitz-Lohm
Tel. +49 (0)33973-52886
Simone.Koehn@web.de

Züchter: –
Deckeinsatz: NS
Gentest: –
Körung: ApHCG

Eigenleistung: über 94 ApHC Points
ApHC Highpoint Horse Open
ApHC World Show Qualifier
ApHCG Platin Zuchtmedaille

Leistung Nachkommen:
ApHC Vize Europameister Heritage
ApHCG Futurity Platzierungen

Die Vorfahren: Origin Doc Holliwood verbindet feinstes American Quarter Horse Blut mit Appaloosa Hall of Famers Blut. Origin Doc Holliwood ist der Urenkel des ApHC Hall of Famers **The Executive**. Der 1973 geborene Appaloosahengst gewann jede Klasse, in der er antrat (bis auf eine, in der er Reserve Champion war) und wurde National Champion 2-Year-Old Stallions. The Executive, der väter- und mütterlicherseits auf den American Quarter Horse Hengst **Dial Good** (von World Champion Race Horse **Johnny Good**) zurückgeht, brachte über 40 äußerst erfolgreiche Nachkommen, die in den verschiedensten Disziplinen brillierten.

Origin Doc Holliwoods Großmutter **Qu Appelle Aerobar** ist eine Tochter von **Tobago Bay**, einem Appaloosa Hengst, der u. a. Dritter auf der ApHC World Championship 1982 war. Tobago Bay stammt von dem ApHC World und National Champion Sire **Go Bay Go** ab, einem Enkel des legendären AQHA Hall of Famers und dreifachen AQHA World Champion Racer

Go Man Go. Mütterlicherseits ist Origin Doc Holliwood rein American Quarter Horse gezogen. Die Mutter **Snappy Remedy** ist eine direkte Tochter von **Docs Remedy**, einem der besten Söhne des großen **Doc Bar** aus der **Teresa Tivio**. Docs Remedy gewann fast $ 48.000 in der Cutting-Arena und brachte viele hervorragende Nachkommen in Reining, Cutting und Working Cow Horse. Snappy Remedys Mutter **13 Snaps** ist von **Mr Gold 95** von dem Foundation-Hengst und AQHA leading Sire **Hollywood Gold**.

Der Hengst: Origin Doc Holliwood ist gekört und leistungsgeprüft. Der sehr umgängliche Hengst hat sich vielfach in der Show-Arena bewiesen und über 88 ApHC Points errungen. Er war ApHC Highpoint Horse Open und World Show Qualifier, Multiple Champion der ostdeutschen Futurity und ist seit Jahren in den Top Ten des ACAAP in den Bereichen Combined Training, Dressage und Western Pleasure.

Die Nachkommen: Bisher wurden nur vier Nachkommen turniermäßig vorgestellt: **Warchant Doc Bueno**, der ApHCG Körsieger 2009 wurde. **Doc's Power Girl** wurde ApHCG Vize-Europameister in der Heritage und war auf der ApHCG Futurity platziert. **Miss Seventy King** und **Peony Vanbar Remedy** wurden 2010 Prämienstuten des ApHCG. Seinen Nachkommen gibt Origin Doc Holliwood nicht nur seine Leistungsbereitschaft, sondern auch sein starkes korrektes Fundament und sein umgängliches Wesen mit. Von 19 Fohlen sind bis jetzt 17 mit der typischen Appaloosafärbung geboren.

		The Executive	Dial Bright Too / Dial Right Time
	Ten-X	Going To Flame	Go Bay Go / Miss Bar Heels (QH)
Executive Origin		Tobago Bay	Go Bay Go / Chanting Star (QH)
	Qu Appelle Aerobar	Cupid's Straw Bug	Bug Off / Lou Straw (QH)
	Docs Remedy (QH)	Doc Bar (QH)	Lightning Bar (QH) / Dandy Doll (QH)
		Teresa Tivio (QH)	Poco Tivio (QH) / Saylors Little Sue (QH)
Snappy Remedy (QH)		Mr Gold 95 (QH)	Hollywood Gold (QH) / Letty Greenock (TB)
	13 Snaps (QH)	My Ginger Snap (QH)	Dynamite II (QH) / Ginger Berg (QH)

Besitzer: Adrian Hirschi und Martina Wolf
Gutshof Ramsei · CH-3534 Signau
Tel. +41 (0)41-793003415
Fax +41 (0)34-4972608
martinawolf@gmx.ch
www.hws-reininghorses.ch

Station: Haras National
Schweizerisches Nationalgestüt
Les Long Prés · Postfach191 · CH-1580 Avenches
Tel +41 (0)26-6766112
Fax +41 (0)26-6766208
www.agroscope.admin.ch

Züchter: Appaloosa S R L, Casale Marittimo Pisa, Italien

Deckeinsatz: NS, FS, TG

Gentest: –

Körung: –

Eigenleistung: LTE $ 3.283 (bei nur 6 NRHA Shows)
ROM Open Performance, AQHA Superior Reining Horse
IRHA Maturity Finalist
Sieger von AQHA und NRHA Shows

Leistung Nachkommen:
Beste Platzierungen bei der Fohlenschau der SQHA 2009 in Deitingen.

Helene Marti

O

Die Vorfahren: OT Taris Dun Its Abstammung lässt keine Wünsche offen. Er ist ein Sohn von **Taris Valentine** aus einer direkten Tochter von **Hollywood Dun It** – Leistungsblutlinien vom feinsten. Der Vater Taris Valentine ist einer der erfolgreichsten Söhne des großen Cutting-Vererbers **Taris Catalyst**. Der in Italien stehende Taris Valentine ist NRHA Money Earner und war unter den Top Ten der AQHA World Show.

Die Mutter **Hollywood Betsy Cody** vereint den legendären NRHA All Time Leading Sire Hollywood Dun It und den AQHA und NRHA Hall of Famer **Joe Cody** in ihrem Pedigree. Die Stute war selbst erfolgreich in der Reining-Arena und ist ein NRHA Money Earner.

Der Hengst: OT Taris Dun It ist ein bildhübscher Palomino mit Aalstrich und langem Behang – athletisch, typvoll und gut bemuskelt. In der Arena ist er nicht nur durch seine Farbe ein echter Eyecatcher. Er überzeugt gleichermaßen durch seine überdurchschnittlichen Bewegungen und seine Manier in den Manövern. Ein überaus vielversprechender, beeindruckender Hengst mit bestem Charakter. 2010 ist nach der italienischen Maturity, in der er ins Finale kam, erst die zweite Showsaison von OT Taris Dun It. Man dürfte also noch einiges von ihm hören.

Die Nachkommen: Der erste Fohlenjahrgang dieses Ausnahmehengstes war 2008. Seine Nachkommen werden also erst 2011 unter dem Sattel zu sehen sein. Sie zeichnen sich aber bereits jetzt durch ihr solides Fundament, die herausragenden Bewegungen und ihren guten Charakter aus. Sie sind sehr menschenbezogen und einfach im Handling. Außerdem besticht OT Taris Dun It durch seine außergewöhnliche Farbe und dem langen Behang, den er sehr dominant weitervererbt. Bis jetzt bekamen 85 Prozent seiner Fohlen eine außergewöhnliche Farbe (Dun, Palomino oder Buckskin).

Taris Valentine	Taris Catalyst	Doc Tari	Doc Bar / Puros Linda
		Minnick's Goldie	Lacys Blue Gold / Squaw Minnick
	Miss Freckles Reed	Colonel Freckles	Jewels Leo Bar / Christy Jay
		Miss J B Reed	J B King / Miss Firebrand
Hollywood Betsy Cody	Hollywood Dun It	Hollywood Jac 86	Easter King / Miss Hollywood
		Blossom Berry	Dun Berry / Regina Bella
	Betsy Bar Cody	Joe Cody	Bill Cody / Taboo
		Betsy Star Bar	Star Benjy Bar / Miss Pockestful

DOUBLE SMOKE DUNIT
Sohn von Out Dunit, 3-jährig bei seinem ersten Turnier

Besitzer: Thomas Schmelich
Grafschaft 31
D-48163 Münster
Tel. +49 (0)171-7468143
www.outdunit.com

Station: Gestüt Weidkamp
Alstätte 15
D-48727 Billerbeck
Tel. +49 (0)2543-25565

Züchter: Twin Willows Ranch, New Mexico, USA

Deckeinsatz: NS, FS, TG

Gentest: ja

Körung: ja

Archiv Schmelich

Eigenleistung: LTE $ 22.000, 1999 Futurity Champion SBH Open Toscana u. ANCR Futurity Dritter, 2000 Derby Open Reining Dritter, 2001 Ltd. Open Reining Treviso Res. Champion u. Ltd. Open Europ. Championship Dritter, 2004 Champion FN Reining Cup u. 2006 AQHA Working Cowhorse Open

Leistung Nachkommen: Sire of Super Slide Futurity Finalist, NRHA Breeders Futurity Finalist, IRHA Futurity Finalist, NRHA Money Earner, NRHA Non Pro Futurity Finalist, NRHA Open Futurity Finalist, NRHA Snaffle Bit Open Res. Champion, Sire of AQHA, Reining Novice Youth Champion

Die Vorfahren: Der NRHA 6 Million Dollar Sire und NRHA Hall of Famer **Hollywood Dun It** ist Reining-Legende. Nach einer großen Karriere schuf der Sohn des All Time Leading Reining Sire **Hollywood Jac 86** eine ganze Dynastie von herausragenden Pferden. Hollywood Dun It war u.a. NRHA Futurity Reserve Champion, NRHA Derby Champion und Superstakes Champion. In insgesamt 13 Jahrgängen brachte dieser einzigartige Hengst u. a. NRHA Futurity Champions, NRHA Derby and Superstakes Champions, NRBC Champions, All American Quarter Horse Congress Futurity und Southwest Reining Horse Association Futurity Champions. Die Dun Its gewannen Goldmedaillen auf USET Turnieren und wurden AQHA World Champions, waren Non Pro Reserve Champion bei der National Reined Cowhorse Association World Championship Snaffle Bit Futurity und NRCHA World Champion, gewannen NCHA Shows und wurden sogar Champions in Roping und Driving.

Die Mutter A Special Starlett ist eine Tochter des AQHA Champions und NRHA / NCHA Champion Sire **Kaliman** aus einer **Mr Gun Smoke** Stute.

Der Hengst: **Out Dunit** gilt als einer der erfolgreichsten Söhne des großen Hollywood Dun It in Europa. Der sehr schöne Buckskin wurde in den USA gezüchtet und in Italien bei Rigamonti Quarterhorses ausgebildet und erfolgreich vorgestellt. Viele Siege und Top Platzierungen in internationalen Reining-Events folgten, u. a. unter Oliver Stein. Out Dunit brilliert in der Show-Arena durch großen Leistungswillen, Ausgeglichenheit und überdurchschnittliche Bewegungen sowie hervorragendes Stopvermögen. Er verfügt über viel Reining-Talent, sehr korrektes Gebäude und besten Charakter – Eigenschaften, die er auch konstant weitervererbt.

Die Nachkommen: Seinen Nachkommen gibt dieser Hengst nicht nur seine gute Conformation weiter, sondern auch sein ausgeglichenes, ruhiges Wesen und die Umgänglichkeit. Es überwiegen die Farben Buckskin, Dun und Palomino. Auch in der Reining-Arena stellen sie bereits ihr Leistungsvermögen unter Beweis, so zum Beispiel **Mr Dunit In**, der unter Daniel Arnold Superslide Futurity, IRHA und NRHA Breeders Futurity Finalist 2005 war. Weiter stellte Out Dunit 2008 den NRHA Year End Champion Youth under 18 und 2008 und 2009 den NRHA Year End Reserve Champion Novice Horse Non Pro.

Hollywood Dun It	Hollywood Jac 86	Easter King	King / Gocha H
		Miss Hollywood	Hollywood Gold / Miss Buggins 86
	Blossom Berry	Dun Berry	John Berry / Fishs Streak
		Regina Bella	Mr Tres Bars / Tina Regina
A Special Starlett	Kaliman	Dell Milagro	Poco Dell / Melon Bars First
		Quo Vadis	Little Lloyd / Miss Circle H III
	Gunsmokes Starlet	Mr Gun Smoke	Rondo Leo / Kansas Cindy
		Tuckers Pistol	Pistols Man / Rosy Glo

PASSIONATE ANDY

APHA 597289 · Bay Tobiano · 1997 · 154 cm

Besitzer: Christian Fößel
Ellertalstr. 24
D-96123 Litzendorf
96123@gmx.de

Station: beim Besitzer

Züchter: Andreas Oster-Daum,
Dünfus, Deutschland

Deckeinsatz: NS

Gentest: –

Körung: PHCG 2001 (Körnote 7,4)

Eigenleistung: Superior Reining; APHA Top Ten Reining; PHCG Reining Futurity Res. Champion; PHCG Deutscher Meister Junior Reining und Working Cowhorse; APHA Europameister Reining; Zweifacher PHCG Maturity Champion Reining; mehrfacher NRHA Bronze Trophy Res. Champion; NRHA Novice Horse Open Jahreschampion; Reserve Champion der PHCG Hengstkörung und Hengstleistungsprüfung

Leistung Nachkommen: –

Die Vorfahren: Passionate Andy geht auf die klassischen Foundation-Blutlinien zurück. Er ist sechsfach **King** gezogen und hat **Poco Bueno** und **Three Bars** auf dem Papier. Der Vater **Andy Poco** war NRHA Money Earner und ist untrennbar mit dem Namen von Alan Jakob verbunden. Der schwarze Hengst stammte von **Poco Hankins**, der doppelt King gezogen ist. Der Name Hankins deutet auf die Hankins Ranch hin, die Besitzer von King. Sein Vater **Poco Pine** war AQHA Champion und ist ein All Time Leading Sire of AQHA Champions.

Die Mutter **Double My Luck**, eine Tochter von **Happy Golucky**, geht väterlicher- und mütterlicherseits auf den APHA Supreme Champion **Lucky Straw** zurück, der allein acht APHA Champions brachte. Happy Goluckys Mutter ist keine andere als die große **Sin Bar**. Diese Stute war APHA Champion, dreifacher Grand Champion und hatte ihr ROM in Hunter u. Saddle, Heeling und Western Pleasure. Happy Golucky ist eines der erfolgreichsten Paint Horses Europas. Der Hengst war PHCG Highpoint Western Pleasure und Halter, stand 20-mal Grand Champion bzw. Reserve, hatte sein Superior in Western Pleasure und Halter und war Honor Roll Western Riding Stallion 1987.

Der Hengst: Passionate Andy ist unbestreitbar eine Ausnahmeerscheinung. Er ist eines der erfolgreichsten Paint Horses Deutschlands, das über viele Jahre hinweg hervorragende Leistungen brachte – sowohl in Reining als auch Working Cowhorse. Insbesondere im Reining-Sport war er lange Zeit ein Aushängeschild für die deutsche Paint Horse Zucht. Der gut bemuskelte Hengst besticht durch seinen korrektem Körperbau und ein solides Fundament, verbunden mit großem Herz, viel Leistungsbereitschaft und einem umgänglichen Charakter. Ein echter Gewinn für die Paint Horse Zucht.

Die Nachkommen: Sein gutes Gebäude, sein korrektes Fundament und seine starke Bemuskelung vererbt Passionate Andy auch an seine Fohlen weiter, genauso wie seinen umgänglichen Charakter.

Andy Poco (QH)	Poco Hankins (QH)	Poco Pine (QH)	Poco Bueno (QH) / Pretty Rosalie (QH)
		LH Lady B (QH)	King (QH) / Miss Alice (QH)
	Lady Lucy Mae (QH)	King Bars (QH)	Three Bars (QH) / LH Princess (QH)
		Lucy Hankins (QH)	King Lowell (QH) / Gay Susie (QH)
Double My Luck (PH)	Happy Golucky (PH)	**Lucky Straw** (PH)	Lucky Pierre / Bon Bon
		Sin Bar (PH)	Pretty Jackie (QH) / Mizwac (PH)
	Major Straw (PH)	Tiny Straw (PH)	**Lucky Straw** / Miss Cherri
		Majors Whiz (QH)	Piedmont Whiz / Majors Cheeta

Besitzer: Lapwai Ranch
Stefan Kelemen
An der Wache 7
D-99444 Blankenhain / OT Kleinlohma
Tel. +49 (0)160-99886574
Fax +49 (0)36454-12962
lapwai.ranch@web.de
www.lapwairanch.de

Station: beim Besitzer
Züchter: La Mesa Performance Horses, USA
Deckeinsatz: NS
Gentest: –
Körung: –

Steffi Mertz

P

Eigenleistung:
Wegen Verletzung als Dreijähriger noch nicht geshowt.

Leistung Nachkommen:
Der erste Fohlenjahrgang von Play Boy Vintage wird 2011 erwartet.

Die Vorfahren: Der typvolle **Play Boy Vintage** kann seinen Vater **Shiners Vintage** nicht verleugnen. Shiners Vintage hat 126 AQHA Open Reining Punkte und über $ 21.000 Gewinnsumme. Er ist ein Sohn des berühmten **Shining Spark** (dem ersten Three Million Dollar Sire der NRCHA und bislang jüngsten NRHA Three Million Dollar Sire) aus der **Taris Vintage**. Diese Stute, eine Vollschwester des großen **Taris Catalyst**, ist die Mutter von **Taris Little Vintage**, der erfolgreichsten Mutterstute der NRHA. Diese brachte bereits zwei NRHA Futurity Open Champions: **Hollywood Vintage** (2000) und **Taris Designer Genes** (2006) und wurde 2008 in die Hall of Fame der NRHA aufgenommen. Shiners Vintage, der mit der Wertnote 8,75 gekört wurde und multiple Bronze Trophy Champion ist, brachte bereits zahlreiche gute Pferde, darunter einen Reined Cowhorse Snafflebit L-Open Futurity Finalist USA, ARHA Futurity Open Reserve Champion und AQHA Youth World Show Qualifier.

Auf der Mutterseite von Play Boy Vintage finden wir mit **Tarrsgunette** eine Stute, die sich als Mutterstute bereits bewährt hat und die wie Shiners Vintage mehrfach auf **Doc Bar** zurückgeht. Sie ist eine Tochter des NCHA Leading Sire **Young Gun** aus der **Dry Tarr** von **Dry Doc**, die selbst über $ 8.800 im Cutting gewonnen hat.

Der Hengst: Aufgrund einer Verletzung konnte der sehr vielversprechende Play Boy Vintage als Dreijähriger nicht geshowt werden. Er erweist sich jedoch im Training als sehr talentiert und athletisch, leistungsbereit und arbeitswillig. Der Hengst besticht durch sehr gutes Stopvermögen und hervorragende Spins.

Die Nachkommen: Play Boy Vintages erster Fohlenjahrgang wird 2011 erwartet. Sein ausgezeichnetes harmonisches Gebäude mit korrektem, kräftigem Fundament, sein guter Charakter und seine Athletik lassen jedoch große Erwartungen zu.

Shiners Vintage	Shining Spark	Genuine Doc	Doc Bar / Gey Bars Gen
		Diamonds Sparkle	Mr Diamond Dude / Pollyanna Rose
	Taris Vintage	Doc Tari	Doc Bar / Puros Linda
		Minnicks Goldie	Lacys Blue Gold / Squaw Minnick
Tarrsgunette	Young Gun	Freckles Playboy	Jewels Leo Bars / Gay Jay
		Lenaette	Doc Olena / Bar Socks Babe
	Dry Tarr	Dry Doc	Doc Bar / Poco Lena
		Tarr Babi	El Carlos / Betty Five

QTS CLEARCRYSTAL BEAR

APHA 581987 · Dun Tobiano · 2000 · 147 cm

©Holman

Besitzer: Wr-Horses
Les Wespellières 13
B-7940 Cambron-Casteau
Tel. +32 (0)498-906820, -23
Fax +32 (0)68-572944
wr-horses@skynet.be
www.wr-horses.com

Station: beim Besitzer
Züchter: Eber Christopher, El Paso, Texas, USA
Deckeinsatz: FS, TG
Gentest: homozygot für Tobiano
Körung: –

Eigenleistung: 2004 APHA Congress Open Res. Champion Reining, 2004 Margarita Open Reining Res. Champion, mehrfacher Circuit Champion und Class Winner, ROM Open Reining (40 Open Reining APHA Points), 2004 APHA Honor Roll Top 10 Junior Reining (Dritter), NRHA Money Earner

Leistung Nachkommen: LTE $ 200; **Miss Crystal Wr Bear:** ROM Showmanship, Halter Points, 23 Points, Money Earner

Die Vorfahren: QTS Clearcrystal Bear vereint zwei hochkarätige Paintblutlinien, die sich auch bestens vererbt haben. Er ist der Vollbruder zu allein zwei World Champions. Der Vater **QT Poco Streke** (Black & White Tobiano homozygot) ist eine Paint Horse Reining-Legende. Er war u.a. APHA Reserve World Champion Reining, Bronze Trophy Champion, Paint Congress Open Reining Champion und Congress Reserve Champion Limited Open. Darüber hinaus hat er sich längst einen großen Namen als Vererber geschaffen. Unter seinen Nachkommen sind u.a. ein NRHA Res. World Champion Novice Non Pro, NRHA Money Earners, Multiple Bronze Trophy Winners und mehrere APHA World Champions.

Die Mutter **Mc Bear Crystal** ist eine Tochter von **Little Black Bear** (von **Pepsi Poco**) aus der American Quarter Horse Stute **Barrys Holly**, die auf **The Continental** zurück geht. Damit führt QTS auf beiden Seiten den APHA und NRHA Champion Sire Pepsi Poco im Pedigree. Mc Bear Crystal hat zahlreiche hervor-

ragende Fohlen gebracht, darunter NRHA Novice Non Pro Reserve World Champion, APHA Youth World Champion Reining, APHA Freestyle Reining World Champion, Paint Congress Champions und Reserve Champions.

Der Hengst: Ein sehr attraktiver, schön gezeichneter Paint Horse Hengst, der bestes Pedigree mit hervorragender Eigenleistung verbindet. QTS Clearcrystal Bear wurde in den USA gezüchtet und dort sehr erfolgreich im Reining eingesetzt. In der Show-Arena zeichnet er sich durch viel Ausstrahlung, enormen Leistungswillen und spektakuläre Manöver aus. Zudem ist er absolut einwandfrei im Umgang, extrem nervenstark und ausgeglichen. Ein Paint Hengst der Extraklasse.

Die Nachkommen: Seinen Nachkommen gibt dieser Hengst viel Farbe, gute Conformation und große Nervenstärke mit. Sie sind absolut gelassen und sehr einfach im Umgang.

QT Poco Streke	**Pepsi Poco**	**Q Ton Ace H**	Q Ton Eagle / Cherokee Ace
		Poco Star	Leo San Man / Poco Snowflake
	Beau W Streaker	Beau Shonshone	Pained Shoshone / Bay Bee Jones
		Apache W Streaker	**Q Ton Ace H** / Apache W
McBear Crystal	Little Black Bear	**Pepsi Poco**	**Q Ton Ace H** / **Poco Star**
		Easter Skip	Skip On / Junior Easter
	Barrys Holly (QH)	The New Yorker (QH)	The Continental (QH) / Benito Bar Misty (QH)
		Admirals Queen (QH)	Spanish Admiral (QH) / Vandys Bucket (QH)

Manfred Weyand

Besitzer: Q-Place
Melanie Georg
Reinhardsachsenerstr. 3
D-74731 Wallduern/Glashofen
Tel. +49 (0)172-6267886
mel@q-place.de
http://www.q-place.de
www.rainboonman.de
Station: auf Anfrage
Züchter: Wichita Ranch, Texas, USA
Deckeinsatz: FS, KS
Gentest: HERDA n/n, GBED n/n
Körung: –

Eigenleistung: NCHA LTE $11.062.63
NCHA COA, DQHA International Champion Amateur Cutting 2008
NCHA Non Pro Reserve Champion 2008, Equitana Cutting Cup 2009 Platz 2
Finalist Abilene Spectacular 2006 4-Year-Old Open

Leistung Nachkommen:
Erste Nachzucht 2009 geboren.

R

Die Vorfahren: Das Pedigree dieses Hengstes liest sich wie ein Who's Who des Cutting-Sports. Die ersten drei Generationen haben eine NCHA Gewinnsumme von über $1.780.000. Sein Vater ist einer der besten Vererber überhaupt: **Peptoboonsmal**. Dieser Hengst stammt vom legendären **Peppy San Badger** aus der gewinnreichsten Cutting-Mutterstute: **Royal Blue Boon**. Ihre Nachkommen haben bisher über $2,6 Millionen gewonnen. Peptoboonsmal liegt mit über $8,4 Millionen auf Platz 3 der erfolgreichsten Cutting-Vererber, hat aber auch viele ganz hervorragende Reiner und Reined Cowhorses gebracht. Peptoboonsmal gewann selbst über $180.000 in der Cutting-Arena. Er war u.a NCHA Open Futurity Champion 1995 und Bonanza 4-Year-Old Open Derby Champion, Vierter bei den NCHA Open Superstakes und Gold Coast Open Derby Champion 1996. Mit fast $13 Millionen insgesamt ist er laut Equi-Stat unter den Top 15 All Time Leading Cutting Sires und NRCHA Top 20 All Time Leading Sire. Die Mutter **Little Miss Mecom** ist eine direkte Tochter von **Cattin** aus der **Tana Mon-**

tana, die über $57.000 gewann. Cattin ist ein Sohn des NCHA Futurity Champions und legendären Vererbers **Smart Little Lena** aus der **Lynx Melody**, die ebenfalls NCHA Futurity Champion war. Cattin war u. a. Vierter beim NCHA Super Stakes Open Classic, Fünfter in der NCHA Non Pro Classic/Challenge und Abilene Spectacular 4-Year-Old Open, El Cid 5/6-Year-Old Open Champion und NCHA Open Super Stakes Finalist.

Der Hengst: Rainboon Man ist ein außergewöhnlicher Hengst mit einer extravaganten Farbe. Er ist ein echter Athlet, korrekt gebaut und verfügt über sehr gute Knochen. Sein Cowsense, sein großes Herz und sein Ruhe und Gelassenheit machen ihn zu einem Cutting-Hengst der Extraklasse. Er will seinem Reiter gefallen und gibt jederzeit 250 Prozent. Seine Aktion am Rind ist beeindruckend mit extrem tiefen und harten Stops. Ergänzt durch seine Nervenstärke und seine butterweichen Gänge, ist er ein exzellenter Partner für Sport, Zucht und Freizeit.

Die Nachkommen: Der erste Fohlenjahrgang dieses Hengstes war 2009, sodass es noch einige Zeit dauern wird, bis man seine Nachkommen unter dem Sattel sieht. Seine Fohlen präsentieren sich mit sehr gutem Gebäude, starkem, korrektem Fundament und guten Hufen, sowie erstklassigem Charakter und Nervenstärke.

Peptoboonsmal	Peppy San Badger	Mr San Peppy	Leo San / Peppy Belle
		Sugar Badger	Grey Badger III / Sugar Townley
	Royal Blue Boon	Boon Bar	Doc Bar / Teresa Tivio
		Royal Tincie	Royal King / Texas Dottie
Little Miss Mecom	Cattin	Smart Little Lena	**Doc Olena** / Smart Peppy
		Lynx Melody	Docs Lynx / Trona
	Tana Montana	Montana Doc	**Doc Olena** / Magnolia Moon
		Miss King Dell	Poco Dell / Boys Queen

REDS GONNA REIN

Besitzer: RGR Syndikat
Gestüt Ludwig Quarter Horses
Schwantelhof 2
D-72475 Bitz
Tel. +49 (0)7431-81979
Fax +49 (0)7431-81978
contact@lqh.de
www.lqh.de

Station: beim Besitzer

Züchter: André de Bellefeuille, Quebec, Kanada

Deckeinsatz: NS, TG über Equine Concepts

Gentest: HERDA n/n, PSSM n/n

Art & Light

Eigenleistung:
LTE über $ 40.000
NRHA Open Reserve Champion 2007

Leistung Nachkommen:
NRHA Breeders Futurity SBH Open Reserve Champion 2008, European Futurity
Non Pro Finalist, Rookie Champion Mooslargue, diverse Siege u. Platzierungen in
Regional Futuritys u. auf Fohlenschauen

R

Die Vorfahren: Reds Gonna Rein ist väterlicher- und mütterlicherseits bestens gezogen. Der Vater **Great Red Pine** ist ein Sohn des großen **Great Pine** aus einer **Nifty Bee** Tochter. Die Nachkommen des NRHA Hall of Famers und AQHA Champion Great Pine bewährten sich nicht nur in der Reining-Arena, sondern auch in Halter und sogar auf der Rennbahn. Unter anderem brachte er zwei World Champions. Der insbesondere in den USA sehr populäre Great Red Pine gewann über $ 60.000 in Reining und war u. a. Vierter auf der NRHA Futurity und NRHA Super Stakes Limited Open Champion. Vor allem jedoch machte er sich als Vererber einen großen Namen. Er ist u. a. der Vater von **Great Resolve** (**Einstein**).

Die Mutter **Shes Gonna Rein** ist eine Tochter des NRHA World Champions 1987 **Bonitas Champion** aus der **Bonitas Smoke,** die von dem NRHA Hall of Famer **Hollywood Smoke** aus der großartigen **Glenda Echols** stammt. Diese Stute war 1971 NRHA Futurity Reserve Champion und brachte acht NRHA

Money Earner, darunter **Glendas Shadow, Glendas Image, Glendas Question** und **Glendas Sun** sowie **Hollywood Eighty Six**. Auch Glenda Echols wurde in die NRHA Hall of Fame aufgenommen.

Der Hengst: Der in Kanada gezogene Ausnahmehengst beeindruckt in der Show-Arena insbesondere durch sein enormes Stopvermögen. Die Besitzer, das Reds Gonna Rein Syndikat, kauften das Pferd 2003 auf der NRHA Futurity in Oklahoma City, wo er bereits durch seine außergewöhnliche Manier aufgefallen war. In der Folge wurde Reds Gonna Rein von Grischa Ludwig trainiert und vorgestellt – ein Erfolgsteam, wie sich rasch zeigte. Insbesondere das Jahr 2007 ist hier zu nennen, in dem Reds Gonna Rein mehrere hochkarätige NRHA Bronze Trophys holte, das Gold und Platinum Certificate der NRHA USA erhielt und schließlich NRHA Reserve World Champion Open wurde. Reds Gonna Rein ist ein bestechend schöner, leistungswilliger Hengst, der sich zudem durch einen unkomplizierten Charakter auszeichnet – ein Pferd, das in

Bezug auf Pedigree, Aussehen und Leistung keine Wünsche offen lässt.

Die Nachkommen: Auch seine Nachkommen beweisen sich längst in der Reiningarena. Zu seinen erfolgreichsten zählen **Reds Rein Or Shine**, der 2008 NRHA Breeders Futurity Reserve Champion SBH Open wurde, und **Reds Gonna Spin**, Reserve Champion Novice Amateur Reining Texana. Dies entspricht ganz dem Leitbild von Ludwig Quarter Horses: „Wir achten bei allen Hengsten, die bei LQH auf Deckstation stehen, auf überdurchschnittliche Leistungsbereitschaft, sportliche Erfolge auf Topniveau sowie korrektes Gebäude und außerordentlich guten Charakter", so LQH Managerin Sylvia Maile. „Sie müssen von jedermann zu handeln sein. Und auch die Nachzucht muss sich von der sportlichen Qualität auf internationalen Reiningturnieren durchsetzen, vor allem aber im Amateursport bewähren." Bisher wurde der Hengst für die DQHA, IRHBA Italien, NRHA Belgien und NRHA Breeders Futurity einbezahlt.

Great Red Pine	Great Pine	Poco Bright Star	Poco Pine / Charlotte Ann
		Criers Betty	Town Crier / Dandy Van
	Nifty Jodieann	Nifty Bee	Bee Line / Nifty Lady X
		Miss Jodieann	Little Jodie / Nancy L Hur
Shes Gonna Rein	Bonitas Champion	Lenas Bonita	Doc Olena / Bonita Tetana
		Lemac Sugar Suzie	Dans Sugar Bars / Simla Sue
	Miss Glenda Smoke	Hollywood Smoke	Mr Gun Smoke / Pistols Holly
		Glenda Echols	Mike Echols / Nittany Sue

REFRIED DREAMS

AQHA 3343421 · Bay · 1995 · 149 cm

Roberto Robaldo

Besitzer: Anita Ernst
Wilhelmshöhe 1 · D-51570 Windeck
Tel. +49 (0)2224-9011841
Fax +49 (0)2224-9011842
tieraerztinhoffmann@googlemail.com
www.qh4u.de

Station: Old Angel Ranch
Rodderberg Hof · D-53424 Remagen
Tel. +49 (0)2224-9011841
Fax +49 (0)2224-9011842
tieraerztinhoffmann@googlemail.com
www.qh4u.de

Züchter: Carol Rose, Texas, USA

Deckeinsatz: NS, TG (über Eifel Gold Ranch, Belgien)

Gentest: –

Körung: DQHA Aachen 2008 (leistungsgeprüft)

Eigenleistung: LTE NRHA $ 4.120, NRHA Futurity Finalist, mehrfacher NRHA Bronze Trophy Champion, Reined Cowhorse Futurity Champion, World Show Qualifier Reining u. Cowhorse, AQHA Highp. Horse Junior Working Cowhorse, 48 Open Points Reining, 7 Cowhorse Points

Leistung Nachkommen: DQHA Gewinnsumme über 5.000 €, NRHA Money Earner; **Kiss Me Cugar:** zweimal DQHA Reining Futurity Champion, NRHA Money Earner; **Peppys Little Dreamer:** NRHA NRW Futurity Champion, NRHA Money Earner; **Taris Tarentino:** NRHA Open Futurity Finalist

Die Vorfahren: Der Vater von **Refried Dreams**, **Taris Catalyst,** ist ein Sohn von **Doc Tari** aus der **Minnicks Goldie,** einer Top Producing Mare, deren Fohlen über $ 500.000 gewannen. Doc Tari, ein direkter Sohn von **Doc Bar**, war erfolgreich in der Cutting-Arena und als Vererber. Die Gewinnsumme seiner Nachkommen beläuft sich bislang auf über $ 4,6 Millionen. So auch der nun schon legendäre **Taris Catalyst**, der selbst LTE über $ 181.000 hat und unter anderem AQHA World Champion Junior Cutting Open und NCHA Futurity Open Co-Reserve Champion war. Er zählt zu führenden Vererbern u.a. im Reining. Die Mutter **Dreamy Command** stammt von dem großen **Fritz Command** aus einer **Blondies Dude** Tochter. Fritz Command war ein AQHA Champion, der viele hervorragende Pferde brachte, darunter auch etliche World Champions.

Der Hengst: Refried Dreams präsentiert sich als bildhübscher, typvoller Brauner mit hervorragenden Bewegungen und bestem Charakter. Der Hengst wurde in den USA gezüchtet und von Jeff Kasten trainiert und sehr erfolgreich geshowt. Auch in Deutschland setzte Refried Dreams seine Karriere fort, zunächst unter Lutz Leckebusch und seinem damaligen Besitzer Bernd Engels, später von Anita und Emanuel Ernst. Refried Dreams gewann zahlreiche NRHA Bronze Trophys und konnte sich mehrfach für die World Show qualifizieren – nicht nur in Reining, sondern auch in Cowhorse. Noch heute ist der Hengst trotz seines Alters nach wie vor erfolgreich im Showing. Ein leistungsbereiter Hengst mit viel Herz und ausgezeichneten Manövern, der sich auch als Vererber längst bewiesen hat. Ein „Dreamcross" mit eigentlich jeder Art von Stuten.

Die Nachkommen: Seinen Nachkommen gibt dieser Hengst sein hervorragendes Gebäude mit starkem Fundament, seine Ausstrahlung und die überragenden Bewegungen mit. Sie bewähren sich längst schon sehr erfolgreich in der Show-Arena und zeichnen sich durch ihre tollen Manöver aus. Zu seinen erfolgreichsten Nachkommen zählen der zweifache DQHA Futurity Champion **Kiss Me Cugar** und der NRHA NRW Futurity Champion **Peppys Little Dreamer**.

Taris Catalyst	Doc Tari	Doc Bar	Lightning Bar / Dandy Doll
		Puros Linda	Puro Tivio / Mattarts Luckylinda
	Minnicks Goldie	Lacys Blue Gold	Blue Gold / Diamond Hancock
		Squaw Minnick	Jim Minnick / Waggoners Sweetheart
Dreamy Command	Fritz Command	King Fritz	Power Command / Poco Jane
		Sutherlands Miss	Jodie The Tuff / Tangerine W
	Dreamy Dude	Blondys Dude	Small Town Dude / Blondy Queen
		Leo Marys Tap	Leo Tip Tap / Duncan Babe

Besitzer: Westernreitstall Spardorf
Brigitte Munkert
Marloffsteiner Str. 1 a
D-91080 Spardorf
Tel. +49 (0)178-4517610
Station: beim Besitzer
Züchter: RH Robert A. Haas jun., Indiana, USA
Deckeinsatz: FS, TG
Gentest: HYPP n/n
Körung: PHCG Prämienhengst, Hengstbuch I
(8,2) Körungssieger 2006 in Aachen

K. J. Guni

Eigenleistung: 4-facher APHA Europameister Halter Open und Amateur
Superior und ROM Halter Open
52 Open und 25 Amateur Lifetime Halter Points
16-mal Grand Champion Open, 2-mal Reserve Champion Open

Leistung Nachkommen: SR Tequilatonite: PHCG Futurity Res. Champion
Weanling Stallions 2008, APHA Europameisterschaft Halter Vierter
SR Sierra Tequila: PHCG Fohlenschau 2008 Dritter, PHCG Futurity 2008 Fünfter
Tequila Coosa Imprint: PHCG Futurity 2008 Dritter Weanling Mares

R

Die Vorfahren: Die Abstammung von **RH Sierra Impressive** ist in Europa wohl einzigartig. Väterlicher- und mütterlicherseits geht er auf **Mr Impressive** zurück, einen der vielen erfolgreichen Söhne von **Impressive**. Mr Impressive war AQHA Champion und hatte sein Superior in Halter. Er ist bislang das einzige Pferd, das innerhalb eines Jahres AQHA World Champion Halter und AQHA World Champion Western Pleasure wurde. Unter den vielen erfolgreichen Nachkommen dieses Hengstes sind allein 19 World Champions.

RH Sierra Impressives Vater **RH Midnight Special** stammt aus der Zucht des bekannten Paint Horse Züchters Robert A. Haas. Der Hengst war APHA Reserve World Champion Yearling Stallion, hat 146 Lifetime Halter Points Open, sein ROM und Superior Halter. Insgesamt stand er 22-mal Grand und 6-mal Reserve Champion. Er ist ein Vollbruder des APHA Leading Sire und 5-fachen APHA World Champions **RH Imprinted**. Seine Vaterlinie geht über den World Champion und Leading Sire of Halter Point Earners

Socketts Imprint auf den bekannten Overo Paint- hengst **Ratchett** zurück, einen National Champion Leading Sire.

Die Mutter von RH Sierra Impressive **MS Sierra Mpressiv** ist ein Crop Out zweier hervorragend gezo- gener American Quarter Horse Eltern. Sie ist eine Enkelin von **Sonny Dee Bar**. Der AQHA Champion, AQHA Hall of Famer und AQHA Leading Sire brachte allein 22 AQHA Champions. Seine Nachkommen erzielten über 6.000 Halter Points und über 18.000 Performance Points. MS Sierra Mpressiv stand 15-mal Grand und 4-mal Reserve Champion, hat ihr ROM und ihr Superior in Halter und errang 99 Lifetime Halter Points.

Der Hengst: RH Sierra Impressive präsentiert sich als großrahmiger, eleganter, gut bemuskelter und korrek- ter Sorrel Overo Painthengst von bester Abstammung. Er vereint vorzügliche Confirmation mit überragenden Bewegungen und viel Typ und Ausstrahlung. Er war

Siegerhengst der PHCG Hengstkörung in Aachen 2006, wobei er die seit 2000 verbandshöchste Wert- note erhielt: 8,2. Im Jahr 2009 war der Hengst im Western Pleasure Training bei Ralf Hoffeld. Ab 2010 soll er seine Qualitäten auch unter dem Sattel beweisen.

Die Nachkommen: Der Hengst hatte in den Jahren 2008/09/10 insgesamt sieben in den USA registrierte Fohlen, die mit ihrem korrekten Gebäude, den guten Bewegungen und ihrem Typ ganz nach dem Vater kommen. Das haben sie durch ihre Erfolge auf Foh- lenschauen und der PHCG Futurity bereits mehrfach unter Beweis gestellt. Seine Nachkommen sind seit 2008 in das PHCG Futurity Programm einbezahlt.

RH Midnight Special	Socketts Imprint	Sockett	Ratchett / Soxalena Lano
		Heavy Impression (QH)	**Mr Impressive** (QH) / Miss Heavy Deck (QH)
		Mr Conclusion (QH)	Conclusive (QH) / Miss Amber Charge (QH)
	Sqeezin N Pleazin (QH)	Rosita Bo Kay (QH)	Docs Bo Acres (QH) / Im A Rosita (QH)
	Sierras Sonny (QH)	Sonny Dee Bar (QH)	Win Or Lose (QH) / Chiggers Baby (QH)
		Big M Flicka Win (QH)	Winnie Mae (QH) / Flicka Reward (QH)
MS Sierra Mpressiv (QH)		Impressivily Made (QH)	**Mr Impressive** (QH) / Maid Of Brick (QH)
	Lita Impressive (QH)	Pokey's Rita (QH)	Pokey Rambler (QH) / Tina Clegg (QH)

BIG CHEX TO CASH

Besitzer: Manuel Bonzano
Strada Allesandrina
I-14045 Incisa Sapaccino (AT)
Tel. +39 (0)141-747669
Fax +39 (0)141-793772
simona@23quarterhorses.com
www.23quarterhorses.com
Station: beim Besitzer
Züchter: Pat & Laura Peak,
Winchester, Illinois, USA
Deckeinsatz: NS, TG
Gentest: Mutterstute hat Embryo enrolled
Körung: –

Toscani Rocco

Eigenleistung: LTE $ 148.000, 2000 NRHA Open Futurity Reserve Champion, Open ROM, 2002 World Show Qualifier Open Jr. Reining, 2002 Open Highpoint Jr. Reining Dritter, 2002 Open Highpoint Reining Platz 6, 2003 NRHA Derby Open (Score 222)

Leistung Nachkommen: –

R

Die Vorfahren: Der Vater von **Ricochet Rooster**, **Gallo Del Cielo**, besser bekannt als '**Rooster**', ist ein Sohn des großen **Peppy San Badger** aus einer Tochter von **Doc Bar**. Rooster, der selbst im Cutting-Sport erfolgreich war und dort fast $ 30.000 und sein CoA errang, zählt zu den NRHA Million Dollar Sires. Unter seinen Nachkommen sind allein zwei AQHA World Champions. Doch auch in der Cutting-Arena leisten die Roosters Beachtliches. Auf der Mutterseite finden wir zweimal Doc Bar. **Tari What** ist eine Tochter des sehr erfolgreichen Cutting-Hengstes **Doctor What** (LTE über $ 117.000) aus einer **Doc Tari** Tochter.

Der Hengst: Ricochet Rooster ist der gewinnreichste Sohn von Gallo Del Cielo. Seine Karriere begann im Herbst 2000, als er unter Todd Bergen NRHA Open Futurity Reserve Champion wurde. Nach einer einjährigen Turnierpause aufgrund einer Verletzung waren Ricochet Rooster und Bergen 2002 wieder in der Show-Arena und wurden auf Anhieb Dritte beim NRHA Derby – mit dem Score 222. „Er ist ein großartiges Pferd mit einem Löwenherzen", sagt Bergen über den Hengst. „Einfach großartig in der Arena und sehr, sehr einfach im Umgang." Ricochet Rooster präsentiert sich als auffallend schöner Bay mit herausragenden Manövern und Bewegungen. Ein Ausnahmehengst mit wunderbarem Charakter.

Die Nachkommen: Die Nachkommen von Ricochet Rooster sind alle freundlich im Umgang, gelassen und gut zu händeln.

Gallo Del Cielo	Peppy San Badger	Mr San Peppy	Leo San / Peppy Belle
		Sugar Badger	Grey Badger III / Sugar Townley
	Docs Starlight	Doc Bar	Lightning Bar / Dandy Doll
		Tasa Tivio	Poco Tivio / Chowchilla Pee Wee
Tari What	Doctor What	Doc Olena	Doc Bar / Poco Lena
		Gay Bar Dixie	Gay Bar King / Little Dixie Lee
	Annie Tari	Doc Tari	Doc Bar / Puros Linda
		Barred Annie	Monte Barred / Soft Step

RITAS FIRST BUCK

AQHA 2838343 · Palomino · 1989 · 155 cm

Archiv Schwab

Besitzer:	Sabrina Schwab
	Forstweg 3
	D-74906 Bad Rappenau
	Tel. +49 (0)7264-5211
	Mobil +49 (0)172-7605026
	www.sabrina-schwab.com
Station:	S S Quality Ranch (beim Besitzer)
Züchter:	Robert M Caruth,
	Lone Oak, Texas, USA
Deckeinsatz:	NS, evtl. ab 2011 TG
Gentest:	–
Körung:	–

Eigenleistung: Sieger in NRHA Ladies Reining und Limited Open NRHA Bronze Trophy Champion NRHA World Cup Champion

Leistung Nachkommen: Die Nachkommen dieses Hengstes haben sich bereits vielfach in der Show-Arena bewährt. Unter ihnen sind Reining Champions und Futurity Finalists.

Die Vorfahren: Der Vater **Expensive Hobbit** und die Mutter **Rita Kip** waren mehrfach unter den Top 10 der AQHA World Show in Reining und Working Cowhorse. Expensive Hobbit ist ein direkter Sohn von **Hobby Horse**, einem AQHA Champion, der 1964 Highpoint Working Cowhorse war und viele gute Pferde brachte. Expensive Hobbit war u.a. Highpoint Horse Working Cowhorse, hat sein ROM Performance und sein Superior Reining. Er ist ein Vollbruder zu dem berühmten Buckskin Wallach und AQHA Hall of Famer **Expensive Hobby**, der unter Al Dunning zweifacher AQHA World Champion Working Cowhorse wurde.

Die Mutter Rita Kip führt feinstes, altes Foundation-Blut. Sie geht väterlicherseits auf den Wiescamp Hengst **Skipper W** sowie **Aledo Bar** zurück und mütterlicherseits doppelt auf **King P234**. Ihr Vater **Skipity Kiper** war mehrfach unter den Top Ten der NRHA World Show in Reining und Working Cowhorse. Er hat sein Superior und sein ROM Performance und brachte schon viele gute Pferde, darunter NRHA und NSBA

Money Earner, Superior Horses und ROMs.

Der Hengst: Ritas First Buck ist ein sehr schöner, athletischer Palomino, der großes Reining-Talent mit viel Cowsense vereint. Er besticht durch Athletik, sehr gutes Fundament, überragende Bewegungen und viel Ausstrahlung. Ein sehr leistungsbereiter Hengst mit großer Nervenstärke und Ausgeglichenheit. Der Hengst wurde in den USA gezüchtet und bewies von Anfang an, dass er ein Ausnahmehengst ist. Seine Besitzerin Sabrina Schwab sagt von ihm: „Es war ein große Freude, ihn showen zu dürfen. Er ist ein Sportwagen der Klasse 1!"

Die Nachkommen: Seine Leistungsbereitschaft und Ruhe gibt dieser Hengst auch an seine Nachkommen weiter. Sie sind erfolgreiche Reiner. Durch ihren kompakten Körperbau und ihren guten Bewegungsablauf eignen sie sich jedoch für mehrere Disziplinen, darunter auch Working Cowhorse. Es sind sehr schöne Athleten, groß, langbeinig mit hervorragen-

dem Gebäude. Ihr gutes Exterieur und Interieur sind beste Voraussetzungen für einen langen und erfolgreichen Einsatz im Reiningsport. Sie sind einfach im Handling, menschenbezogen und sehr neugierig. Es macht viel Spaß, mit ihnen zu arbeiten, da sie schnell lernen und gern mitarbeiten.

Expensive Hobbit	Hobby Horse	Tinky Poo	Wayward Irving / Little Peach
		Beauty Hobler	Black Out / Ace of Hearts I
	Jans Helen	Stormys Sugar	Janes Stormy / Chargers Sugar
		Old Gray Goose	Wilsons Little Ben / Crooked Heart
Rita Kip	Skipity Kiper	Skipity Skip	Skipper W / Joy Ann
		Aledo Bar Hanky	Aledo Bar / Sally Sandy Hank
	Robins Bivarita	Poco Robin	Poco Bueno / Jeep W
		Maid Trouble	Easter King / Clady

Besitzer: Wr-Horses
Les Wespellières 13
B-7940 Cambron-Casteau
Tel. +32 (0)498-906820
Mobil +32 (0)68-572944
wr-horses@skynet.be
www.wr-horses.com
Station: beim Besitzer
Züchter: CB Dedmon, Dallas, Texas, USA
Deckeinsatz: FS, TG
Gentest: –
Körung: BQHA Lifetime approved Stallion
(2009 Destelbergen, Belgien)

Waltenberry

Eigenleistung: LTE über $ 84.000, WEG 2002 Gold Einzel u. Team, USET Finals Silber, Open Congress Reining Futurity Res. Champion, Carolina Classic Open Derby Champion, NRHA Open Futurity und Derby Finalist, AQHA World Show Qualifier Jr. Reining, DQHA Q7 Bronze, ROM

Leistung Nachkommen: LTE über $ 36.000, **Ritas San Jo:** $ 27.000, Quarter Congress Futurity Res. Champion, Multiple Open Futurity Champion, Open Lawson Trophy Champion; **Hollywood San Jo:** $ 8.500, Multiple Futurity Champion; **Smokes Wr San Jo:** 2010 European Futurity Finalist

S

Die Vorfahren: Der Vater von **San Jo Freckles**, **San Jo Lena**, ist ein Sohn des AQHA und NCHA Hall of Famers **Peppy San** aus einer direkten Tochter von **Doc Olena**. Der Hengst war AQHA World Champion Senior Cutting Open und gewann über $ 127.000 auf NCHA Events. Seine Nachkommen brachten es bisher auf über $ 2,7 Millionen. Auch die Mutter, **Colonels Lil Pistol**, vereint Spitzenabstammung mit Eigenleistung. Sie ist eine Tochter des AQHA Hall of Famers und Leading Sires **Colonel Freckles**, die selbst über $ 5.000 im Cutting gewann. Zudem ist sie eine überragende Zuchtstute, deren Nachkommen über $ 300.000 gewonnen haben.

Der Hengst: Dieser Hengst schrieb im Jahr 2002 Reining-Geschichte, als er unter Shawn Flarida die erste Goldmedaille (Einzel und Team) für die Disziplin Reining auf den Weltreiterspielen in Jerez holte. Viele weitere internationale Erfolge folgten. Insgesamt brachte es der in Texas gezüchtete Hengst bisher auf über $ 84.000 und 20 AQHA Reining Points. San Jo Freckles präsentiert sich als außergewöhnlich athletischer und schöner Hengst mit sehr umgänglichem Charakter und großer Nervenstärke. Seine Leistungsbereitschaft zeichnet ihn ebenso aus wie sein großes Herz und seine starken Manöver in der Arena. Seine Turns und vor allem die gewaltigen Stops sind die Markenzeichen dieses Hengstes, der sich zudem noch durch viel Cowsense auszeichnet. Eine Ausnahmeerscheinung von Hengst, die sich sehr konstant weitervererbt.

Die Nachkommen: San Jo Freckles vererbt seinen Fohlen seinen hervorragenden Charakter ebenso wie seinen Leistungswillen, seine Athletik und sein überragendes Stopvermögen. Seine Nachkommen haben mittlerweile schon über $ 36.000 Dollar gewonnen und waren u.a. Futurity Champions.

San Jo Lena	Peppy San	Leo San	Leo / San Sue Darks
		Peppy Belle	Pep Up / Belle Burnett
	Jo Olena	Doc Olena	Doc Bar / Poco Lena
		Dolly Bacchus	King Bacchus / C C Little Kay
Colonel Lil Pistol	Colonel Freckles	Jewels Leo Bars	Sugar Bars / Leo Pan
		Christy Jay	Rey Jay / Christy Carol
	Toters Angel	Pistol Toter	Kings Pistol / Duchess Bonnie
		Jimsey	Camacho / Miss Rusty

OUT DUN JACK

Sohn von Out Dunit, 3-jährig
bei seinem ersten Turnier

Besitzer: Klaus und Gudrun Neuhaus
Hägerheide 3
D-31592 Stolzenau
Tel. +49 (0)5761-908661
Fax +49 (0)5761-908664
sevengateranch@freenet.de
www.seven-gate-ranch.com

Station: beim Besitzer

Züchter: Klaus und Gudrun Neuhaus,
Stolzenau, Deutschland

Deckeinsatz: NS

Gentest: –

Körung: –

Sabine Sebald

Eigenleistung: PHCG Deutscher Vizemeister Cutting Open 2009, PHCG Deutscher Meister Trail 2007, ROM Trail, PHCG Deutscher Vizemeister Cutting Amateur 2010, Highpoint Horse Amateur Cutting 2009

Leistung Nachkommen: –

S

Die Vorfahren: Der Vater von **Scottys Breakdancer**, **Doolins Hotrodder**, ist ein Sohn von **Doolins Daddy** aus einer Vollblutstute, die auf den Topvollblüter **Intentionally** zurückgeht. Doolins Hotrodder wurde erfolgreich in Reining, Western Riding und Trail geshowt, überzeugte jedoch noch mehr als Vererber. Er brachte PHCG Europameister, Futurity und Maturity Champions sowie zahlreiche All Around Champions. Die Mutter, **Miss Smokin Scotch**, stammt von **Docs Smokin Lena**, einem der erfolgreichsten Painthengste Europas, aus einer direkten Tochter des AQHA und NSBA Hall of Famers **Scotch Bar Time**. Die Nachkommen dieses Nummer 3 AQHA All Time Leading Sires brachten es bisher auf fast 43.000 AQHA Punkte.

Der Hengst: Scottys Breakdancer ist ein sehr hübscher, gut bemuskelter Hengst im Stockhorse Typ mit solidem Fundament und gutem Charakter. Er ist sehr menschenbezogen und umgänglich. Er ist ein ausgesprochen vielseitiges Pferd mit Cowsense, das seine Athletik und Leistungsbereitschaft im Cutting genauso unter Beweis gestellt hat wie seine Leichtrittigkeit und Zuverlässigkeit im Trail. Der Hengst wird zurzeit als Ranchhorse eingesetzt. Er ist cool bei der Arbeit mit dem Rope und antrittsstark beim Fencework. Seine absolute Stärke liegt im Cutting, wie auch seine neuesten Erfolge beweisen. Seine Nervenstärke beweist dieser Hengst darüber hinaus bei Vorführungen, zum Beispiel auf der Pferd & Jagd in Hannover.

Die Nachkommen: Der erste Fohlenjahrgang dieses Hengstes wird 2011 erwartet.

Doolins Hotrodder	Doolins Daddy	Dial Leos Boy	Broetta / Penny Parade
		Lees Doolin (QH)	Begger Lee (QH) / Lucky Doolin (QH)
	Gallanu (TB)	Dayeynu (TB)	Intentionally / Jolie Deja
		Gallahad's Lady (TB)	Tarry Long / Gallahads Gal
Miss Smokin Scotch	Docs Smokin Lena	Doc Doll	Doc Olena (QH) / Uvalde Doll
		More White Smoke	Mr Gun Smoke (QH) / Harlan Buffy (QH)
	Scotch Beau Miss (QH)	Scotch Bar Time (QH)	Sonny Dee Bar (QH) / Chubby Time (QH)
		Beau Bambi (QH)	Beaus My Daddy (QH) / Step Nicely (QH)

Besitzer: La Mesa Performance Horses
Gerd Wilhelm
Rüdernerstr. 50
D-97357 Prichsenstadt
Tel. +49 (0)9383-7327
Fax +49 (0)9383-904305
lamesahorses@aol.com
www.lamesahorses.com
Station: beim Besitzer
Züchter: Carol Rose, Gainesville, Texas, USA
Deckeinsatz: FS (La Mesa Ranch), TG (LMU München)
Gentest: HERDA n/n, GBED n/n, PSSM n/n
Körung: DQHA Kreuth 2006 (8,29)

Horsemotion

S

Eigenleistung: LTE $ 21.000, 126 Open AQHA Punkte, AQHA Superior 2001 USET Finalist & USET Qualifier Champion USA; 2006 WEG Aachen Multiple NRHA Trophy Champion, Scores 75+; Multiple AQHA Champion, AQHA World Show Finalist

Leistung Nachkommen: Pep N Vintage: LTE $17.600, NRHA Euro-Futurity Int. Open Res. Champion, Open Sechster, Austrian Futurity Res. Champion Open; **Vintage N Style:** LTE $ 4.712, NRCHA USA Top 10 Year End Ltd. Open; **Hickory Vintage:** LTE $ 4.230, AQHA EM Bronze, Multiple Bronze Trophy Champion

Die Vorfahren: Der Vater von **Shiners Vintage, Shining Spark,** stammt vom All Time Leading Cutting und Reining Sire **Genuine Doc**. Der auffallende Palomino Shining Spark war selbst ein AQHA World Champion und wurde aufgrund seiner Leistung als Vererber in die AQHA Hall of Fame aufgenommen. Seine Nachkommen brachten bisher über $ 7,5 Millionen in NRHA und NRCHA Events sowie über 28.700 AQHA Punkte. Allein 57 World Champions und Res. Champions stammen von ihm. Exquisites Pedigree und Eigenleistung finden sich auch auf der Mutterseite von Shiners Vintage: **Taris Vintage**. Die Stute ist eine direkte Tochter von **Doc Tari**, einem Sohn von **Doc Bar**, der sehr erfolgreich in Reining und Cutting war und dessen Nachkommen gemäß Equi-Stat über $ 4,6 Millionen gewannen. Taris Vintage ist eine Vollschwester des All Time Leading Cutting Stallion **Taris Catalyst** und der herausragenden Zuchtstute **Tari Lynn**, deren Fohlen schon über $ 300.000 gewannen. Vor allem hat sich Taris Vintage schon als Vererberin bewiesen: Unter ihren vielen erfolgreichen Nachkom-

men ist auch **Taris Little Vintage**, die NRHA Nr. 1 Producing Dam (**Hollywood Vintage, Taris Designer Genes**) und in der NRHA Hall of Fame ist.

Der Hengst: Shiners Vintage war 2010 der beste in Europa stationierte Sire der NRHA European Futurity in den Open-Klassen. Er ist ein bildschöner, überaus ausdrucksstarker Hengst mit korrektem Gebäude und solidem Fundament. Dies und die überdurchschnittlichen Bewegungen wurden bei der DQHA Hengstkörung in Kreuth 2006 mit Topnoten bewertet (Gebäude 8,75). Der Hengst, der einer der ganz wenigen Söhne von Shining Spark in Europa ist, wurde zunächst von Bob Avila trainiert, der mit ihm kanadischer Futurity Reserve Champion wurde und nur knapp das Open Finale in Oklahoma City verpasste. Viele große Erfolge folgten. Im Jahr 2005 kam Shiners Vintage nach Deutschland und wurde von Uli Kofler, Michael Saupe und Markus Morawitz auf ausgesuchten Turnieren vorgestellt, was in der Mannschaftsqualifikation für die WEG 2006 endete. In der Arena

überzeugt Shiners Vintage durch Persönlichkeit, großes Herz und viel Ausstrahlung bei überaus konstanter Leistung. Seine dynamischen Spins sind sein Markenzeichen.

Die Nachkommen: Seinen Nachkommen vererbt Shiners Vintage sehr stark seinen Typ mit viel Fundament, korrektem Gebäude und Nervenstärke, vor allem aber seine große Leistungsfähigkeit und sein Reining-Talent. Die ‚Shiners' werden vorwiegend in Reining in Open, Non Pro und Youth vorgestellt. Über 20 von ihnen werden bereits erfolgreich geshowt. Unter den Nachkommen von Shiners Vintage sind NRHA Futurity und Derby Finalisten, Res. Champions Open und Non Pro, NRHA Bronze Trophy Champions Open, AQHA Champions in Open, Non Pro und Youth, AQHA Youth World Show Qualifiers, DQHA Fohlenschau Champions, NRCHA USA Top 10 Year End und Futurity Reserve Champions. Dazu kommen Turniererfolge in den USA und Europa in Reining, Working Cowhorse, Roping und Halter.

Shining Spark	Genuine Doc	Doc Bar	Lightning Bar / Dandy Doll
		Gay Bars Gen	Gay Bar King / Princess Piper
	Diamonds Sparkle	Mr Diamond Dude	Blondys Dude / Miss Patsy Blake
		Pollyanna Rose	Clabber Question / Irene Vee
Taris Vintage	Doc Tari	Doc Bar	Lightning Bar / Dandy Doll
		Puros Linda	Puro Tivio / Mattarts Luckylinda
	Minnicks Goldie	Lacys Blue Gold	Blue Gold / Diamond Hancock
		Squaw Minnick	Jim Minnick / Waggoners Sweetheart

SMART LITTLE STITCH
APHA 836879 · Black Tobiano · 2005 · 148 cm

Foto Art, Chris Willkomm

Besitzer: Steffanie Jubelius
Eifelstr. 23
D-53894 Mechernich
Tel. +49 (0)2484-919442
Fax +49 (0)2484-919542
steffanie@reined-cowhorse.de
www.reined-cowhorse.de
Station: Auf Anfrage
Züchter: Daley, Virginia, USA
Deckeinsatz: FS, NS, Kühlsamen auf Anfrage
Gentest: HERDA n/n, OLWS n/n
Körung: Issum 2004, Körnote 7,25

Eigenleistung: –

Leistung Nachkommen: –

Die Vorfahren: **Smart Little Stitch** vereint bestes American Quarter Horse und Paint Horse Blut. Der Großvater **Smart Lil Paradign** ist ein Sohn des legendären **Smart Little Lena** (die Nachkommen dieses Hengstes gewannen über $ 33 Millionen in der Cutting-Arena) aus einer direkten Tochter von **Colonel Freckles**. **Smart Lil Paradign**s Gewinnsumme beläuft sich auf über $ 25.000. Er war u. a. Memphis 4-Year-Old Open Finalist, Texas 5/6-Year-Old Open Champion und Chisholm Trail Open Derby Money Earner.

Seine Mutter **I Dream About U** geht väterlicherseits auf den APHA Foundation und Leading Sire **Hank A Chief** zurück. Mütterlicherseits ist sie doppelt **Pepsi Poco** gezogen – ein Painthengst, der viele NRHA Bronze Trophy Champions hervorbrachte.

Der Hengst: Smart Little Stitch ist ein absolut cooles Ranch- bzw. Cowhorse, das traditionell im Bosal und Two Reins ausgebildet wurde. Er arbeitet hervorragend am Rind und Rope. Ein ausgeglichener, charakterlich einwandfreier Hengst mit korrektem, starkem Fundament mit viel Knochen und guten Hufen. Smart Little Stitch ist beim PHCG und ECHA gekört und ins Hengstbuch I eingetragen. Er ist bei der European Coloured Horse, American Paint Horse Association und Pinto Horse Asssociation of America registriert. Stitch ist homozygot für Tobiano und für Black getestet, d. h. er vererbt die Tobianoscheckung auch mit einfarbigen Stuten und kann keine Füchse bzw. aufgehellte Füchse wie Red Dun oder Palomino produzieren.

Die Nachkommen: Seinen hübschen Kopf und seine Coolness wie auch sein korrektes Gebäude gibt er an seine Fohlen weiter.

Jingo Paradign

- Smart Lil Paradign (QH)
  - Smart Little Lena (QH)
    - Doc Olena (QH) / Smart Peppy (QH)
  - Preliminary Plans (QH)
    - Colonel Freckles (QH) / Gun Smokes Dream (QH)
- Jingobella
  - Silvers Sam I Am
    - C W Silver / JL Skip N Lass
  - Streaking Jill
    - Another Streak / Frosted Sage Bar (QH)

I Dream about U

- Berts Fancy Bar
  - Skip A Bert
    - Hank A Chief / Georgene Cody (QH)
  - Royalshalee Bars
    - Cactus Bar Classic / L Bar B Patches
- Dreamers Delight
  - **Pepsi Poco**
    - Q Ton Ace H / Poco Star
  - Dream About
    - **Pepsi Poco** / Gold Moon

SMART RATTLE SNAKE

Besitzer: Dainmasa Horses
Saadi Hadj-Abdou
A-2801 Katzelsdorf/Wiener Neustadt
Tel. +49 (0)664-3132013
dainmasa@dainmasa.at
www.dainmasa.at

Station: EU-Besamungsstation
H&D Schulz Quarter Horses
Günserstr. 280
A-2700 Wiener Neustadt

Züchter: Helmut Schulz, Österreich

Deckeinsatz: FS, TG

Gentest: –

Körung: –

Christian Kellner

Eigenleistung: Multiple NRHA Bronze Trophy Open Champion, 2007 Mallorca Reining Festival Finalist, 2-mal NRHA European Res. Champion Int. Open, 2006 AQHA Maturity Champion Open, 2006 DQHA Highpoint Horse, 2-mal Austrian Futurity Champion Reining, NRHA Breeders Futurity Top Ten, ROM

Leistung Nachkommen: –

S

Die Vorfahren: Smart Rattle Snake ist der wohl erfolgreichste Nachkomme der Verbindung von **Smartin** und **Jac O Rima** und führt **Doc Bar** sowie **King Fritz** auf beiden Seiten seines Pedigrees. Smartin ist ein direkter Sohn des legendären **Smart Little Lena** aus einer King Fritz Tochter. Dennis Schulz gewann mit diesem Hengst viele NRHA Open Bronze Trophys und qualifizierte ihn für die AQHA World Show. Zu seinen erfolgreichsten Nachkommen zählen neben Smart Rattle Snake **Smart N Artful** und **Many Golden Smarties**.

Die Mutter **Rima O Chexy** stammt von **Jac O Rima** aus einer direkten Tochter des Reserve World Champion All Around Stock Horse und Leading Sire **Cal Bar**. Jac O Rima zählt zu den erfolgreichsten Vererbern von Reining-Pferden in Europa. Mit knapp € 80.000 steht er an Platz 2 der Leading Futurity Sires der NRHA Germany. Er war NRHA Futurity Open Reserve Champion und brachte es auf eine Gewinnsumme von über $ 73.000.

Der Hengst: Smart Rattle Snake vereint Hochleistungspedigree mit Performance und erstklassigem Mind. Ein wirklich außergewöhnlicher, schöner Hengst mit großer Ausstrahlung. Bereits im Alter von fünf Jahren hatte er sein ROM und sein Superior und war Circuit Champion. Seine Erfolge unter Dennis Schulz sprechen für sich. Unter anderem ist er zweifacher österreichischer Futurity Champion und NRHA European Afilliate Reserve Champion in der Intermediate Open. Smart Rattle Snake besticht durch seine Leistungsfähigkeit, seine Ausgeglichenheit und seine Präsenz in der Arena. Ein Ausnahmehengst aus europäischer Zucht.

Die Nachkommen: Seinen Nachkommen gibt dieser Hengst seine Schönheit, seine überdurchschnittlichen Bewegungen und seine große Leistungsbereitschaft ebenso mit wie sein großes Stopvermögen. Der erste Fohlenjahrgang wird 2011 in der Arena erwartet.

Smartin	Smart Little Lena	Doc Olena	**Doc Bar** / Poco Lena
		Smart Peppy	Peppy San / Royal Smart
	Pauleena Chex	**King Fritz**	Power Command / Poco Jane
		Paula Gay	Paul Easter / Mexicali Baby
Rima O Chexy	Jac O Rima	Hollywood Jac 86	Easter King / Miss Hollywood
		Torima	Two Eyed Beaver / Ima Torino
	Chexaco Star	Cal Bar	**Doc Bar** / Teresa Tivio
		Faith Chex	**King Fritz** / Wilma Ray

SMART TOP ENTERPRISE

Besitzer: Golden Grape Ranch
Marco Dexler
Landkommissär Str. 8
D-76829 Landau-Mörlheim
Tel. +49 (0)6341-949631
info@golden-grape-ranch.com
www.smart-top-enterprise.com
Station: beim Besitzer
Züchter: Hans Adam, Parkstein, Deutschland
Deckeinsatz: TG, NS nach Absprache
Gentest: HERDA n/n
Körung: –

Simone Kochanek

Eigenleistung: $ 10.592, NRHA Limited Open Jahreschampion 2006 und 2007, FEQHA European Championship Jr. Reining 2005 Bronze, Deutsche Meisterschaft (FN) 2008: 5. Platz und Qualifikation für Nationalmannschaft

Leistung Nachkommen: Platzierungen und Siege in Tschechien

S

Die Vorfahren: **Smart Top Enterprise** ist einer der erfolgreichsten Söhne von **Smartin Off**, einem der großen Nachkommen des All Time Leading Cutting Sire **Smart Little Lena**. Smart Little Lena ist ein Phänomen. Jahrelang führte der kleine Fuchshengst die Liste der erfolgreichsten Cutting-Vererber an. Über $ 7,6 Millionen verdienten seine Nachkommen bisher in der Cutting-Arena. Dass er nicht nur Top Cutting Pferde machte, beweist Smartin Off. Der Fuchshengst gewann über $ 110.000 in der Show-Arena. Er war NRHA Futurity Reserve Champion 1993, NRHA Limited Open Reserve Champion 1993, NRHA Derby Open Reserve Champion 1993 und AQHA World Reserve Champ. Jr. Reining 1994, WRC Cup Champion Reggio Emilia und Equitana Cup Champion 1995. Wirklich berühmt wurde Smartin Off jedoch durch seine großartigen Leistungen im Cutting unter Sylvia Rzepka. Als Vererber brachte Smartin Off NRHA Futurity Finalists, APHA & APHC Champions, ANCR Champions und APHC und APHA European Champions. **Dunnit Like A Cowboy** zählt zu den erfolgreichsten Söhnen des

NRHA $ 6 Million Sire **Hollywood Dun It**. Der 1990 geborene Bay war AQHA World Champion Jr. Reining 1994, NRHA Futurity Reserve Champion 1993, Lazy E Classic Open Champion 1993, NRHA Superstakes Res. Champion und Dritter auf dem NRHA Derby. Auch in Europa setzte er seine Erfolge fort. Dunnit Like A Cowboy holte zahlreiche NRHA Bronze Trophys und war u. a. Equitana Cup Champion 1997. Auch als Vererber hat er mittlerweile seine Qualitäten bewiesen. Zu seinen bekanntesten Nachkommen zählen der NRHA Breeders Futurity Champion und ANCR Futurity Reserve Champion **Slide On Silver** sowie **Ima Reinman** (u. a. FEQHA European Champion Jr. Reining).

Der Hengst: Smart Top Enterprise wird sowohl im Open als auch im Non Pro Bereich erfolgreich geshowt, was nicht zuletzt auch seinen guten Charakter unter Beweis stellt. Zu den größten Erfolgen des hübschen Fuchshengstes mit der weißen Blesse und den vier weißen Stiefeln zählen die Bronzemedaille auf der European Championship of American Quarter

Horses 2005 in Junior Reining Open, zweimal in Folge Jahreschampion bei der NRHA Germany in der Klasse Limited Open und Fünfter auf der Deutschen Meisterschaft Reining (FN) 2008. Zudem war er Bestes Jungpferd der EWU 2004, AQHA World Show Qualifier 2005, NRHA Breeders Derby Limited Open Reserve Champion 2007. Smart Top Enterprise ist ein Eyecatcher mit sanftem Charakter und Charisma. Ein bildschöner, kräftiger Hengst, der seinen Vater Smartin Off nicht verleugnen kann.

Die Nachkommen: Smart Top Enterprise ist ein American Quarter Horse Hengst mit hervorragendem Charakter, den er an seine Nachzucht genauso vererbt wie Typ und sein starkes Fundament. Zu seinen bislang erfolgreichsten Nachkommen zählen **AP Smart Top Dunnit** (erfolgreich unter der tschechischen Kaderreiterin Klara Salkova), **Smart Top Jet** unter Martina Valickova und in naher Zukunft **Smarttop Slidefighter** unter Jacqueline Quell.

Smartin Off	Smart Little Lena	Doc Olena	**Doc Bar** / Poco Lena
		Smart Peppy	Peppy San / Royal Smart
	Miss Cal Sen	Cal Bar	**Doc Bar** / Teresa Tivio
		Miss Mac Sen	Mr Mcbarr / Miss Sen Sen
Dunnit Like A Lady	Dunnit Like A Cowboy	Hollywood Dun It	Hollywood Jac 86 / Blossom Berry
		Stages Melody	Skip N Stage / Billiettas Jewel
	Top Lady Gunner	Be Aech Enterprise	Squaw Leo / Enterprise Lady
		Gunners Pollyanna	Hollywood Smoke / Golly Polly

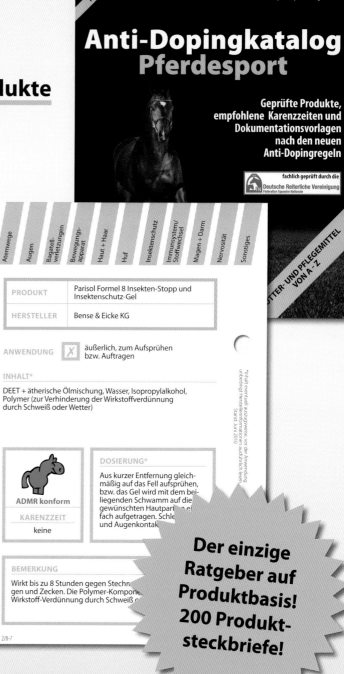

Besitzer: Anja Vogelsgesang
Rudersberger Str. 60
D-71573 Allmersbach
Tel. +49 (0)7191-930710
Fax +49 (0)7191-930711
info@v-qh.de
www.v-qh.de

Station: beim Besitzer
Züchter: Michael Zender
Deckeinsatz: NS
Gentest: –
Körung: –

S

Horsemotion

Eigenleistung: NRHA Money Earner, bestes Jungpferd 2004 German Open, Grand Champion Stallion, Siege und Platzierungen in Open NRHA, AQHA, DQHA, EWU Reining, Pleasure und Trail (AQHA, DQHA, EWU), Bronze Trophys Open, Sire of Point Earners

Leistung Nachkommen:
Frostie First Choice: platziert in Open Pleasure und Hunter
Expensive Lil Choice: erfolgreich in Amateur Allround Klassen
Ima Matter of Choice: zweifach Open Yearling Halter Champion

Die Vorfahren: **Smartest Choice** ist ein Sohn von **Smartin**, dem in Österreich stehenden, bekannten Sohn von **Smart Little Lena**, mit dem Dennis Schulz seit vielen Jahren international hoch erfolgreich ist. Smartin hat zahllose NRHA Bronze Trophys gewonnen. Er war 1998 Int. Highpoint Reining, 1999 World Show Qualifier und hat sein ROM Performance Open sowie 33,5 Performance Points. Auch seine Nachkommen sind längst sehr erfolgreich in der Show-Arena. Zu seinen besten zählen **Smart Rattle Snake**, **Many Golden Smarties** und **Smart N Artful**, um nur drei zu nennen.

Die Mutter **Alicia San Peppy** geht väterlicherseits über **Peps Amber Notice** auf **Doc Bar** zurück und mütterlicherseits auf **Expensive Hobbit**, einen Vollbruder von **Expensive Hobby**, der auch der Vater von **Ritas First Buck** und **Hobbits Zip** ist.

Der Hengst: Smartest Choice besticht durch viel Charme, überragende Bewegungen und einen Traumcharakter. Sein edler, ausdrucksstarker Kopf ist sein besonderes Markenzeichen. Seine Vielseitigkeit hat er mit vielen Siegen und Platzierungen in diversen Disziplinen unter Beweis gestellt – von Reining bis Western Pleasure und sogar Halter. Ein Top All Arounder mit perfekten Manieren. Es ist ein Vergnügen, mit ihm umzugehen.

Die Nachkommen: Die Nachkommen dieses Hengstes sind in den Bereichen Amateur und Open erfolgreich. Sie fallen auf durch viel Ausstrahlung, typvolle, hübsche Köpfe und nicht zuletzt ihren sehr umgänglichen, menschenbezogenen Charakter.

Smartin	Smart Little Lena	Doc Olena	Doc Bar / Poco Lena
		Smart Peppy	Peppy San / Royal Smart
	Pauleena Chex	King Fritz	Power Command / Poco Jane
		Paula Gay	Paul Easter / Mexicali Baby
Alicia San Peppy	Peps Amber Notice	Doc Notice	Docs Solano / Take Notice
		Caramela Peppy	Mr San Peppy / La Caramela
	Expensive Enough	Expensive Hobbit	Hobby Horse / Jans Helen
		Twenty Twos Second	Sugars Bar Bob / Poco 22

SMOOTH SUGAR DEVIL »DEVIL«

AQHA 3856184 · Black · 1999 · 153 cm

Anna Gall

Besitzer: Mel & Heinz H. Nordmeyer
Am Langen Damm 2
D-31226 Peine
Tel. +49 (0)5171-216 07
handorfquarterhorses@yahoo.com
www.lsph.de

Station: EU Besamungsstation
Bombeck Stallion Service
Bombeck 24
D-48727 Billerbeck
Tel. +49 (0)2543-239012
info@bombeck-qh.de
www.bombeck-qh.de

Züchter: Dr. Sierigk, Liepen, Deutschland

Deckeinsatz: KS

Gentest: –

Körung: –

Eigenleistung: –

Leistung Nachkommen:
BH Smooth Gentleman: FEQHA European Res. Champion Open, World Show Qualifier 2008
Smooth Bonny Dee Bar: FEQHA European Championship 4. Platz Mares Open

---

Die Vorfahren: Smooth Sugar Devil verbindet zwei sehr interessante Blutlinien: Über den Vater geht er mehrfach auf **Three Bars** zurück, über die Mutter auf Hank Wieskamps World Champion Sire **Skipper W**. Der Vater **Genuine Sugar** stammt von **Genuine Doc** aus der **Ima Sugar Vandy** von dem NRCHA Hall Of Famer und Leading Sire Of Snaffle Bit Futurity Winners **Sugar Vandy**. Genuine Doc ist ein direkter Sohn der Quarter Horse Legende **Doc Bar** aus der zweifachen NCHA Non Pro Champion Stute **Gay Bars Sen**. Der Hengst, der fast $ 24.000 in der Cutting-Arena gewann und AQHA Rerserve World Champion Senior Cutting war, ist ein All Time Leading Cutting und All Time Leading Reining Sire. Genuine Sugar, der auf der Palomino-Farm der Familie Köhn steht, hat sein ROM Performance und 76,5 AQHA Performance Points. Unter seinen 72 Nachkommen sind 37 mit Turniererfolgen in verschiedenen Disziplinen, darunter zahlreiche Superiors, AQHA Champions, Grand Champions und All Around Champions. Die Mutter **Smooth N Scotch** wurde auf der Circle L Ranch gezüchtet. Sie ist eine Tochter von **Smooth N Call** aus der **Scotch Silent** (von dem AQHA Superior Halter Sire **St Silent**). Smooth N Call, der von dem Wiescamp Hengst **Smooth N Fine** stammte, kam 1992 nach Deutschland. Er verkörperte vom Exterieur wie vom Charakter her das typische American Quarter Horse.

Der Hengst: Smooth Sugar Devil ist ein Traum in Schwarz, der in Deutschland gezüchtet wurde. Ein bildschöner, ausdrucksstarker Hengst mit starkem, korrektem Fundament, ausgeprägter Muskulatur und überdurchschnittlichen Bewegungen. Smooth Sugar Devil steht im klassischen Foundation-Typ und zeichnet sich durch einen exzellenten Charakter, große Ruhe und Gelassenheit aus. Ob auf dem Turnier oder im Gelände – selbst unter größtem Druck beweist er seine Nervenstärke und Zuverlässigkeit. Ein American Quarter Horse, wie es im Buche steht. Smooth Sugar Devil hat sowohl die geführte als auch die gerittene Gelassenheitsprüfung der FN mit Bravour bestanden. Der Hengst wurde von Jutta Beckmann 2007 in Hun-

ter und Western Pleasure vorgestellt und war mehrfach sehr gut platziert. Danach wurde er laut Züchter zugunsten seiner Nachkommen **BH Smooth Gentleman** und **Smooth Bonny Dee Bar** nicht mehr oft geshowt.

Die Nachkommen: Der Hengst hat seine Qualitäten nicht nur bei American Quarter Horse Stuten, sondern auch bei Paint Horse und Appaloosa Stuten bewiesen. Seine Nachkommen zeichnen sich wie er durch große Ausgeglichenheit und Gelassenheit aus. Zudem gibt er sein gutes Exterieur und seine hervorragenden Bewegungen an seine Fohlen weiter. Auch in der Show-Arena haben die ,Devils' bereits ihre Leistungsfähigkeit gezeigt und präsentieren sich insbesondere als Pleasure und Hunter Prospects. Zu seinen herausragenden Nachkommen gehört BH Smooth Gentleman. Dieser Hengst, der 2007 von der DQHA mit der Wertnote 8,15 gekört wurde, war unter anderem FEQHA European Reserve Champion 2-Year-Old Stallions und World Show Qualifier.

Genuine Sugar	Genuine Doc	Doc Bar	Lightning Bar / Dandy Doll
		Gay Bars Gen	Gay Bar King / Princess Piper
	Ima Sugar Vandy	Sugar Vandy	Sugar Bars / Vandys Katsy
		Morris Chesty	Coaster / Miss Chesty
Smooth N Scotch	Smooth N Call	Smooth N Fine	Spanish Fine / Smooth Maiden
		Skippa Heritage	Skips Heritage / Skippa Fling
	Scotch Silent	ST Silence	ST Royal / Saint Rita
		Scotch Reward	Skips Cadet / Scotch Coinage

Besitzer: Angela & Wolfgang Schöninger
Hauptstr. 36
A-8720 St. Margarethen
Tel. +43 (0)664-75045890
office@westerntrainer.at
www.snappylenatoo.at

Station: beim Besitzer
Züchter: Giuliano Profeti, Italien
Deckeinsatz: NS, TG
Gentest: –
Körung: –

Sabine Stremitzer

Eigenleistung: 2004 Year End Winner AQHA Open Junior Reining und 2. Platz DQHA Highpoint Horse, ROM Reining, NRHA Money Earner, NRHA EM Qualifikation 2006, 2. Platz Int. Open, 4. Platz Lim. Open, NRHA EM 7. Platz Int. Open, Lim. Open Reserve Champion

Leistung Nachkommen:
Die ersten Nachkommen werden ab Herbst 2011 geshowt.

Die Vorfahren: Snappy Lena Too ist ein Sohn des bekannten **Snapper Cal Bar**. Dieser Cal Bar Sohn war nicht nur erstklassig gezogen, sondern beeindruckte durch seine Eigenleistung und noch mehr durch seine Qualitäten als Vererber. Snapper Cal Bar gewann über $ 250.000 in der Cutting-Arena, war NCHA Non Pro Futurity Champion, NCHA Open Derby Co-Champion, ICHA Maturity Champion und AQHA European Champion Senior Cutting. Viele Jahre lang war er einer der erfolgreichsten Vererber Europas und brachte Futurity und Derby Champions. Einer seiner weltweit bekanntesten Söhne dürfte **Master Snapper** sein, der im Jahr 2006 unter seiner Trainerin Kelly Zweifel nach einer spektakulären Performance die Open, Intermediate Open und Limited Open Divisionen das NRHA Derby gewann – mit einem 232er Score. Die Mutter **Denver Darling** ist eine Tochter des Equi-Stat All Time Leading Cutting Sire **Tanquery Gin**. Dieser Hengst stammte von **Doc Olena**, einem der bekanntesten Söhne von **Doc Bar** aus der Superior Cutting-Stute **Gin Echols**. Tanquery Gins Nachkom-

men gewannen über zwei Millionen Dollar. Zu den bekanntesten zählen **Gins Solano** (NCHA Open Breeders Cup Champion, TQHA National Stakes 4-Year-Old Open Champion), **Miss Beefeater Gin** (Harrahs Open Futurity Champion, PCCHA Open Futuirty Co-Champion, Northwest Open Futurity Champion) und **Chopstick** (NCHA Non-Pro Futurity und NCHA Superstakes Non Pro Classic Finalist).

Der Hengst: Ein ausgesprochen freundlicher, ehrlicher und sehr ausgeglichener Hengst, der stets arbeitswillig und verlässlich ist. Selbst in der Decksaison zeigt er keinerlei schlechte Manieren und ist jederzeit einfach im Training und Umgang. Snappy Lena Too ist ein absoluter Athlet, gut bemuskelt und mit überragenden Bewegungen ausgestattet. Der in Italien gezogene Hengst ist das Ebenbild seines Vaters Snapper Cal Bar und hat nicht nur dessen Aussehen, sondern auch sein Talent für Reining geerbt, welches er durch seine bereits angeführten Eigenleistungen beeindruckend bewiesen hat. Zudem zeigt er ausge-

sprochenen Cowsense. Damit ist er nicht nur für die Reining-Zucht, sondern auch für Reined Cow Horse und Cutting eine interessante Wahl.

Die Nachkommen: Der erste Fohlenjahrgang dieses Hengstes wird 2011 erstmals auf Turnieren gezeigt. Im Training erweisen sie sich als leichtrittig und gut trainierbar. Snappy Lena Too gibt seinen Nachkommen seine Athletik und seine guten Bewegungen ebenso mit wie seinen hervorragenden Charakter. Alle Nachkommen sind außerordentlich hübsch und korrekt gebaut. Sie sind schon als Babys ausgesprochen gelehrig. Farblich kommen die Fohlen gerne nach der Farbe der Mutter.

Snapper Cal Bar	Cal Bar	**Doc Bar**	Lightning Bar / Dandy Doll
		Teresa Tivio	Poco Tivio / Saylors Little Sue
	Cee Miss Snapper	Cee Bars	Three Bars / Chicaro Annie C
		Miss Gold 59	Hollywood Gold / Miss Ollie
Denver Darling	Tanquery Gin	Doc Olena	**Doc Bar** / Poco Lena
		Gin Echols	Ed Echols / Gin Squirt
	Denver Dotty	Two Eyed Jack	Two D Two / Triangle Tookie
		Dot Pat Star	Pat Star JR / My Tad

SONNYS TACO BAR

APHA 473789 · Black Tobiano · 1998 · 153 cm

Sabine Sebald

Besitzer: Klaus und Gudrun Neuhaus
Hagerheide 3
D-31592 Stolzenau
Tel. +49 (0)5761-908661
Fax +49 (0)5761-908664
sevengateranch@freenet.de
www.seven-gate-ranch.com
Station: beim Besitzer
Züchter: Gerhard Rust, Bremen, Deutschland
Deckeinsatz: NS
Gentest: –
Körung: –

Eigenleistung: APHA Europameister Working Cowhorse
Mehrfacher PHCG Deutscher Meister Cutting und Working Cowhorse
Mehrfach Highpoint Horse Cutting und Working Cowhorse
ROM Trail und Working Cowhorse

Leistung Nachkommen:
Tacos Showboots: 2010 PHCG Deutscher Meister Jr. Trail, Bronze Cutting Open
Tacolena: Siege und Platzierungen in diversen Disziplinen

Die Vorfahren: Der Vater von **Sonnys Taco Bar**, **Sonnys Last Echo**, geht zurück auf den großen Quarter Horse Vererber **Sonny Dee Bar**. Dieser Hengst war selbst AQHA Champion und hatte sein Superior in Halter. Der AQHA Hall of Famer zählt zu den Leading Sires. Seine Nachkommen erzielten über 18.000 AQHA Performance Points und über 6.000 Halter Points. Allein 15 World und National Champions sind darunter. Die Mutter **Rebell of Refund** ist eine direkte Tochter des APHA National Res. Champions Team Roping **Refund**. Zwei der bekanntesten Nachkommen dieses Hengstes sind **Refund Junior**, der unter Kay Wienrich u.a. 1984 Res. European Champion Jr. Working Cowhorse und 1986 European Champion Sr. Working Cowhorse war, und die Stute **Choice Pepper**, die unter Roger Kupfer European Champion Snaffle Bit Reining war.

Der Hengst: Sonnys Taco Bar ist ein überaus vielseitiger Hengst von bestem Charakter und großer Nervenstärke. Dies und sein Cowsense machen ihn zu einem hervorragenden Ranchhorse. Seine Nervenstärke gibt Sicherheit und beeindruckt die Zuschauer bei Vorführungen auf großen Messen wie der Pferd & Jagd in Hannover. Er ist ein unglaublich zuverlässiges Pferd, das immer versucht herauszufinden, was sein Reiter von ihm will. Doug Milholland drückte es einmal so aus: „A great horse with a very good mind!" Ein Top All Arounder mit überragenden Bewegungen.

Die Nachkommen: Seinen Nachkommen gibt dieser Hengst seine Leistungsbereitschaft und seinen ausgesprochenen Cowsense mit. Sie sind leicht zu trainieren, umgänglich und zuverlässig und ausgesprochene All Arounder mit Schwerpunkt Cutting.

Sonnys Last Echo	Sonnys Echo	Sonny Dee Bar (QH)	Win Or Lose (QH) / Chiggers Baby (QH)
		Jewels Echo	Flying Jewel H / Beavers Blackie
	Nickie Skip	Kojack Showbar	Mr Show Bars / Skip Endora Nick
		Skips Red Deer (QH)	Skippers Lad (QH) / Short Sis (QH)
Rebell of Refund	Refund	Painted Tuffy	Tuffy II / Mare By Billy Van W
		Showdown Angel	Showdown Shadow / Nifty Jo
	Rebelita	Rebel Bar	Taco Three Star / Cheyqueda
		Kitty Russell	Jimmie Russell / Grade Mare

136

Besitzer: Robertas Stable
Via Monera, 40
I-12020 Villafalletto (CN)
Tel. +39 (0)171- 947003
Fax +39 (0)171-947914
Mobil +39 348-3636358
www.robertasstable.com
Station: beim Besitzer
Züchter: –
Deckeinsatz: FS
Gentest: –
Körung: –

Andrea Bonaga

S

Eigenleistung: LTE über $ 55.000, NRHA Open Derby Finalist, Southwest Futurity Res. Champ. u. Ltd. Open Champ., NRHA Ltd. Open Fut. Champ., Top Ten NRHA World Championship, Lazy E Finalist, 2000 Americana Bronze Trophy Non Pro Champ., 2001 ANCR Open und Congress Open Champ.

Leistung Nachkommen: RS Sheza Spat Olena: 2004 French Derby Non Pro Champ., ANCR Fut. Platz 6; **RS Candy Olena:** 2004 IRHA Futurity Non Pro Champion; **RS Rambolena:** 2005 NRHA Breeders Fut. Open Champ., ATCR Fut. Champ.; **RS Dasy Oak Olena:** 2005 French Fut. Open Champ.

Die Vorfahren: Der Vater von **Spat Olena**, **Smart Chic Olena**, ist einer der besten Söhne des legendären **Smart Little Lena** aus einer **Gay Bar King** Stute. Smart Chic Olena war 1990 AQHA World Champion Sr. Cutting Open und 1993 AQHA World Champion Sr. Reining Open und gewann allein im Cutting über $ 167.000. Die Nachkommen des NRHA Hall of Famers haben mittlerweile weit über $ 10 Millionen gewonnen sowie über 19.000 AQHA Points geholt. Die Mutter, **Steps Little Remedy**, ist eine Tochter des CRCHA Million Dollar Sire **Docs Remedy** aus einer Enkelin des Leading Sire **Big Step**.

Der Hengst: Spat Olena präsentiert sich als ausdrucksstarker und typvoller Brauner mit bestem Pedigree und beachtlichem Show Record. Der Hengst wurde in den USA gezüchtet und dort vielfach erfolgreich vorgestellt (u.a. Ltd. Open Futurity Champion). 1999 kam Spat Olena zu Claudio Risso (Robertas Stable) nach Italien, der ihn im Non Pro Bereich vorstellte und u.a. die Americana Non Pro Bronze Trophy 2000 mit ihm gewann.

Die Nachkommen: Spat Olenas Nachkommen haben zahllose Erfolge in ganz Europa errungen – im Open wie im Non Pro Bereich. Unter ihnen sind deutsche, italienische und französische Futurity Champions.

Smart Chic Olena	Smart Little Lena	Doc Olena	**Doc Bar** / Bopco Lena
		Smart Peppy	Peppy San / Royal Smart
	Gay Sugar Chic	Gay Bar King	Three Bars / Gay Widow
		Chicy Little	Frisco / Bay Sugar Chic
Steps Little Remedy	Docs Remedy	**Doc Bar**	Lightning Bar / Dandy Doll
		Teresa Tivio	Poco Tivio / Saylors Little Sue
	Steps Little Scoot	Steps Front Sock	Big Step / Flirty Fox
		Scoots Kelly	Silver Scoot / Sue Pudden

STAR SPANGLED WHIZ
AQHA · Sorrel · 2000

Archiv Bevilacqua

Besitzer: Fabrizio Bevilacqua
Bevilacqua Quarter Horses
Via Poggio Pelato, Loc. Pescia Fiorentina
I-58011 Capalbio (GR)
info@bevilacquaquarterhorses.it
www.bevilacquaqh.it

Station: beim Besitzer
Züchter:
Deckeinsatz: TG
Gentest: –
Körung: –

Eigenleistung: LTE über $ 66.000; 2008: Derby Champion Italien, Reserve Champion 23 Classic, Champion Swiss Slide, Champion Garden of England Show, Champion European Reining Challenge Tour, NRHA Reserve World Champion; 2009: NRHA World Champion Open

Leistung Nachkommen: –

Die Vorfahren: Das Pedigree von **Star Spangled Whiz** spricht für sich. Der Vater **Topsail Whiz** ist der Equi-Stat Nummer 1 Leading Sire von Reining-Pferden. Der NRHA Hall of Famer, der leider 2009 starb, gewann selbst fast $ 50.000 in der Reining-Arena, seine Nachkommen brachten es auf über $ 6 Millionen. Unter ihnen sind World Champions, Futurity Champions und Congress Champions. Die Mutter **Sheza Shady Slider** ist eine Tochter des großen **Shining Spark** aus einer Stute von **Kims Pica Pride**, einem AQHA World Champion Senior Cowhorse und Superior Reining Hengst. Der AQHA Hall of Famer und Leading Sire Shining Spark war selbst World Champion. Seine Nachkommen gewannen bei der NRHA über $ 3 Millionen und weitere $ 3 Millionen bei der NRCHA.

Der Hengst: Star Spangled Whiz hat Reining-Geschichte geschrieben, als er 2008 das italienische Derby unter Rudi Kronsteiner mit einer 236 gewann – dem höchsten Score, der je in Europa vergeben wurde und dem zweithöchsten weltweit. In der Show-Arena brilliert dieser Hengst mit unglaublichen Manövern, überragendem Stopvermögen und enormer Ausstrahlung. Nicht umsonst sagte Rudi Kronsteiner über diesen Hengst: „Er ist ein Freak – ein absolutes Ausnahmepferd mit grandiosem Stopvermögen." Star Spangled Whiz steht mittlerweile wieder bei seinem Besitzer in Italien und wird jetzt vom Trainer der Ranch Cody Sapergia geshowt. Ein Reining-Hengst der absoluten Ausnahmeklasse.

Die Nachkommen: Der erste Fohlenjahrgang von Star Spangled Whiz wird 2011 erwartet.

Topsail Whiz	Topsail Cody	Joe Cody	Bill Cody / Taboo
		Doc Bar Linda	**Doc Bar** / Bettys Mount
	Jeanie Whiz Bar	Cee Red	Cee Bars / Miss Jo Holly
		Jeanie Whiz	Billys Whizzer / Jeanie Bugle
Sheza Shady Slider	Shining Spark	Genuine Doc	**Doc Bar** / Gay Bars Gen
		Diamonds Sparkle	Mr Diamond Dude / Pollyanna Rose
	Meesan Okie Bailey	Kims Pica Pride	Okie Leo / Kims Pica
		Melees Bailey	Gold Bailey Boy / Me Lee Bar

Besitzer: AM Steinhäusle Ranch
Alexander und Marija Eberhardt
Lange Str. 125
D-89129 Langenau
Mobil +49 (0)174-5759832
Tel. +49 (0)7345-506066
Fax +49 (0)7345-506067
Am-Steinhaeusle-Ranch@gmx.de
www.am-steinhaeusle-ranch.de

Station: beim Besitzer
Züchter: Kai Rodiger, Oranienburg, Deutschland
Deckeinsatz: NS
Gentest: OLWS n/n
Körung: –

Antje Adomeit

Eigenleistung: –

Leistung Nachkommen: –

S

Die Vorfahren: Der Vater **Strait Docs Sug** war PHCG Highpoint Cutting Horse 2005. Dieser Hengst ist ein Sohn von **Strait From Texas** aus einer **Tru Bruiser** Tochter. Strait From Texas war eines der erfolgreichsten Performance Paint Horses aller Zeiten. Er stammte von **Ris Key Business**, dem sechsfachen APHA World und National Champion und Nr. 4 Lifetime Leading Reining Stallion.

Die Mutter **Cactus Bar Tasha** hat bereits viele gute Fohlen gebracht, darunter auch APHA European Champions. Die Stute ist doppelt **Cactus Bar Classic** gezogen.

Der Hengst: Straits Painted Win ist ein junger Nachwuchshengst, der erst seit kurzem unter dem Sattel ist. Er soll 2011 erstmals auf Turnieren vorgestellt werden. Der stark bemuskelte Hengst präsentiert sich als lernwillig und eifrig mit exzellenten Manieren und einem ausgesprochenen Talent für Reining (ausgezeichnetes Stopvermögen) und Cutting. Er verfügt über große Nervenstärke und einen absolut umgänglichen Charakter, ist sehr einfach im Umgang und zeigt keinerlei Hengstmanieren oder Widersetzlichkeiten. Straits Painted Win wird für das Jahr 2011 PHCG und NRHA einbezahlt.

Die Nachkommen: Das erste Fohlen von Straits Painted Win kam im Mai 2010 zur Welt. **EMH Win's Taro** ist das exakte Ebenbild seines Vaters: ein kleines Muskelpaket in Black Tobiano. Straits Painted Win hat den Gentest für die Rappfärbung (aa: homozygot für Rappen, keine Füchse) und den Gentest für die Tobianozeichnung (ToTo: homozygot für Tobiano).

Straits Docs Sugs	Strait From Texas	Ris Key Business	Cheyenne Moon Bar (QH) / Happiness Is
		Gunners Pollyanna (QH)	Hollywood Smoke (QH) / Golly Polly (QH)
	Docs Model	Tru Bruiser	Painted Tru Tru / Lily Quadrille
		Lucky Sugs (QH)	Doc Sugs Model (QH) / Locky Boston Kim (QH)
Cactus Bar Tasha	**Cactus Bar Classic**	**Cactus Banner B**	Cactus Bars (QH) / Nites Lady Banner
		Poco Morn (QH)	Dino Dell (QH) / Triangle Morn (QH)
	Classic Tasha	**Cactus Bar Classic**	**Cactus Banner B** / Poco Morn (QH)
		Bahram Tasha	Puerto Rico (TB) / Harvest Ann

Erleben Sie großartige Segelabenteue auf einem einzigartigen Schiff...

Besitzer: Westernreitstall Spardorf
Brigitte Munkert
Marloffsteiner Str. 1a
D-91080 Spardorf
Tel. +49 (0)178-4517610
Station: beim Besitzer
Züchter: Brigitte Munkert
Spardorf, Deutschland
Deckeinsatz: NS
Gentest: –
Körung: Hengstbuch II,
noch nicht zur Körung vorgestellt

Art & Light

Eigenleistung: PHCG Futurity Res. Champion Weanling Stallions
PHCG Futurity Champion 2-Year-Old Stallions, mehrfacher PHCG Deutscher
Meister Halter, mehrfacher APHA European Reserve Champion
mehrfach Highpoint Horse Halter Open 2008

Leistung Nachkommen:
Erster Deckeinsatz 2010

Die Vorfahren: Der Hengst ist ein Sohn des PHCG Elitehengstes und Leading Sire **Hesa Rockin Review**, der wiederum vom Superior Halter und Superior Western Pleasure Hengst **Openingnite Review** abstammt. Openingnite Review, ein Sohn des AQHA All Time Leading Sires **Impressive Review**, war Solid Gold Futurity Western Pleasure Winner in den USA, APHA European Champion und Deutscher Meister sowie mehrfach Highpoint Horse und stand 30-mal Grand Champion.

Die Mutter **ST Tardys Charmer** ist eine direkte Tochter von **Tardy Too**, der ein AQHA All Time Leading Sire ist und mehrere World Champions brachte. ST Tardys Charmer ist PHCG Elitestute mit einer Stutbucheintragungsnote von über 8,0. Sie verfügt über ein exzellentes Gebäude, ist sehr großrahmig und kräftig mit einem wunderschönen, rassetypischen Kopf und einem sehr menschenfreundlichem Wesen. Sie brachte bereits mehrere sehr erfolgreiche Nachkommen, darunter **Revolution Review** (Superior Halter

Horse Open, ROM Halter Open, Champion of Champion Producer 2003 bei DQHA & PHCG, 92,5 Halter Points, 30 Grand Champion Titel, 18 Reserve Champion Titel), **Charmers Nite** (PHCG Elitestute, Siegerstute Bundesstutenchampionat, ROM Halter und Western Pleasure, Europameistertitel in Horsemanship, Pleasure und Halter, mehrere Silber- und Bronzemedallien auf den European Paint Horse Championships, Bayerischer Meister Halter und Western Pleasure, erfolgreich auch auf NSBA und VWB Shows vorgestellt, Highpoint Horse Amateur Western Pleasure und Horsemanship 2007, 30 Halter Points, 16 Perf. Points), **MB Tardys Review** (Siegerfohlen PHCG Fohlenschau mit 8,0 Prämienfohlen 1a, PHCG Futurity Reserve Champion Weanling Mares Late 2005), **Tardys Cute Traveler** (PHCG Futurity Weanling Mares, Reserve Champion PHCG Futurity Yearling Mares).

Der Hengst: Tardys Best Review ist ein kräftiger, im Stocktyp stehender Hengst mit ruhigem, ausgeglichenem Charakter, dabei sensibel und freundlich. Ein gut

bemuskeltes Pferd mit sehr kräftigen, korrekten Gelenken und starken Röhrbeinen. Sein korrekter Bau und die guten Bewegungen schlugen sich bereits in entsprechenden Noten bei Fohlenschauen und bei Halter Shows nieder. Unter anderem war er bereits PHCG Futurity Champion, Deutscher Meiser und European Reserve Champion sowie Highpoint Horse und stand mehrfach Grand Champion. Ein viel versprechender, in Deutschland gezüchteter Nachwuchshengst, der sicherlich auch unter dem Sattel seinen Weg gehen wird.

Die Nachkommen: Der erste Fohlenjahrgang wird 2011 erwartet. Seine Nachkommen sind in das PHCG Futurity Programm einbezahlt.

Hesa Rockin Review	Openingnite Review	Impressive Review (QH)	Pretty Ipressive (QH) / Taffy Skip (QH)
		Sheza Gallant Hug	Gallant Hug / Ole Apple Dude (QH)
	Southern Girl	Royal Dynasty	Royal Splendor (QH) / Snipper's Buttons (QH)
		Poli Power Chic (QH)	Moore Chic (QH) / Poli Carline (QH)
ST Tardys Charmer (QH)	Tardy Too (QH)	Main's Leo Buck (QH)	Leo (QH) / Main's Sorrel Miss (QH)
		Pretty Plush (QH)	Disturbance (QH) / Hat Seven Ate (QH)
	Surely Sweet (QH)	Sweet Sandy Cue (QH)	Bar Y Sandy (QH) / Sailors Dulce (QH)
		Goldie Cash (QH)	Sure Cash (QH) / Little Willie (QH)

TARI SMART LENA

Besitzer: Forest Creek Ranch
Heike Nixdorf und Mario Karner
Ladinach 244
A-9181 Feistritz im Rosental
Tel +43 (0)4228-39140
office@forest-creek-ranch.at
www.forest-creek-ranch.at
Station: beim Besitzer
Züchter: Francesca Burlon, Sedegliano, Italien
Deckeinsatz: NS, TG erhältlich bei der Station
Gentest: PSSM n/n
Körung: –

K.J. Guni

Eigenleistung: LTE $ 1.038,65
NRHA Money Earner
AQHA Point Earner

Leistung Nachkommen: –

T

Die Vorfahren: Tari Smart Lena vereint die großen Vererber **Doc Bar** (mehrfach), **Colonel Freckles** und **Peppy San Badger** in seinem Pedigree. Der Vater **Im So Tari** ist einer der erfolgreichsten Söhne des NCHA Champion Sire **Taris Catalyst** aus einer direkten Tochter des NCHA Futurity Champions und AQHA Hall of Famers Colonel Freckles. Im So Tari war NRHA USA Open Futurity Reserve Champion 1997, unter den Top Ten auf der AQHA World Show in Junior Reining 1998, ANCR Open Maturity Reserve Champion 1999 und Dritter (für Italien) im USET Nations Cup in Gladstone 2000. Auf der Mutterseite finden wir eine direkte Tochter von **Smart Little Lena** aus einer Peppy San Badger Tochter. Der NCHA Triple Crown Champion und NCHA World Champion Smart Little Lena gewann selbst über $ 577.000. Seine Nachkommen brachten es auf satte $ 33,6 Millionen allein in der Cutting-Arena. Peppy San Bader war NCHA Futurity und Derby Champion und wurde in die AQHA und NCHA Hall of Fame aufgenommen.

Der Hengst: Tari Smart Lena ist ein kräftig bemuskelter, korrekt gebauter Hengst, der erst vor kurzem nach Deutschland kam. Der typvolle Bay wurde in Italien gezüchtet und dort bereits erfolgreich in Reining vorgestellt. In der Arena beeindruckt er durch viel Ausstrahlung und Leistungswillen. Er soll jetzt von Grischa Ludwig geshowt werden. Ein beeindruckender Brauner mit überragenden Bewegungen und bestem Charakter, von dem man sicher noch viel hören wird!

Die Nachkommen: Der erste Fohlenjahrgang wird 2011 erwartet.

Im So Tari	Taris Catalyst	Doc Tari	**Doc Bar** / Puros Linda
		Minnicks Goldie	Lacys Blue Gold / Squaw Minnick
	Miss Sayo Freckles	Colonel Freckles	Jewels Leo Bar / Christy Jay
		Sayo O Lena	**Doc Olena** / Sayo
Dont Leana	Smart Little Lena	**Doc Olena**	**Doc Bar** / Poco Lena
		Smart Peppy	Peppy San / Royal Smart
	Little Sissy Oak	Peppy San Badger	Mr San Peppy / Sugar Badger
		Oaks Charm	Docs Oak / Sugar Sissy

K.J. Guni

Besitzer: Greenway Stables
Zandven 14
NL-4625 DH Bergen OP Zoom

Station: Gestüt Ludwig Quarter Horses
Schwantelhof 2
D-72475 Bitz
Tel. +49 (0)7431-81979
Fax +49 (0)7431-81978
contact@lqh.de

Züchter: MMCO Corp., Illinois, USA

Deckeinsatz: NS, TG über Equine Concepts

Gentest: HERDA n/n, PSSM n/n, OLWS n/n

Körung: –

Eigenleistung: LTE über $ 135.000
NRHA Open Futurity Dritter 2006
NRHA Open Derby Finalist
Dixie RHA Futurity Open Champion

Leistung Nachkommen:
Der erste Fohlenjahrgang des Hengstes wird 2011 geshowt.

Die Vorfahren: **The Great Guntini** vereint bestes American Quarter Horse Blut. Der Vater, der sowohl als American Quarter Horse als auch als American Paint Horse eingetragene **Colonels Smokingun (besser bekannt als Gunner),** ist der erste Painthengst, der NRHA Million Dollar Sire wurde. Gunner ist ein Sohn des NRHA All Time Leading Sires **Colonelfourfreckle** aus der **Katie Gun**, einer Stute, die auf Platz 4 der NRHA All Time Leading Dams ist. Der unverkennbar gezeichnete Gunner war AQHA World Championship Futurity Champion 1996 und World Champion 1997, NRHA Futurity Open Reserve Champion 1996, Fünfter beim NRHA Derby 1997, NRBC Open Res. Champion 1998 und United States Equestrian Federation (USEF) Reining Champion im Jahr 2001. Mit über $ 177.000 ist er das erfolgreichste Painthorse in der Geschichte der NRHA. Gunner wurde im Jahr 2003 in die NRHA Hall of Fame aufgenommen.

Die Mutter **Miss Wicked Filena** ist eine direkte Tochter von **Great Pine**. Die Nachkommen des NRHA Hall of Famers und AQHA Champion Great Pine bewährten sich nicht nur in der Reining-Arena, sondern auch in Halter und sogar auf der Rennbahn. Unter anderem brachte er zwei World Champions und den NRHA Hall of Famer **Great Simon Sez**. Great Pine ist u. a. der Großvater von **Great Resolve (Einstein)**.

Der Hengst: Mit seinen bisher über $ 135.000 Gewinnsumme ist The Great Guntini der erfolgreichste Nachkomme des großen Gunner, den er allein vom Aussehen her schon nicht verleugnen kann. Der Hengst wurde in den USA gezüchtet und dort Dritter auf der NRHA Futurity Open sowie NRHA Derby Finalist. 2008 kam er nach Europa, wo er seither von Grischa Ludwig geshowt wurde. The Great Guntini ist ein auffallender, ungeheuer athletischer Hengst, der vor allem durch seine gewaltigen Stops und herausragenden Turns fasziniert. Zudem besticht er durch seinen ruhigen, ausgeglichenen Charakter. Kurzum: ein

Painthengst der absoluten Spitzenklasse, wie man ihn sich von Pedigree, Leistung und Charakter her nicht besser wünschen könnte.

Die Nachkommen: The Great Guntinis erster Fohlenjahrgang wird erst 2011 in der Reining-Arena zu sehen sein. Die ‚Guntinis' überzeugen jedoch bereits jetzt durch ihren Charakter und ihr herausragendes Stopvermögen. Dies entspricht dem Leitbild von Ludwig Quarter Horses: „Wir achten bei allen Hengsten, die bei LQH auf Deckstation stehen, auf überdurchschnittliche Leistungsbereitschaft, sportliche Erfolge auf Topniveau sowie korrektes Gebäude und außerordentlich guten Charakter", so LQH Managerin Sylvia Maile. „Sie müssen von jedermann zu handeln sein. Und auch die Nachzucht muss sich von der sportlichen Qualität auf internationalen Reiningturnieren durchsetzen, vor allem aber im Amateursport bewähren."

Colonels Smokingun (Gunner)	Colonelfourfreckle	Colonel Freckles — Jewels Leo Bars / Christy Jay
		Miss Solano — Docs Solano / Dorthea
	Katie Gun	John Gun — One Gun / Cee Bar Echols
		Bueno Katie — Aledo Bueno Bar / Bank Night Kate
Miss Wicked Filena	Great Pine	Poco Bright Star — Poco Pine / Charlotte Ann
		Criers Betty — Town Crier / Dandy Van
	Phil's Cara Nina	Pokey Rambler — Ki He Kah / Verna Wolf
		Aquilla B — Little Wimpy / Pleasure Girl B

Besitzer: Familie Sievers
Station: Sievers Performance Horses
c/o Reitanlage Honold
Schleiden 38
D-52525 Heinsberg
Tel. +49 (0)2452-1550363
Mobil +49 (0)157-71629206
tivio-jessie-james@t-online.de
www.tivio-jessie-james.de
Züchter: Don Thornhill, Gainsville, Texas, USA
Deckeinsatz: NS, TG
Gentest: HERDA n/n
Körung: DQHA (Hengstbuch I, Körungssieger 1994,
leistungsgeprüft durch Eigenleistung der Nachzucht)

Eigenleistung: –

Leistung Nachkommen: LTE $ 116.000 (NRHA, NRCHA, NCHA), Sire und Grand Sire of World Champions
Ikes Spanish Tivio: Amateur Halter World Champion 1995
Col Awesome Socks: European Champion, Bronze Trophy Winner
Cooke County ETC: NCHA Futurity Finalist, World Champion Sire

Die Vorfahren: Tivio Jessie James ist doppelt **Tivio Jess** gezogen und geht damit auf den großen Quarter Horse Vererber **Poco Bueno** zurück. Viele große, altbewährte Namen sind in seinem Pedigree zu finden, wie der legendäre **King P234**, **Jessie James** und **Leo**. Der Vater **Frekles Tivio Jess** ist ein Enkel des Foundation Sires **Poco Tivio**. Dieser Hengst war ein AQHA Champion, unter den NCHA Top Ten 1951 und 1952 und gewann fast $ 12.000. Der Cowhorse Hall of Famer brachte unter anderem die zwei Hall of Famers **Teresa Tivio** und **Johnny Tivio**. Zudem ist er ein Leading Sire von Broodmares. Die Mutter **Tivio Jess King**, die ebenfalls eine Enkelin von **Poco Tivio** ist, hat sich selbst in der Show-Arena bewiesen. Sie hat das NCHA CoA und über $ 19.000 gewonnen.

Der Hengst: Tivio Jessie James ist ein Paradebeispiel für erfolgreiche Linienzucht: ein bildschöner, leistungsstarker Hengst mit überragenden Bewegungen, der sich bereits in der zweiten Generation als herausragender Vererber beweist. Obwohl er einen hohen Anteil an Foundation-Blut führt, steht dieser attraktive Dun nicht im alten, schweren Quarter Horse Typ, sondern repräsentiert das moderne, leistungsstarke Performance Horse. Tivio Jessie James wurde in den USA gezüchtet und dort erfolgreich im Cutting geshowt, zeigte aber auch herausragendes Reining-Talent. Anfang der 90er Jahre kam der Hengst nach Deutschland und ging 1992 in den Besitz der Familie Sievers über. Ein Trainingsunfall machte im Februar 1993 alle Turnierhoffnungen zunichte. Dafür machte dieser Ausnahmehengst rasch als Vererber von sich reden. Bis heute stellt Tivio Jessie James das American Quarter Horse par excellence dar: schön, gut bemuskelt, elegant, mit viel Ausstrahlung, Cowsense und einem liebenswerten Charakter.

Die Nachkommen: Tivio Jessie James ist bislang der einzige American Quarter Horse Hengst in Deutschland, der World Champions hervorgebracht hat. Der Top Ten All Time Leading DQHA Sire hat derzeit weltweit 175 eigene Nachkommen und 726 Enkel. Einige seiner Söhne sind in den USA, Canada und Europa erfolgreiche Zuchthengste. Zu seinen erfolgreichsten Nachkommen in den USA gehören seine beiden Söhne **Ikes Spanish Tivio** (PHBA Halter World Champion), der Buckskin Hengst **Cooke County Etc** (Cutting Horse Vererber), die Enkelsöhne **Number One Gold Coin** (PHBA Reining World Champion) und der Palomino **Cook N Oak** (Cowhorse Champion in Kanada). Außerdem hat er mehrere European Champions, NRHA Bronze Trophy Winners und AQHA Superior Performance Horses gezeugt. In Deutschland gehört der große All Arounder **Col Awesome Socks** zu seinen bekanntesten Söhnen. Mit über 320 AQHA Performance Points ist er Open und Amateur Superior Reining Horse sowie Amateur Superior Trail Horse. Col Awesome Socks ist mehrfacher NRHA Bronze Trophy Winner und Amateur European Champion Working Cow Horse.

Frekles Tivio Jess	**Tivio Jess**	Poco Tivio	Poco Bueno / Sheilwin
		Jessie Rosey	Jessie James / Rosy Poco
	Cleo Pan	McLeo Bars	McBarr / Lily Leo
		Leo Pan	Leo / Panchita
Tivio Jess King	**Tivio Jess**	Poco Tivio	Poco Bueno / Sheilwin
		Jessie Rosey	Jessie James / Rosy Poco
	Patricia Pistol	Kings Pistol	King / Flit
		Miss Wardlaw 13	Brownie Red / Alice 3

TL CHEROKEE CACTUS

APHA 386647 · Black Tobiano · 1997 · 150 cm

Petra Roth-Leckebusch

Besitzer: Gestüt Leckebusch
Petra Roth-Leckebusch
Geringhauser Mühle 14
D-51588 Nümbrecht
Tel. +49 (0)2293-1335
leckebusch@t-online.de
www.Leckebusch.com
Station: beim Besitzer
Züchter: Petra Roth-Leckebusch, Deutschland
Deckeinsatz: NS
Gentest: HYPP n/n, OLWS n/n, HERDA n/n, PSSM n/n, GBED n/n, homozygot für Tobiano und Black
Körung: –

Eigenleistung: 2009 Europameister Senior Trail PHCG, mehrfacher Deutscher Meister, Vizemeister und Rheinland Meister EWU u. PHCG, über 131 APHA Points, 6-mal ROM in Western Riding, Trail, Western Pleasure, Hunter Hack, Hunter under Saddle, Team Penning

Leistung Nachkommen: Mehrere Nachkommen erfolgreich EWU geshowt.

Die Vorfahren: Der Vater von **TL Cherokee Cactus, Cherokee Blanca,** zählt zu den bekanntesten deutschen Painthengsten. Dieser im alten Stocktype stehende Hengst, der viele Jahre im Gestüt Leckebusch deckte, errang 62 APHA Points in Reining, Working Cowhorse, Trail, Halter und Hunter sowie PHCG Highpoint Titel. Seine Leistungsbereitschaft, Robustheit und Vielseitigkeit sowie sein hervorragendes Wesen gab er auch an seine Nachkommen weiter, die über 200 Punkte in APHA Halter und über 600 Punkte in APHA Performance Klassen holten. Die Mutter **Cactus Bar Tasha** ist doppelt **Cactus Bar Classic** gezogen und hat sich als erstklassige Producerin bewährt. Von ihr stammt auch **Straits Painted Win**.

Der Hengst: TL Cherokee Cactus ist einer der besten All Arounder Deutschlands. Der bildschöne, gut bemuskelte Painthengst steht im modernen Performance Typ und zeichnet sich durch überragende Bewegungen aus. Er ist sehr leichtrittig und leistungsbereit, robust und dank seines guten Charakters absolut problemlos im Umgang. Der Hengst wurde in Deutschland gezüchtet und zunächst sehr erfolgreich in Reining und Cowhorse vorgestellt. Unter Linda Leckebusch entfaltete er sein ganzes Potential als All Arounder. Ob Trail, Western Riding, Team Penning, Superhorse, Western Pleasure oder Hunter Klassen – TL Cherokee Cactus besticht durch seine Ausstrahlung und seinen enormen Leistungswillen.

Die Nachkommen: Seine Rittigkeit, seinen guten Charakter und seine robuste Gesundheit gibt dieser Hengst auch an seine Nachkommen weiter. Wie er sind sie gute Beweger mit schöner Zeichnung und tadellos im Umgang. Er ist homozygot für das Tobiano Gen und vererbt daher zu hundert Prozent Farbe, alle seine Nachkommen sind Black oder Bay Tobiano.

Cherokee Blanca	Casablanca	Emphasis	War Leo Bonanza (QH) / EE Black Dart
		Kaci Ann	King Kongo (QH) / Frijolita (QH)
	Kee Chero	Cherokee Strip	Cherokee Boogie / Sandy Jo
		Berta	Tommy Bert (QH) / Unable (QH)
Cactus Bar Tasha	**Cactus Bar Classic**	**Cactus Banner B**	Cactus Bars (QH) / Nites Lady Banner
		Poco Morn (QH)	Dino Dell (QH) / Triangle Morn (QH)
	Classic Tasha	**Cactus Bar Classic**	**Cactus Banner B** / Poco Morn (QH)
		Bahram Tasha	Puerto Rico (TB) / Harvest Ann

Besitzer: Lucky Syndacate
Via Maritani 48
I-10040 Cumiana (To)
Mobil +39 348-1303004
info@todaysmyluckyday.com
www.todaysmyluckyday.com
Station: La Peschiera Q. H. & 23 Quarter Horses
Züchter: Roberto, Cumiana (TO), Italien
Deckeinsatz: FS, TG
Gentest: –
Körung: –

Roberto Peiretti

Eigenleistung: LTE $ 112.160; ROM Performance; 1995 Futurity Open Champion (Score 231); 1996 NRHA Derby Open Finalist Platz 4; 1996 AQHA Open World Champion Jr. Reining (score 232); 1997 AQHA Open World Champion Jr. Working Cow Horse; 1998 AQHA Sr. Working Cow Horse World Show

Leistung Nachkommen: Oneluckysonofagun: $10.648, NRHA Intermediate Open Futurity Finalist; **Itsmyluckynight:** $ 4.873, 197 AQHA Punkte, AQHA Res. World Champion Junior Heeling Horse; **Otta Be A Lucky Day:** $ 6.705, 56 AQHA Punkte, 2005 Cactus Reining Classic Non Pro Derby Res. Champion

Die Vorfahren: Todaysmyluckyday ist doppelt **Doc Bar** gezogen. Er ist ein direkter Sohn des legendären Vererbers **Doc Olena**. Dieser AQHA Hall of Famer war NCHA Futurity und NCHA World Champion und ist einer der erfolgreichsten Cutting-Vererber der Welt.

Die Mutter **Docs Alice** ist eine Tochter von **Docs Sug** (von Doc Bar) aus der **Sugar Bars** Stute **Bar Gal**, die selbst AQHA Champion war. Der große Sugar Bars ist ein AQHA Hall of Famer und AQHA Leading Sire, der viele herausragende Pferde in diversen Disziplinen brachte. Der AQHA Champion Docs Sug wiederum ist ein Equi-Stat All Time Leading Cutting Sire, dessen Nachkommen mehr als $ 2,7 Millionen in dieser Disziplin brachten.

Docs Alice hat jedoch nicht nur ein exzellentes Pedigree, sondern hat sich selbst in der Show-Arena bewiesen. Ihre Gewinnsumme beläuft sich auf über $ 20.000. Docs Alice war u. a. AQHA World Champion Amateur Cutting, PCCHA Non Pro Challenge Reserve Champion, Oregon Futurity Open Co-Champion, Tropicana NCHA Non Pro Champion und PCCHA Derby All Age Amateur Champion.

Der Hengst: Der bildschöne Bay ist ein Hengst von besonderer Ausstrahlung und Persönlichkeit. Er wurde auf der Ranch von Bob Avila trainiert und zeichnete sich früh durch sein enormes Stopvermögen aus. 1995 gewann er unter Todd Bergen die NRHA Futurity. Seine enorme Wendigkeit und Schnelligkeit in Verbindung mit viel Cowsense prädestinieren ihn zudem für die Cowhorse, in der er zweifacher World Champion wurde. Todaysmyluckyday ist ein sehr intelligenter Hengst mit starkem Charakter, dabei sehr ruhig und nervenstark. In der Arena beeindruckt er durch seine Manöver, seine Athletik und viel ‚Präsenz'. Ein wirklich außergewöhnliches Pferd, das ein exzellentes Pedigree, hervorragende Leistung und Qualitäten als Vererber vereint.

Die Nachkommen: Todaysmyluckyday hat bisher 120 Fohlen gebracht, von denen sich viele bereits in der Show-Arena bewiesen haben, sowohl im Open als auch Non Pro Bereich. Seine Nachkommen sind schöne, gut bemuskelte und sehr intelligente Pferde, die sehr lernfähig sind und in der Reining genauso brillieren wie am Rind. Sie zeichnen sich durchweg durch überragendes Stopvermögen aus. Die Todaysmyluckydays bieten sich dem Reiter an und wollen mitarbeiten. Harte Behandlung vertragen sie allerdings schlecht, wenn sie ihr optimales Leistungspotential entfalten sollen.

Doc Olena	**Doc Bar**	Lightning Bar	Three Bars / Della P
		Dandy Doll	Texas Dandy / Bar Maid F
	Poco Lena	Poco Bueno	King / Miss Tailor
		Sheilwin	Pretty Boy / Blackburn Mare
Doc Alice	Docs Sug	**Doc Bar**	Linghtning Bar / Dandy Doll
		Bar Gal	Sugar Bars / Cowgirl Krohn
	Alice Glo	Les Glo	King Glo / DJH I
		Miss Alice Mae	Little Huero / Bess Wheat

TT MIGHTY JACKPOT

AphC 592758 · Chestnut, White with Spots over Back and Hips · 2000 · 154 cm

Horse & Light, Dirk Büttner

Besitzer: Gerhard Marterstock
Englische Gasse 8
D-97776 Eußenheim
Tel. +49 (0)9350-992258
LR-Marterstock@vr-web.de
www.Marterstock-Appaloosas.de

Station: beim Besitzer

Züchter: Herbert Zierer, Pilsting, Deutschland

Deckeinsatz: FS

Gentest: –

Körung: –

Eigenleistung: ApHC: 2-mal European Champion, All Around Champion Open, 2-mal World Show Qualifier, 4 ROM 2-mal Int. Highpoint, ApHCG: Hengstbuch I, 4-mal Futurity/Maturity Champion, 2-mal Highpoint, Platinmedaille

Leistung Nachkommen: LR Mighty Savanna ApHC: Int. Top Ten, ApHCG Futurity Champion, Futurity Reserve Champion, Highpoint, Bronzemedaille, Prämienstute

Die Vorfahren: TT Mighty Jackpot ist der letzte Sohn von **TT Mighty Tango**. Dieser bekannte Vererber war fünfmal ApHC European Champion und dreimal Reserve, dazu mehrfach Grand Champion und neunmal All Around Champion. Zu seinen erfolgreichsten Nachkommen zählt **TT Mighty Junior**, ein 18-facher ApHC European Champion und Multiple ApHCG Futurity und Maturity Champion. TT Mighty Tango entstammt einer Linie von Leistungspferden, die väterlicherseits auf den ApHC Hall of Famer **Prince Plaudit** und den großen AQHA Hall of Famer **Three Bars** zurückgehen. Auch bei der Mutter **3 Bars Darlin** findet man Three Bars, dazu den ApHC Hall of Famer und World Champion Sire **Joker B** im Pedigree.

Der Hengst: TT Mighty Jackpot präsentiert sich als schön gezeichneter, korrekt gebauter Appaloosahengst mit sehr weichen Gängen und ehrlichem Charakter. Er steht im Huntertyp und beeindruckt durch seine große Nervenstärke und Leistungsbereitschaft. TT Mighty Jackpot war Sieger der ApHCG Hengstleistungsprüfung auf der EM 2004 und kann Siege und Platzierungen in Western Pleasure, Trail und Hunter under Saddle vorweisen. Der Hengst war mehrfach Futurity und Maturity Champion, European Champion, World Show Qualifier und Int. Highpoint Horse. Er hat vier ROM und die Platinmedaille ApHCG. Ein beeindruckender Vertreter seiner Rasse, der sich sowohl in der Show-Arena als auch als Vererber bewiesen hat.

Die Nachkommen: TT Mighty Jackpot hat bereits mehrere erfolgreiche Nachkommen, allen voran die Prämienstute LR Mighty Savannah, die u. a. Futurity Champion und Highpoint Horse wurde. Seinen Fohlen gibt dieser Hengst Typ, hervorragende Bewegungen und einen lieben, menschenbezogenen Charakter weiter.

TT Mighty Tango	The Totem	Prince Charles Jr	Prince Charles / Princes Charming
		Midnight Tango	Three Jet (QH) / Spanish Dance (TB)
	Cloudetta	Mighty Singer	Mighty Tim / Beautiful Singer (TB)
		Cloudette	On Cloud Nine / Top Etta
3 Bars Darlin	Joker 3 Bars	Rumor (QH)	Diamond 2 Bar (QH) / Miss Lindsey (QH)
		Lady Mjb	Mjb / Buckskin Appaloosa
	Dials Good Lookn	Mighty Dial	Mighty Peavy / Miss Dial Good (QH)
		Hey Good Lookin	Leo Bounce / Stess Girl (QH)

Besitzer: Dream Appaloosas
Christine Bretzner
Danziger Str. 15
D-91166 Georgensgmünd
Tel. +49 (0)9172-7801
Tel. +49 (0)179-1345944
info@dream-appaloosas.de
www.dream-appaloosas.de
Station: Bretzner Ranch
Weinmannshof 4
D-91166 Georgensgmünd
Züchter: Gertraud Aberger,
Übersee (Chiemsee), Deutschland
Deckeinsatz: NS
Gentest: HYPP n/n
Körung: –

Christine Bretzner

Eigenleistung: Zweitbester der Hengstleistungsprüfung 2007 bei der EM der Appaloosas in Aachen (7,6)

Leistung Nachkommen: –

W

Die Vorfahren: Wapitis Little Dream stammt aus altbewährten Blutlinien. Der Vater **Impress Dreamwarrior** ist doppelt **Impressive** gezogen. Er ist ein Enkel des Appaloosahengstes **Dandy Impression**, der 1983 ApHC World und National Halter Champion war und ein Leading Sire seiner Rasse ist. Seine Nachkommen bewährten sich weltweit in Halter ebenso wie in Performance. Seine Mutter **MS Dream Rock** ist eine direkte Tochter des ApHC Hall of Fame und mehrfachen World Champion Get of Sire **Dreamfinder**, der viele National und World Champions brachte.

Wapitis Little Dreams Mutter, **Wapiti Ladylove**, ist eine Enkelin von **Wapiti**. Dieser herausragende Appaloosahengst, der 1988 in die ApHC Hall of Fame aufgenommen wurde, ist einer der einflussreichsten Foundation Sires der modernen Appaloosazucht. Er war 1969 und 1970 Reserve National Champion und 1966 National Champion Get of Sire sowie 1974 Canadian National Champion Get of Sire. Seine 218 registrierten Fohlen erzielten 268 Performance und 192 Halter Punkte, waren Superior Pferde und holten ROMs und Bronze Medals.

Der Hengst: Wapitis Little Dream ist ein sehr schön gezeichneter, korrekter und gut bemuskelter Appaloosahengst, der leider aus Zeitgründen der Besitzer nicht weiter gefördert wurde. Er ist ausgesprochen lernwillig, gehorsam, umgänglich, nervenstark und von bestem Charakter. Ein ausgeglichener, immer einsatzbereiter Partner für Sport und Freizeit.

Die Nachkommen: Seine Nervenstärke und sein freundliches Wesen gibt dieser Hengst auch an seine Nachkommen weiter, die bisher alle im Freizeitbereich eingesetzt werden. Seine Fohlen sind durchweg korrekt gebaut, gut bemuskelt, typvoll und verfügen über hervorragende Bewegungen. Sie haben viel Charme, sind menschenbezogen und unkompliziert im Umgang.

Impress Dreamwarrior	App to Impress	Dandy Impression	Dandy Impression (QH) / Bonanza Wildhoney
		Jori's Luck	Impressive Luck (QH) / Joni Luck
	MS Dream Rock	Dreamfinder	Alias King / Aztecs Fancy Frani (QH)
		Rock-Allene	Prince Rocky / Honey Glo Pride
Wapiti Ladylove	Wapiti's Little S.	Wapiti	Gold Heels (QH) / Cuadroon (QH)
		Color Maid (QH)	Speck Deck (QH) / Dark Hen (QH)
	Honest Promis (QH)	Buzz Bar (QH)	Three Bars (TB) / Bar Annie (QH)
		Promis Me (QH)	Promisopolis (TB) / Skedadle Miss (QH)

WH'ZOOM!

Photo by KJ Guni . Graphic by Dasi

Besitzer: Forest Creek Ranch
Jennifer Nixdorf
Ladinach 244
A-9181 Feistritz im Rosental
Tel +43 (0)4228-39140
office@forest-creek-ranch.at
www.forest-creek-ranch.at
Station: beim Besitzer
Züchter: Charlotte Decoster, Prosper, Texas, USA
Deckeinsatz: NS, FS, TG erhältlich bei der Station
Gentest: HERDA n/n, PSSM n/n, GBED n/n
Körung: –

Eigenleistung: $24.969,17
2009 NRHA European Futurity Limited Open Champion
2009 Italian RHA Open Derby Finalist

Leistung Nachkommen: –

K.J. Guni

W

Die Vorfahren: Whizooms Abstammung lässt Reining-Fans buchstäblich das Wasser im Munde zusammenlaufen. Der Bay-farbene Hengst ist ein Sohn des erfolgreichsten Vererbers der NRHA und einzigen $6 Million Sire **Topsail Whiz**. Seine Nachkommen brachten es bisher auf über $6,8 Millionen. Topsail Whiz stammte vom NRHA Futurity Champion und AQHA World Champion Junior Reining **Topsail Cody** aus der **Jeanie Bar Whiz**, einer Stute, die u. a. AQHA Highpoint Youth Reining Horse 1977 und AQHA Reserve Champion in der Open 1978 war. Topsail Whiz gewann selbst $57.178 (laut Equi-Stat) in der Show-Arena. Unter Bob Loomis war er unter anderem Southwest Reining Horse Association Futurity Champion, Dritter auf der NRHA Futurity, NRHA Lazy E Classic Champion und Vierter auf dem NRHA Derby. Topsail Whiz brachte 1.269 AQHA registrierte Fohlen, von denen 634 im Preisgeld laufen bzw. AQHA Punkte errungen haben. Zu seinen 21 bei der APHA registrierten Nachkommen zählt u. a. der APHA World Show 3-Year-Old Reining Challenge Champion

Painted By Whiz. Die erfolgreichsten Nachkommen des legendären Vererbers sind **The Great Whiz** (NRHA Futurity Open Champion, NRBC Open Reserve Champion), **Easy Otie Whiz** (u. a. Fünfter auf der NRHA Futurity Open, Vierter beim NRBC und beim NRHA Derby, NRBC Intermediate Open Champion) und **Walla Walla Whiz** (John Deere Futurity Champion, NRHA Futurity Open Finalist, NRHA Derby Champion).

Auch Whizooms Mutter **Dun It The Hard Way** stammt aus bestem Haus. Ihr Vater ist NRHA All Time Leading Sire **Hollywood Dun It**, dessen 1178 Nachkommen bisher weit über $5,4 Millionen in der Show-Arena gewannen. Die Mutter **Kalico Pie** ist eine Tochter des AQHA Champion und NRHA Money Earner **Kaliman**. Dun It The Hard Way hat sich aber auch selbst in der Show-Arena bewiesen: Sie war NRHA World Champion und NRHA Derby Champion.

Der Hengst: Der sehr elegante Whizoom gewann in nur drei Turniereinsätzen fast $25 000. Unter seinem Trainer Grischa Ludwig wurde er NRHA European Futurity Champion Limited Open 2009 und Italian RHA Open Derby Finalist. „Whizoom hat ein extrem liebes Wesen", so Grischa Ludwig. „Er ist ein sehr sanftes, williges Pferd mit viel Potential. In der Arena ist er sehr konstant und deckt alle Manöver gut ab. Ein Hengst, von dem man noch hören wird."

Die Nachkommen: Whizoom steht 2010 erstmals für den Deckeinsatz zur Verfügung. Sein erster Fohlenjahrgang wird 2011 erwartet.

Topsail Whiz	Topsail Cody	Joe Cody	Bill Cody / Taboo
		Doc Bar Linda	Doc Bar / Bettys Mount
	Jeanie Whiz Bar	Cee Red	Cee Bars / Miss Jo Holly
		Jeanie Whiz	Billys Whizzer / Jeanie Bugle
Dun It the Hard Way	Hollywood Dun It	Hollywood Jac 86	Easter King / Miss Hollywood
		Blossom Berry	Dun Berry / Regina Bella
	Kalico Pie	Kaliman	Dell Milagro / Quo Vadis
		Patti Pie Dude	Blondys Dude / Pie San

Besitzer: Susanne Alfs
Reichenbacher Str. 37
D-55774 Baumholder
Tel. +49 (0)6783-981884
Fax +49 (0)6783-999728
Susanne.alfs@western-journal.de
www.alfs-ranch.de
Station: beim Besitzer
Züchter: Tommy Manion Inc.,
Aubrey, Texas, USA
Deckeinsatz: NS
Gentest: HERDA n/n, HYPP n/n, PSSM n/n
Körung: –

Susanne Alfs

Eigenleistung: 69,5 AQHA Points, ROM, 1991 World Show Jr. Western Riding Platz 7, mehrfacher World Show Qualifier Western Riding, Trail und Western Pleasure

Leistung Nachkommen: 88 AQHA Points; **Zippos Night Glow:** 12,5 Open Perf. Points, 13,5 Amateur Points, 30,5 Youth Perf. Points; **Fashion Zippalina:** 4,5 Open Perf. Points, 3,5 Amateuer, 4,5 Youth Perf Points; **Sonnys Best Zippo:** World Show Qualifier 2005-2007

Z

Die Vorfahren: Zippo Pine Sugar ist ein direkter Sohn der Western Pleasure Legende **Zippo Pine Bar**. Der Sohn des großen **Zippo Pat Bar** aus eine **Poco Pine** Tochter wurde zu einem der führenden Vererber der Western Pleasure Industrie. Zippo Pine Bar war selbst AQHA Champion (im Alter von 3 Jahren) und AQHA Highpoint Western Riding 1972 sowie ein Superior Western Pleasure Pferd. Er wurde vier Jahre geshowt und errang in dieser Zeit 112 Performance und 33 Halter Punkte sowie sieben Grand und 19 Reserve Grand Champion Titel. Doch weit mehr beeinflusste er die Szene als Vererber. Unter seinen insgesamt 1655 Nachkommen (u.a. **Zips Chocolate Chip**, **Zippo LTD**, **Zipabull**) sind allein 15 World Champions, 27 Reserve World Champions und 10 AQHA Champions. Die Gewinnsumme seiner Fohlen bei AQHA und NSBA beträgt fast $ 2,5 Millionen. Wegen seiner großartigen Leistungen wurde er sowohl in die AQHA als auch NSBA Hall of Fame aufgenommen.

Auch die Mutter **Sugar Rock Susie** war AQHA World Champion Western Pleasure. Sie ist eine Tochter von **Isis Rock** (ein Enkel von **King**) aus einer **Sugar Bars** Stute.

Der Hengst: Zippo Pine Sugar ist ein sehr leistungsbereiter Hengst mit hervorragendem Gebäude und traumhaften Bewegungen. Er wurde in Texas gezüchtet und von Dough Lilly ausgebildet. Mit ihm gewann er das Western Riding Texas Classic 1992 und wurde Siebter auf der AQHA World Show in Western Riding World 1991und Zehnter 1993. Hans Kuhn Jr. entdeckte den Hengst während seines Studiumaufenthaltes in USA und brachte ihn nach Deutschland. In Europa wurde er von dem Luxemburger Marco Stors mehrfach erfolgreich vorgestellt u.a. auch im Jahr 2000 in Aachen (Halter Aged Stallions, Western Riding, Bronzemedaille Trail). Zippo qualifizierte sich in den Jahren 2000 bis 2003 jeweils für die World Show in den Disziplinen Sr. Western Riding, Sr Trail, Sr. Western Pleasure und Aged Stallions. Sein Performance

ROM erhielt er bereits im Jahr 1993. Ein unkomplizierter und menschenbezogener Hengst mit bestem Charakter, der überaus angenehm im Umgang ist. Auf der Alfs Ranch läuft er mit den Stuten auf der Weide.

Die Nachkommen: Seinen Fohlen gibt dieser Hengst seine gute Conformation und seine überdurchschnittlichen Bewegungen mit, vor allem aber auch seinen Leistungswillen und seinen hervorragenden Charakter. Unter ihnen sind viele erfolgreiche Performer, die bisher 88 AQHA Points errungen haben.

Zippo Pine Bar	Zippo Pat Bars	**Three Bars**	Percentage / Myrtle Dee
		Leo Pat	Leo / Dunny Girl
	Dollie Pine	Poco Pine	Poco Bueno / Pretty Rosalie
		Hobo Sue	Hobo / Home Gal
Sugar Rock Susie	Isis Rock	Rocksprings	King / Spider H
		Isis	Rey Del Rancho / La Ravona
	Sugarina	Sugar Bars	**Three Bars** / Frontera Sugar
		Bailarina	Tommy Clegg / Dixie Beach

★ HENGSTGESCHICHTEN ★

© Petra Roth-Leckebusch

CATS LAD –
„A REAL HORSE!"

Er war Show-Pferd, Kinder- und Voltigierpferd und außerdem ein Gründerhengst der deutschen Paint Horse Zucht. Cats Lad ging mit der Familie Leckebusch durch dick und dünn. Die Blutsbrüderschaft zwischen Mensch und Pferd begann vor rund zwanzig Jahren in Texas und endete allzu früh am Abend des 16. September 1999.

Als mein damaliger Mann Lutz Leckebusch Cats Lad im Februar 1989 siebenjährig in Texas kaufte, stand er auf einer riesigen Weide „in the middle of nowhere", war wenig geritten und kaum zu handhaben. Der bekannte Reiningpferde-Trainer Jack Brainard, der den Hengst für uns gefunden hatte, prophezeite Lutz: „Du machst aus einem siebenjährigen, rohen Hengst kein Showpferd mehr!" Und beim Probereiten auf der Weide wurde Lutz fast abgebuckelt. Aber er kaufte ihn dennoch. Wenn auch zu einem sehr günstigen Preis, denn nach dem Rodeo des Proberitts war der Verkäufer bereit, ihm entgegenzukommen. Lutz mochte den Hengst auf Anhieb.

Cats Lad hatte eine für ein American Paint Horse nicht ungewöhnliche Abstammung: Dreiviertel seiner Vorfahren waren American Quarter Horses. Sein Vater Sir Cat wurde 1976 geboren und war ein Overo aus

Cats Lad war ein echtes Ranchpferd und ein Stock Horse vom alten Typ. Hier im Rollback mit Barbara Metzger.

zwei Quarter Horse Elterntieren – also ein so genannter Crop Out (siehe Kasten).

Wenn man sich mit den Erfolgen seiner Vorfahren befasst, so wundert es einen nicht, dass Cats Lad selber ein so vielseitiges Pferd war: Sein Vater Sir Cat geht auf den berühmten Quarter Horse Hengst Skipper's Lad zurück, einem Sohn des Skipper W, dem Gründerhengst der Zucht des Hank Wiescamp. Die Wiescamp-Pferde zeichnen sich alle durch einen sehr einheitlichen Typ mit einer schweren Bemuskelung und einem ausdrucksstarken Kopf aus. Diese Merkmale fand man auch noch bei Cats Lad, der eine große Ganasche und eine sehr ausgeprägte Muskulatur hatte. Sir Cat selber hat einen beeindruckenden Show Record mit einem Superior (50 und mehr Punkte) in Western Pleasure und weiteren Show Points in Halter, Roping, Reining, Working Cowhorse und Western Riding.

Auch seine Mutter, Gayla Streak, kann ein ROM in Western Pleasure vorweisen und geht ebenfalls mehrfach auf die Skipper-Linie von Hank Wiescamp zurück. Ihr Großvater, Skippa Streak, stammte von dem Tobiano-Sohn des Skippers Lad, Skip Hi, ab und war das erfolgreichste Paint-Showpferd aus der Wiescamp-Zucht. Er wurde APHA Leading Sire, APHA Champion und hatte über 100 Halter und 178 Performance Points.

Er kam nie ohne Sieg nach Hause

Im Frühjahr 1989 kam also Cats Lad mit elf weiteren Pferden per Flugzeug aus Texas nach Deutschland. Die ersten Wochen waren nicht immer einfach mit ihm. Er war wohl als junges Pferd einmal angeritten worden, hatte danach aber vorwiegend auf der Weide in der Herde gedeckt. Viele Pferdeleute glauben, dass

Hengste, die draußen in der Herde stehen, dadurch unbeherrschbar werden. Aber ganz das Gegenteil ist meist der Fall. Die Ladys bringen ihnen – ganz wie im richtigen Leben – Manieren bei. So war Cats Lad weder an der Hand und noch unter dem Sattel besonders hengstig und immer gut zu kontrollieren. Er war damals einfach verwildert und sehr skeptisch dem Menschen gegenüber. Nachdem er erstmal Vertrauen gefasst hatte, lernte er ungeheuer schnell und gerne.

Er hatte eine überragende Galoppade und schon im Juli 1989 gewann Lutz mit ihm die ersten Reining, Western Pleasure und Western Riding Points. Nach drei Jahren und 15 Shows hatte der Hengst 93 Show Points und vier ROMs (Register of Merit) in Reining, Western Riding, Trail und Pleasure. Er kam nie ohne einen Sieg nach Hause, meistens waren es gleich mehrere erste Plätze.

Einmal gewann er erst das Cow Pony Race, ein Flachrennen auf einem Stoppelfeld, und gleich im Anschluss darauf die Western Riding. Das zeigt, was für ein Pferd er war: Ein Painthengst mit einem großen Herz und einem wirklich gutmütigen Charakter. Was nicht heißt, das er nicht auch einmal „spooky" werden konnte. Wenn er mehrere Tage auf der Weide gestanden hatte, ließ er sich nur ungern wieder einfangen und einmal mussten wir ihn ropen, um ihn zu bekommen. Sobald das Rope um seinen Hals lag, stand er wieder ruhig da und ließ sich aufhalftern.

Lutz Leckebusch war mit Cats Lad sowohl in Western Pleasure als auch in Reining und Western Riding erfolgreich.

In seinem ganzen Leben errang Cats Lad nur einen Halter Point. Den gab ihm der holländische Reiter und Richter Wilhelm Burgmeier. Wilhelm sagte später: „Es mag Schönere geben, aber er ist ein Pferd, so wie ich es mir wünsche: a real horse." Wilhelm hatte ihn im Cutting als Turn Back Horse geritten und wusste, dass unser Hengst ein richtiges Ranchpferd war, das man immer und überall einsetzen konnte. So benutzten wir ihn zum Beispiel als Führpferd bei der Jungpferdearbeit. Cats Lad ging darüber hinaus mit auf Wanderritte und Ausritte. Unsere Kinder ritten ihn, ängstliche Reiter machten ihre ersten Reitstunden auf ihm, er ging als Voltigierpferd für die ganz Kleinen – es gab nichts, was er nicht gemacht hätte.

Lahmende Stuten wurden verschmäht

Am allerliebsten war er auf der Weide. Er mochte es nicht, in der Box eingesperrt zu sein. Viel lieber stand er im Frühjahr mit seinen Stuten draußen und im Herbst mit den Junghengsten in der Herde. Auch bei der Damenwahl hatte er seine Eigenheiten: Er deckte nicht jede. Konsequent sortierte er lahmende Stuten aus seiner Herde aus. Ein Verhalten, das ich so noch bei keinem anderen Hengst beobachten konnte. Als wüsste er, dass eine lahme Stute keine gute Mutter für seine Fohlen sein würde.

Mit 12 Jahren riss er sich auf der Weide die Bänder im rechten Kniegelenk ab. Wir brachten ihn in die Klinik, aber der Arzt machte uns wenig Hoffnung. Er meinte, die Operation wäre kein Problem, aber die Pferde müssten danach drei bis vier Monate lang stehen, damit alles wieder zusammenwächst. Und das ginge meistens schief. Wir ließen die Operation dennoch machen und Cats Lad stand geduldig seine Monate in der Box. Danach sollte er im Schritt geführt wer-

Der Wunderhengst beim Ausritt mit der damals 12-jährigen Linda Leckebusch

den. Das war weniger einfach. Daher entschlossen wir uns, ihn im Schritt zu reiten und das funktionierte wunderbar. Unter dem Sattel war er ruhig und gehorsam. So ritt unsere Tochter Linda, damals zehn Jahre alt, den Hengst jeden Tag alleine im Schritt aus. Und sie kamen immer zusammen und sicher nach Hause. Es gibt wohl kein anderes Pferd, mit dem ich das jemals machen würde. Aber auf Cats Lad war einfach Verlass.

Überhaupt hat meine Tochter Linda immer ein ganz inniges Verhältnis zu dem Hengst gehabt und viel von ihm gelernt. Ihre erste Western Riding ritt sie auf ihm. Er wechselte immer sicher und mühelos. Wenn man mit ihm in die Arena ritt, fühlte man sich als großer Reiter. Und das lag nicht nur an den knappen 1,50 Meter Stockmaß von Cats Lad. Er wog ca. 650 kg. Seine Masse und sein enorm präsentes Auftreten ließen

PAINT SCHECKZEICHNUNGEN

Grundsätzlich können die nachfolgend beschriebenen Scheckzeichnungen in jeder Pferderasse auftreten. Schecken, die nicht bei der APHA (American Paint Horse Association) eingetragen sind, werden Pintos genannt. Die Farbmuster gibt es in Kombination mit jeder Fellfarbe.

Tobiano

Bei einem Tobiano-Schecken kreuzen die weißen Fellanteile die Rückenlinie des Pferdes. Er hat in der Regel einen dunklen Kopf mit Abzeichen und hochweiße Beine. Meist erscheint der Tobiano als ein weißes Pferd mit großflächigen farbigen Anteilen. Gewünscht wird ein Anteil von 50% weißem und 50% farbigem Fell. Aber es kommen auch alle anderen Verteilungen vor. Häufig ist das Langhaar ebenfalls zweifarbig. Das Tobiano-Gen ist ein dominantes Gen. Das bedeutet, dass ein Pferd, welches ein solches Gen trägt, auch selber bunt gezeichnet ist. Homozygote Genträger haben zwei Tobiano-Gene. Daher sind alle ihre Nachkommen ebenfalls bunt gezeichnet.

Die Overo-Zeichnung ist bei vielen Paint-Fans besonders beliebt.

Der Leckebusch-Hengst „TL Lucky Cherokee"

Overo

Beim Overo kreuzt das Weiß nicht die Rückenlinie des Pferdes, daher enthält auch sein Langhaar kein Weiß. Seine Beine sind überwiegend farbig mit den üblichen Abzeichen. Der Overo erscheint in der Regel als farbiges Pferd mit unregelmäßigen weißen Flecken im Fell. Häufig hat er große, weiße Abzeichen am Kopf und damit auch blaue Augen. Idealerweise wünscht man sich auch beim Overo eine etwa gleiche Verteilung der weißen und farbigen Fellfarben. Es gibt bei den Overos verschiedene Fellzeichnungen wie z.B. den Sabino, der sehr unregel-

mäßig gezeichnet ist und oft Stichelhaare hat, oder den Frame Overo, der überwiegend dunkel ist und links und rechts der Rückenlinie unregelmäßige weiße Flecken hat. Eine dritte Zeichnung ist der Splashed White, der meist weiße Beine, einen weißen Bauch und sehr viel Weiß am Kopf hat. Das Overo-Gen wird rezessiv vererbt. Das bedeutet, es kann verdeckt weitergeben werden. Daher kommt es auch immer wieder vor, dass aus zwei einfarbigen Pferden ein Overo, ein so genannter Crop Out, fällt.

Tovero

Ein Tovero wie Cats Lad trägt sowohl ein Tobiano-Gen als auch ein Overo-Gen. Daher weißt er die Merkmale beider Zeichnungen auf. In der Regel sind seine Ohren und ein Teil des Mauls dunkel. Der übrige Kopf ist großflächig weiß. Seine Beine sind oft hoch weiß. Cats Lads Tovero-Zeichnung mit der dunklen „Mütze" über dem Genick bezeichnet man als Medicine Hat (Hut des Medizinmannes) oder Warbonnet (Federhaube der Häuptlinge). Die Krieger der Sioux, Comanche, Blackfoot and Kiowa suchten nach solchen Pferden, weil sie ihnen mythische Fähigkeiten nachsagten. So glaubten sie, Toveros, die zusätzlich zu ihrem „Kopfschmuck" auch eine dunkle Brust, also ein dunkles „Schild", haben, wären durch diese Fellzeichnung unverwundbar. Häufig haben die Toveros auch blaue Augen. In

< Cats Lad war ein typischer
Tovero mit Medicine Hat

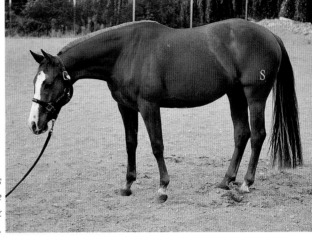

> Beispiel für ein einfarbiges
Paint Horse: die Stute Slide Me
To The Best (IR Generale (PH) x
Red Straw Best (QH)).

der Vorstellung der Indianer konnten sie dadurch mehr sehen als normale Pferde. Sie waren daher den Häuptlingen vorbehalten. Da ein Tovero beide Farbmuster-Gene trägt, kann er sowohl Tobiano-, als auch Overo- oder Tovero-Nachkommen haben.

Solid Paint Bred

Einfarbige Paint Horses können immer wieder auftreten, auch wenn sie bunte Elterntiere haben. Ein gutes Pferd hat bekanntlich keine Farbe und so stellen auch die einfarbigen Paints wichtiges Zuchtmaterial dar. Sie dürfen auf den APHA Shows nur in bestimmten, eigens für sie angebotenen Klassen gezeigt werden, denn sie erfüllen durch ihre fehlende Zeichnung eben nicht ganz das Zuchtziel. In ihrer Qualität als Reitpferd stehen sie den bunten Pferden natürlich in nichts nach. Wenn man mit ihnen weiterzüchtet, sollte man sich einen schön gezeichneten Partner für sie aussuchen, um in der nächsten Generation wieder ein buntes American Paint Horse zu erhalten.

auch den Menschen auf seinem Rücken innerlich wachsen. Cats Lad war eben ein echtes altes Stock Horse mit großen, gesunden Hufen und starken Knochen.

Tragischer Weideunfall

In der Abendsonne des 16. September 1999 wurde der Cats Lad eingeschläfert. Er war auf der Weide gestürzt und hatte sich schwer verletzt. Wir haben alles versucht, um seine Schmerzen zu lindern, und so sehr gehofft, ihm noch ein paar schöne Jahre gönnen zu können. Aber er litt – und so war ein gnadenvoller Tod alles, was wir noch für ihn tun konnten.

Insgesamt zeugte Cats Lad 94 Paint-Nachkommen. Darunter so bekannte und erfolgreiche Pferde wie Cats Coco Dancer, der

Cats Coco Dancer, ein Sohn von Cats Lad, wurde
Superior Reining Pferd und Europameister in Working Cowhorse.

Superior Reining Pferd wurde und Europameister in Working Cowhorse.

Da Cats Lad im Rheinischen Pferdestammbuch gekört war, wurde er auch in der Pinto-Zucht gezielt eingesetzt und hat mit Arabern, Reitponys und Haflingerstuten sehr gute und rittige Freizeitpferde gemacht. Meine Tochter Helen hat ihren Cats-Lad-Sohn „Cody", der aus einer Staatsprämien-Haflingerstute stammte, jahrelang sehr erfolgreich in Trail geshowt. Ein gutes Pferd hat nicht nur keine Farbe, sondern auch keine Rasse! Aus der Anpaarung Haflinger x Paint Horse haben wir eine Reihe sehr guter und rittiger Freizeit- und auch Sportpferde erhalten. Denn beide Rassen sind vom Ursprung her Arbeitspferd, genügsam, ruhig und wesensfest. Das Paint-Blut bringt etwas mehr athletische Fähigkeiten mit, was den Haflingern im alten Typ sehr gut tut.

Alle Kinder von Cats Lad zeichnen sich, wie er, durch ihre Vielseitigkeit aus. Im Jahr 2006 wurde er als erstes Paint Horse in die Hall of Fame des Paint Horse Club Germany aufgenommen. Eine Auszeichnung, auf die wir besonders stolz sind.

★ PETRA ROTH-LECKEBUSCH

Dreiviertel der Vorfahren von Cats Lad waren Quarter Horses:

- **Cats Lad (PH)**
  - Sir Cat (QH)
    - Mr Irresistable
      - Lads Image
        - **Skippers Lad** → **Skipper W**, Miss Helen
        - Shasta Bar → Bar Mount, Shasta Nick
      - Dons Tee J Babe
        - Jimmy Mac Bee → Sonny Day Bee, Miss Hackberry
        - Ronyes Babe → Easter Money, Miss Amber
    - Little Polecat
      - G-Fern Dashing Cat
        - Catechu → Joe Reed, Diamond Oakes
        - G-Fern Dash Away → Tom Benear, Beauty Troutman
      - Lady Judy Bay
        - Ben Hur II → Ben Hur, Manchada
        - John Roads Mare
  - Gayla Streak (PH)
    - Scooter Streak (PH)
      - SKIPPA STREAK (PH)
        - Skip Hi (PH) → **Skippers Lad (QH)**, Sky Hi (PH)
        - Cheyenne Lil (PH) → Cocoa Bars (QH), Skip Satin (PH)
      - Kitchawa Kutie (QH)
        - Kitchawa → Peppy Red, Cheketa Owen
        - Bonnie Jenkins → Red Dogs Lad, Denver Electra
    - Miss Tammy Bond (QH)
      - Willy Bond
        - War Bond Leo → War Leo, Peppys Gold
        - Willow Springs Penny → Bud, Sorrel Jean Harlow
      - Sunrise Lady
        - Grullos Lad → King Grullo, Lady Parker
        - Kiehts Lady → Chigger Chub, Kicker Dun

Circle Ⓛ Ranch

Quarter Horses für Familie und Sport

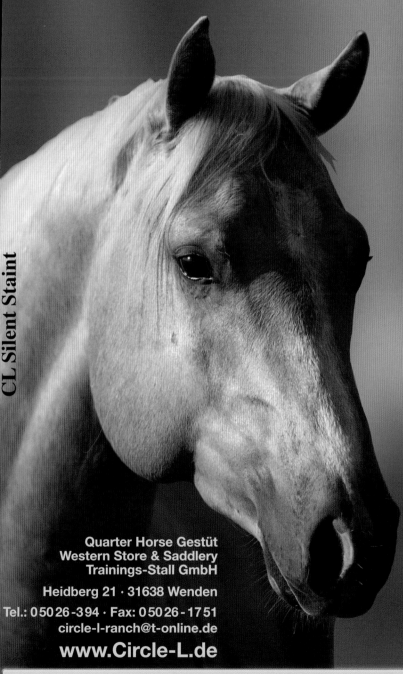

CL Silent Staint

CL Silent Badger

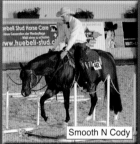

Smooth N Cody

Just Gotta Shine | von Shining Spark

Smooth N Chill

CL Silent Staint

Zippos Good MR

Zippo Pilot

**Quarter Horse Gestüt
Western Store & Saddlery
Trainings-Stall GmbH**

Heidberg 21 · 31638 Wenden

Tel.: 05026-394 · Fax: 05026-1751

circle-l-ranch@t-online.de

www.Circle-L.de

25 Jahre Circle L Ranch · 25 Jahre Erfolg & Leistung
über **27**

**Exklusiver Vermarktungs-, Ausbildungs- und Turnierservice!
Sie züchten - wir verkaufen! Profitieren Sie von unserer langjährigen Erfahrung. Fragen Sie uns!**

©Werbekontor · Dirk Bussmann · werbekontor@gmx.de · Fon: 05722.5300 · Fotos: Guni, Art&Light, Horse-E-Motion, Rau

Der heilige Hengst

HAWKS DREAMFINDER

Er war als Fohlen heiß begehrt, dann schwer verletzt und später top in Form. Der Appaloosahengst Hawks Dreamfinder von der Dessureault Appaloosa Horse Farm in Meschede sorgt nicht nur durch seine außergewöhnliche Farbe für Furore, sondern auch durch seine filmreife Lebensgeschichte. Porträt des wahrscheinlich einzigen „Heiligen Hengstes" der Welt.

„**If** I don't get that filly, I'll leave", drohte 1991 der amerikanische Trainer von der Dessureault Appaloosa Horse Farm in Meschede, nachdem er gerade aus seinem Urlaub in den USA zurückgekommen war. Ihm war ein Dreamfinder-Stutfohlen in Texas aufgefallen und auch ihm war inzwischen bekannt, dass Dreamfinder-Nachkommen zum Garant für eine erfolgreiche Turnierkarriere und Zucht geworden waren. Was er zu diesem Zeitpunkt allerdings noch nicht ahnen konnte, war, dass Dreamfinder später der erfolg-

reichste Appaloosahengst aller Zeiten werden sollte. Selbst viele Jahre nach seinem Tod wird er noch als Leading Sire der Point Earning Appaloosas (führender Vererber der Turniersieger in der ganzen Welt) geehrt. Das heißt, dass seine Nachkommen immer noch zu den erfolgreichsten Showsiegern zählen.

Um also die folgende Showsaison nicht durch das Kündigen des Trainers zu gefährden, trat man in Verhandlungen mit dem Züchter in Texas, und obwohl ein für die USA unüblich hoher Preis verlangt wurde, kam es zur Einigung: Dream A Lil Bit (* Januar 1991) wurde nach Deutschland eingeflogen. Die kleine braune Stute mit den wenigen Snowflakes auf den Hüften war nicht sonderlich beeindruckend und hatte bislang offenbar nur in einer Box gelebt, so dass sie in Panik ausbrach, als sie erstmals mit dem weiten Raum einer Reithalle Bekanntschaft machte. Es kostete viel Mühe und Zeit, sie täglich jeweils zwei Minuten länger an die Hallenaufenthalte zu gewöhnen, bis man schließlich die Integration in den Herdenverband auf der Wiese nach demselben System in Angriff nehmen konnte.

Gleichzeitig erfolgte das Training zur Haltershow. Hier zeigte sich Dream A Lil Bit als gelehrig und kooperativ, obwohl stets etwas eigensinnig. Inzwischen heranwachsend war der typische Dreamfinder-Kopf mit den charakteristischen wachen und intelligenten Augen unverkennbar. Einjährig wurde sie dann 1992 über die gesamte Showsaison in Yearling Halter gezeigt und gewann nicht nur jeden Klassenstart, sondern wurde auch mehrfach Grand Champion Mare oder Reserve Champion Mare, also beste oder zweitbeste Stute beim Antreten der Erstplatzierten aller Altersklassen, was bei einem jungen, noch nicht voll ausgewachsenen Tier eher selten ist.

Erfolgreiche Karriere in Sport und Zucht

In den folgenden zwei Jahren wurde sie weiter auf allen großen Turnieren (Landesshows, Deutsche Meisterschaft etc.) vorgestellt und setzte die unglaubliche Serie der Erstplatzierungen fort: Sie wurde Highpoint Halter Mare 1992, 1993 und 1994, also beste Halterstute des Deutschen Zuchtbuches, wobei der ROM (Register of Merit, Auszeichnung des amerikanischen Mutterverbandes) bald erreicht war.

Später sollte sie dann als sehr erfolgreiche Zuchtstute ihre Karriere fortsetzen, beispielsweise als Europameister in Produce of Dam, wobei nur Nachkommen derselben Stute vorgestellt werden. Dream A Lil Bit ist die einzige Stute an der deutschen Wall of Fame – einer Liste der berühmtesten Deutschen Appaloosas – an der bislang nur verstorbene Hengste geehrt wurden. Außerdem ist sie nach wie vor die einzige Appaloosastute in Deutschland mit drei gekörten und leistungsgeprüften Söhnen. Sie gewann das Zuchtbuchmotto 2001 (Das Jahr des Züchters mit ihrem Sohn Hawks Dreamfinder) und 2002 (Das Jahr des Zuchtfortschritts mit dem Stutfohlen The Dream of Hawk).

Dream A Lil Bit zeichnete sich durch stets gesunde Fohlen aus. Bis jetzt hat sie vier Hengstfohlen und sechs Stutfohlen hervorgebracht, die bei immer gleicher Anpaarung mit Sully Hawk die gesamte Farbpalette der Appaloosas bot: von einfarbig weiß über einfarbig schwarz bis dreifarbig bunt, Leopard wie Decke. Deshalb wurde

Die Eltern von Hawks Dreamfinder: Seine Mutter Dream A Lil Bit (links) ist eine eher unscheinbare Stute, die es trotzdem bis an die Wall of Fame geschafft hat. Sein Vater Sully Hawks (rechts) prägte bis zu seinem Tod die Nachzucht der Familie Dessureault und zeugte mit Dream A Lil Bit die verschiedenfarbigsten Fohlen.

© Archiv Dessureault (2)

Die Bärentatze auf der linken Hüfte von Hawks Dreamfinder macht ihn unverwechselbar. Das Bild zeigt ihn in einer Pleasureprüfung mit seinem Trainer Jeff Ray.

sie in die Untersuchungen der Farbvererbung einer niederländischen Forscherin aufgenommen. Ihre Nachkommen leben weit verstreut. Eine Stute ist sogar in Irland erfolgreich.

Sully Hawk war seit Jahren der Hengst, der die Dessureault-Nachzucht prägte. Er war in South Dakota geboren und als Absetzer mit zwei anderen Hengsten und vier Stuten nach Deutschland geholt worden. Dreijährig wurde Dream A Lil Bit erstmals von ihm gedeckt. Die Trächtigkeit verlief relativ komplikationslos. Bei Erstlingsstuten war man besonders vorsichtig und Dr. Hedi Dessureault verbrachte die letzten zwei Wochen vor dem Abfohlen nachts im Stall auf einem Strohbund im Halbdunkeln vor der Box sitzend. Als sie am Morgen des 19. März 1995 mit einem Kaffee in

der Hand nach 15 Minuten Abwesenheit in den Stall zurückkehrte, traute sie ihren Augen nicht: Ein Abbild seines Großvaters Dreamfinder versuchte gerade aufzustehen. Der braune Hals, der dreifarbige Kopf mit viel mottled skin, die großen Menschenaugen, der weiße Körper mit zahlreichen hell- und dunkelbraunen und fast schwarzen Flecken, braunen Beinen und fast schwarzem Langhaar. Eine 1:1 Kopie von Dreamfinder!

Ein Häuptlingspferd für die ApHCG-Präsidentin

Nachdem das Fell abgetrocknet war, trat die unglaubliche Überraschung zu Tage: dunkelbraune Ohren mit weißen Spitzen und die Fleckformation einer Bärentatze auf der linken Hüfte – ein heiliger Hengst! Bei den Nez Percé Indianern, wo die Appaloosa-

rasse ihren Ursprung fand, gab es alle 20-50 Jahre einen weißen Hengst mit eben dieser Färbung, der als heilig galt, weil er nicht nur besonders klug und gesund, sondern auch ausnehmend vielseitig und zuverlässig unter dem Reiter sein sollte. Diese Hengste waren immer den Häuptlingen vorbehalten, durften von niemand anderes berührt werden und schliefen mit ihrem Häuptling im Tipi. In ihrer Wertigkeit lagen sie weit vor der Lieblingsfrau ihres Besitzers. Dessureault kannte diese Sage gut, jedoch schien es ihr naturwissenschaftlich unsinnig, die Farbgenetik mit Verhaltensweisen und Charakterstrukturen verknüpft zu sehen. Selbstironisch musste sie bei dem Gedanken lächeln, da sie als Präsidentin des Appaloosa Horse Club Germany (ApHCG) und der European Federation auch eine Art Häuptling war ...

Der heilige Hengst beim Ausritt mit Uli Dessureault. Während viele Turnier-Pleasurepferde nur in der Reithalle funktionieren, ist Hawks Dreamfinder auch in freier Natur leicht händelbar und voll bei der Sache.

Wenige Tage nach der Geburt von Hawks Dreamfinder meldete sich eine Züchterin aus dem Raum Köln mit der Bitte, ob sie das Hengstfohlen sehen dürfe. Woher sie ihre Informationen bezogen hatte, blieb völlig unklar. In Meschede angekommen, ließ sie sich das Fohlen mit Stute in der Reithalle im freien Lauf zeigen. Zur großen Verwunderung aller zückte sie ein Scheckbuch und überreichte einen Scheck mit der unglaublichen Summe von 50 000 DM darauf. Also war ihr die Sage wohl bekannt! Dessureault lehnte spontan ab und verkündete, der Hengst sei, solange sie lebe, nicht zu verkaufen. Im selben Moment zweifelte sie jedoch insgeheim an ihrem Verstand. Zu diesem Zeitpunkt konnte sie noch nicht ahnen, dass Hawks Dreamfinder später ein Vielfaches dieser Summe durch seine Siege und Fohlen einbringen würde.

Im Sommer 1995 fuhren Dessureaults mit sieben Pferden zur Europameisterschaft nach Paris. Zu Hause blieben die Stuten mit ihren Fohlen und ein Stallbursche, der seit kurzem auf dem Hof angestellt war und versicherte, er „käme schon klar". Im Haus sah die 85-jährige Großmutter nach dem Rechten. Vereinbart war dreimal täglich Telefonkontakt mit ihr. Allerdings ging nach dem zweiten Tag niemand mehr ans Telefon und in Paris war man in großer Sorge, was wohl passiert sei. Ein Kontakt mit dem Stallburschen war ebenfalls nicht möglich.

Schock nach der Heimkehr

Als alle dann schließlich nach vier Tagen morgens um drei Uhr nach Hause kamen, fand man die Großmutter in der Box des kleinen Hawks Dreamfinder und seiner

Mutter auf dem Boden sitzend. Das Köpfchen des Fohlens auf dem Schoß, selbst den Kopf an die Boxenwand gelehnt und tief schlafend. Es war nicht zu übersehen, dass der Körper und die Beine des Fohlens mit geklammerten Nähten übersät war, zum Teil über 12 cm lang. Der Stallbursche hatte offenbar die Chance genutzt, dass er nun „Herr auf dem Hof" war und seine Cowboyträume voll ausleben konnte. Er wollte den Westernhelden nacheifern und an Hawks Dreamfinder in der Halle üben, wie man ein Rind, in diesem Fall ein Fohlen, mit dem Lasso einfängt. Völlig ungeübt gelang ihm das natürlich nicht und das Lasso traf den kleinen Körper mehrfach wie eine Peitsche, was das Fohlen so in Panik versetzt haben muss, dass es durch die geschlossene Fensterscheibe sprang und sich dabei den Körper an unzähligen Stellen zerschnitt. Die Großmutter hörte im Haus das laute Wiehern des Fohlens, das zwischen Hallenwand und Pick Up Truck inmitten der Scherben eingeklemmt war. Tierarzt und herbeigerufene Helfer befreiten es.

Da Hawks Dreamfinder durch den erheblichen Blutverlust geschwächt war, wurde überlegt, ihn einzuschläfern. Die Großmutter aber bestand darauf, dass alles Menschenmögliche unternommen wurde. Nach mehrstündigem Klammern aller Schnitte lag das Fohlen fast leblos auf dem Boxenboden und der Tierarzt äußerte den Verdacht, dass die Nähte unter Umständen nicht halten würden, wenn sich das Fohlen viel bewegte. Deshalb beschloss die alte Dame, dafür zu sorgen, dass es nur zum Trinken aufstand und sonst ruhig lag. Der Kleine hatte sich binnen weniger Stunden daran gewöhnt, den Kopf auf ihrem Schoß zu lassen und nur noch zur Nahrungsaufnahme aufzustehen. Erstaunlich war auch, dass Dream A Lil Bit dies alles ohne Gegenwehr zuließ.

Die jüngere Nachzucht von Hawks Dreamfinder steht noch auf der Dessureault Appaloosa Horse Farm. Die ältere läuft bereits erfolgreich auf Turnieren.

Trotz seiner schweren Verletzungen als Fohlen war Hawks Dreamfinder im Sport äußerst erfolgreich.

In den folgenden Wochen heilten alle Wunden besser als erwartet und die Klammern konnten problemlos entfernt werden. Besonders erfreulich war, dass Hawks Dreamfinder trotz der teilweisen Sehnendurchtrennung an der linken Hinterhand über dem Huf nicht lahmte und bald wieder seine Bocksprünge in der Halle übte. Über das Schicksal des Stallburschen braucht nicht berichtet zu werden. Er wurde binnen weniger Minuten verabschiedet.

Hawks Dreamfinder ist „Most Colorful"

Womit jedoch niemand gerechnet hatte, waren die psychischen Folgen des Traumas. Hawks Dreamfinder konnte problemlos durch die Stallgasse in die Reithalle geführt werden. Es blieb jedoch absolut unmöglich, ihn durch die Tür auf den Hof zu führen, wo er so lange eingeklemmt gewesen war. Über Wochen und Monate wurde täglich mehrfach versucht, ihn mit Geduld herauszulocken. An ein Vorstellen in Weanling Halter war deshalb nicht zu denken. Das Ziel war nun, ihn wenigstens als Jährling mitzunehmen. Als es endlich im Winter gelang, ihn durch die Türe zu führen, war die Freude groß, jedoch ein Verladen zum Transport die nächste Barriere. Als man schließlich im Frühjahr zur ersten Show fuhr, dauerte es trotz monatelangem Üben immer noch drei Stunden bis er auf dem Transporter stand – und dies sollte sich auch über Jahre nicht ändern.

Natürlich waren die Dessureaults neugierig, wie er mit der neuen Umgebung auf dem Turnier und dem langen Stehen während der Show umgehen würde. Erstaunlicherweise gewann er nicht nur seine Altersklasse und die Most Colorful, sondern verhielt sich auch „professionell", sobald er auf dem Showground war. Es schlossen sich zahlreiche erste Platzierungen, Grand

Der typische Dreamfinder-Kopf mit den charakteristischen wachen und intelligenten Augen macht seine Nachkommen unverkennbar.

Champion und Reserve Champion Titel an. Hawks Dreamfinder war nicht nur ebenso erfolgreich wie seine Mutter, es kamen auch die zahlreichen Siege in Most Colorful, der gemeinhin größten Klasse in den Appaloosa-Shows hinzu. In manchen Shows hörte man den Ausruf der amerikanischen Richter: „Look, this horse got the bearclaw" als Hinweis, dass die Sage vom Heiligen Hengst durchaus weltweit bekannt ist.

Inzwischen, knapp dreijährig, war Hawks Dreamfinder unter dem Sattel und erwies sich als ausgesprochenes Pleasuretalent: leicht zu versammeln, elegant und schwebend ohne den häufig zu sehenden Viertakt im Galopp, wie ihn viele zu langsam „eingestellten" Pleasurepferde zeigen. Dessureault war sich mit dem Trainer einig, dass mit

diesem Talent sorgsam umgegangen werden musste und gemeinsam erarbeiteten sie einen Mehrjahresplan: 1. Sehen, ob er in Pleasure im Ring durchhält, z.B. hinter einer rossigen Stute. 2. Erst decken lassen, wenn er sich auf den Shows als zuverlässig erwiesen hat und 3. Maximal eine zusätzliche Disziplin pro Jahr, um den Kopf klar zu halten, und zwar in der Reihenfolge Pleasure, Trail und Hunter in Hand, Hunter Under Saddle und schließlich Hunter Hack, weil er zum Erstaunen aller spontan über ein in der Reithalle aufgebautes Hindernis sprang.

Nach mehreren Erstplatzierungen in Pleasure während der Showsaison 1998 wurde die Deutsche Meisterschaft in Aachen mit Spannung erwartet. Neben seinen Halter-

Hawks Dreamfinder

- Sully Hawk
  - Hollywood Tom Cat
    - Hollywood Plaudit
      - Plaudits Red
        - Red Plaudit
        - Little Cowgirl
      - Little Fooler
        - Golden Rush
        - Scarlet Tyde
    - Queen Cat
      - Old Copy Cat
        - Old Tom Cat
        - Ank Hancock
      - Money Creeks Monte Anna
        - Jokers Monte
        - Money Creeks Siri Anna
  - Gypsy Autumn
    - Sallys Lancer
      - Heels Melody
        - Gold Heels
        - Melody
      - Sully Sunshine
        - Sullys Pattern
        - Roys Red Sails
    - Gypsies Flick
      - Toppers Britches
        - Top Rail
        - Lucy Belle
      - Gypsie Rose
        - Stan Patches
- Dream A Lil Bit
  - Dreamfinder
    - Alias King
      - Alias Smith And Jones
        - Z-Bull
        - Hancock Lady I
      - Carlin
        - Leon Bars
        - Fiesty B King
    - Aztecs Fancy Frani
      - Aztec Sun
        - Big Sun
        - Golden Lea Miss
      - Another Sister
        - Copper Bunkhouse
        - Skip To My Sue
  - Billie Three Jets
    - Jet Dial
      - Johnny Dial
        - Depth Charge
        - Black Annie
      - Leo Jewel
        - Leo
        - Linda Jewel
    - Three Bars Jodie
      - Bars Bert
        - Sugar Bars
        - Dunny Bert
      - Estatata Red
        - Muskogee Red
        - Flashes Second

siegen holte er dort die Silbermedaille hinter einer erst fünf Tage zuvor aus den USA eingeflogenen National Champion Stute in 3-Year-Olds Snaffle Bit Pleasure.

Auf der ganzen Welt einzigartig

Am Ende einer sehr erfolgreichen Turniersaison sollte nun im Herbst und Winter das erweiterte Training von Hawks Dreamfinder fortgesetzt werden, als ein Fernsehproduzent bei Dessureaults anrief. Geplant war eine Sendung über Appaloosas mit all ihren Besonderheiten und vor allem ihrer Geschichte bei den Nez Percé Indianern, die durch ihre frühen Selektionsmethoden (Kastration) die Qualität ihrer Pferde stark verbessert hatten und nicht zuletzt dadurch über einen so langen Zeitraum unschlagbar geblieben waren – bis sie schließlich von der amerikanischen Kavallerie in einen Hinterhalt gelockt und ebenso wie ihre Pferde dezimiert wurden. Er bat nicht nur um Hilfe bei den Kontakten zu dem Indianerstamm, sondern auch um Unterstützung bei der Suche, ob es aktuell einen „Heiligen Hengst" gebe. Dessureault antwortete lachend: „Da brauchen Sie nicht lange zu suchen. Der steht bei uns". Natürlich glaubte der TV-Produzent kein Wort. Also vermittelte Dessureault ihm die Kontakte zu dem Ältestenrat der Indianer und riet ihm, den alljährlichen Chief Joseph Trail in den USA mitzureiten, an dem in der Regel über 300 bekannte Appaloosazüchter aus aller Welt teilnehmen. Dort wüsste man sicher, wo es noch einen „Heiligen Hengst" gibt. Nach einem Jahr erfolgte ein erneuter Anruf mit der Bitte: „Machen sie Ihren weißen Hengst sauber. Wir kommen morgen zum Filmen. Ich habe tatsächlich in der ganzen Welt keinen zweiten gefunden". Und so avancierte Hawks Dreamfinder am nächsten Tag zum Fernsehstar.

1999 wurde an den vorjährigen Turniererfolg angeknüpft: Deutscher Vizemeister in Junior Western Pleasure in Aachen, neben den Siegen in Halter und anderen Disziplinen. 2001 kamen dann Siege in Trail, Hunter Under Saddle und Hunter in Hand dazu. In diesem Jahr war Hawks Dreamfinder bereits dreimal All Around Champion, also erfolgreichstes Pferd eines Turniers. 2002 folgten noch mehr

Siege und erneut dreimal der Titel des All Around Champions. Inzwischen war er im Deutschen Zuchtbuch Mottosieger als Bester in Deutschland gezogener Hengst und bekam den Titel des Supreme Champion – die höchste Auszeichnung des Deutschen Zuchtbuchs. Aus den USA wurde ihm der Titel des Champion Horses verliehen.

Inzwischen war Hawks Dreamfinder außerdem Profi im Decken an der Hand geworden. Von seinen dreifarbigen Fohlen waren alle erfolgreich, die auf Turnieren vorgestellt wurden. Deshalb belegte er noch sehr jung, neben altgedienten Hengsten mit unzähligen Nachkommen, den fünften Platz mit drei erfolgreichen Nachkommen in der Sire Statistic und Sire Production Record of the Appaloosa Horse Club USA – nach seinem Vater Sully Hawk, der

die Statistik mit 20 erfolgreich geshowten Nachkommen auf Platz 1 anführte.

Legende oder Wirklichkeit?

Es stellt sich die Frage: Glauben wir an die Sage vom „Heiligen Hengst"? Ist die Farbkombination mit der Bärentatze und den braunen Ohren mit den weißen Spitzen gepaart mit einer besonderen Intelligenz, Persönlichkeit und Rittigkeit? Hawks Dreamfinder, jetzt 15 Jahre alt, als Fohlen schwer verletzt und fast aufgegeben, gelang in den folgenden Jahren eine bemerkenswerte Turnierkarriere. Er zeugte ungewöhnlich schöne und erfolgreiche Nachkommen, brauchte nie mehr einen Tierarzt, lebt und deckt 2010 immer noch unbeschwert auf der Dessureault Appaloosa Horse Farm. Mehr kann man von einem Heiligen Hengst nicht erwarten. ★ DR. HEDI DESSUREAULT

KAAPKE

SPECIAL TRICK –
AQHA Champion Sire und
Top Ten DQHA Leading Sire

Im Dezember 1984 machte sich Volker Laves auf den Weg in die USA zu seiner jährlichen Winter-Pferdeeinkaufstour. Er suchte nach einem Tophengst für die Zuchtpläne der Circle L Ranch. Was er fand, war ein blutjunger All Arounder, der in den kommenden Jahren für Gesprächsstoff in der europäischen Zucht sorgen sollte.

Bei ihrer Reise durch das Land der American Quarter Horses kamen Volker Laves und Birger Giesecke von Chicago über Dallas nach San Antonio, zurück über Amarillo, Denver, Omaha nach Iowa/ Wisconsin. Unterwegs sahen sie sich zahlreiche Hengste an und sammelten viele Informationen. Aber das Traumpferd ließ auf sich warten. Durch den Kontakt mit Mike Milkie (AQHA-Richter) in Wisconsin liebäugelten die beiden deutschen Quarter-Fachmänner dann zunächst mit einem Foundation-Hengst, der neben einem korrekten Gebäude auch mit seiner Dun-Farbe bestach. An einem der letzten Tage – es war bereits etwa 23.30 Uhr

– sahen Laves und Giesecke dann den erst 1,5-jährigen Special Trick bei der Züchterin Nancy Kay Zachow. Er war ein Sohn des erfolgreich in verschiedenen Performance-Klassen vorgestellten Hengstes Son of Tailwind (110 AQHA-Punkte) aus einer Tochter von Beau Bonanza. Diese Tochter mit Namen Bebe Bonanza war auf der World Show selbst Finalistin in Pleasure Driving. Beau Bonanza war außerdem Vater von World Champions in Pleasure, Roping und Halter und ein einflussreicher Hengst zu dieser Zeit.

Mike Milkie kannte den Vater Son Of Tailwind gut von den Shows und war sehr von ihm überzeugt. Der noch junge Vererber hatte schon einige gute Pferde in den Futurities gestellt. Special Trick überzeugte alle aufgrund seiner Ausstrahlung, seiner Qualität in Gebäude und Bewegung, aber auch wegen seines freundlichen, ruhigen Wesens. So sehr, dass er nach dem Vet-Check am nächsten Tag gekauft wurde. Im Februar holte Familie Laves dann Special Trick in Amsterdam am Flughafen mit einer weiteren Son of Tailwind-Tochter, Specially Made, und einer Kundenstute ab. Der junge Hengst sorgte natürlich gleich für Gesprächsstoff in der kleinen Quarter-Horse-Szene in Jahr 1984, denn es gab bis dahin in Deutschland nur sehr wenige Hengste aus dem All Around Bereich.

Die Karriere ging steil nach oben

Als Zwei- und Dreijähriger erreichte Special Trick fast immer einen Grand-Champion-Titel in Halter auf den Quarter-Horse-Turnieren. Im Herbst 1985 wurde er in Weser-Ems zur Körung vorgestellt, zu der immerhin sechs Quarter-Horse-Hengste als Rassegruppe kamen. Special Trick gewann die Körung mit besonderer Belobigung durch den Zuchtleiter. Als Vierjähriger wurde er dann zur Hengstleistungsprü-

fung unter dem Sattel vorgestellt – damals noch eine Mindestleistungsprüfung, in der die Hengste 300 Meter Schritt in 3,0 Minuten, 600 Meter Trab in 3,0 Minuten und 1,5 km Galopp in 3,0 Minuten zurücklegen mussten. Für American Quarter Horses ist besonders die Schrittstrecke ein Problem, da sie nicht so raumgreifende Schritte haben wie klassische Reitpferde. Special Trick meisterte jedoch die Strecken in bester Manier und wurde auch dort Hengstleistungsprüfungssieger in seiner Klasse.

In den Jahren 1984 bis 1989 holte der Hengst acht Grand- und sechs Reserve-Champion-Titel – das war fast in jeder Show. Er verdiente insgesamt 20,5 Halter Points, obwohl es in dieser Zeit fast immer nur einen Punkt für den Grand Champion gab.

Ingesamt zeugte Special Trick 161 Fohlen, von denen 71 auf AQHA-Shows gezeigt wurden. 39 seiner Nachkommen haben 640 AQHA-Punkte zusammengetragen. Einige davon sind noch heute auf Turnieren zu sehen. Sie waren Futurity-Champions, AQHA Champions, Highpoint-Pferde

Volker Laves war einer der ersten Importeure von American Quarter Horses nach Deutschland. Heute ist er nicht nur erfolgreicher Züchter und Reiter, sondern seit 2009 auch „AQHA Professional Horseman".

sowie für die World Show qualifiziert und haben außer in Cutting und Working Cowhorse in fast allen Disziplinen Erfolge mit nach Hause gebracht.

CL Special Skip gewann als Drei- und Vierjähriger die Pleasure-Futurity und als Fünf- und Sechsjähriger die Pleasure-Maturity. Hier als Sieger bei der Halter-Futurity 1991 in Aachen.

Die Nachzucht von Special Trick stellt sich vor

Auf der ersten Futurity in Wipperfürth 1985 stellte die Circle L Ranch die erste Nachzucht von Special Trick vor: CL Special Fundi aus der Fundi Lily, die prompt die Stutfohlen-Futurity gewann. Es waren immerhin über 30 Fohlen am Start, jeweils die Hälfte in jeder Geschlechterklasse. In den Jahren danach wurde sie sowohl bei den Jährlingen als auch bei den Zwei- und Dreijährigen Champion bzw. Reserve Champion. Special Fundi bekam später ihr ROM Performance, hatte Punkte in Pleasure, Trail, Hunter under Saddle, Reining, Barrel Race und natürlich jede Menge Halter-Punkte. In ihrer Erfolgsserie wechselte sich Special Fundi mit einer anderen Special Trick Tochter auf den beiden ersten Plätzen ab: Special Broadway (Special Trick x Broadway Isle). Sie wurde als Fohlen an Günther Gerau verkauft, der sie intensiv in Halter-Futurities showte. In Aachen erlangte sie den ersten Pleasure-Futurity-Champion-Titel mit Conny Kupfer im Sattel. Aber auch in den Jahren danach war Special Broadway

in Performance-Klassen ganz vorne mit dabei. Special Trick – selber schon mehrfacher Grand Champion – gehörte in dieser Zeit zu den führenden Vererbern.

Es gibt noch eine lange Reihe weiterer Söhne und Töchter von ihm, die sich ins Gedächtnis eingebrannt haben: zum Beispiel CL Special Song, eine Stute aus der Silent Song, eine der ersten originalen Wiescamp-Stuten, die Circle L importiert hatte. Sie wurde 1988 Reserve Champion in der Weanling Mare Futurity. Nach ihrem Verkauf wurde sie leider nicht mehr im Sport eingesetzt.

Ein weiteres Fohlen war der kleine Hengst CL Special Skip aus der Skip O Shasta, ebenfalls eine original Wiescamp-Stute. Skip O Shasta sollte zu der bedeutendsten Gründerstute in der Zucht der Circle L Ranch werden, indem sie mehrfach Europameister, Futurity-Sieger und Highpoint-Pferde hervorbrachte. Ihre Gene wirken in der Circle-L-Zucht nach wie vor weiter. Ihr Sohn CL Special Skip kam in der Futurity auf den dritten Platz. Er wurde später

jeweils Champion bzw. Reserve Champion und auch Europa- bzw. Vize-Europameister in Halter. Unter dem Sattel wurde er von Barbara Metzger vorgestellt – eine ehemalige Auszubildende im Stall Leckebusch. Als Dreijähriger gewann der junge Hengst mit ihr die Pleasure-Futurity und die Europameisterschaft in Halter. Damit trat er in die „Fußstapfen" der Special Trick Nachkommen vor ihm und vervollständigte die Erfolge der Circle-L-Nachzucht.

In den folgenden Jahren gewann er wieder unter Barbara Metzger als Vierjähriger die Pleasure-Futurity und als Fünf- und Sechsjähriger die Pleasure-Maturity. CL Special Skip platzierte sich weiterhin sehr stark auf AQHA-Shows. Er hat ein ROM in Reining und Punkte in Hunter, Pleasure und Western Riding und wurde als erster Sohn von Special Trick AQHA-Champion. Der Hengst steht bei Familie Schürmann, die ihn bereits als Fohlen von Circle L gekauft hatte. Er ist gekört mit Hengstleistungsprüfung und eingetragen in das Hauptbuch 1 der DQHA. Neben seinen eigenen Erfolgen hat er bereits bedeutende Nachzucht produziert. Darunter nicht nur Europameister in Halter, sondern auch erfolgreiche Performance-Pferde. Sowohl die Familie Schürmann als auch weitere Züchter begründen ihren Erfolg auf von Circle L gekaufte Skipper-W-Stuten. Familie Laves ist besonders stolz darauf, dass nicht nur sie, sondern auch ihre Kunden mit Circle-L-Pferden erfolgreich sind.

Hank Wiescamp und Skipper W

Die Circle L Ranch in Niedersachsen führt in Europa 60 Jahre Zuchtarbeit des bekannten Züchters H. J. „Hank" Wiescamp fort, der schon zu Lebzeiten eine Legende war. Special Trick ist ein Urenkel von Skipper W. Dieser fuchsfarbene Hengst war eines der vielseitigsten Pferde in den Annalen der

Doppelerfolg für Special Tricks Nachkommen: CL Special Skip (links) als Champion der Pleasure Futurity 1992 und CL Special Zip als Reserve Champion.

© Montgomery

Skipper W, eines der berühmtesten American Quarter Horses überhaupt, stammt aus der Zucht von Hank Wiescamp. Er war Special Tricks Urgroßvater.

American Quarter Horse Association. Er kam im Frühjahr 1945 auf der Ranch von Hank Wiescamp in Alamosa, Colorado, zur Welt. Auf die Frage, wie das Fohlen zu diesem seltsamen Namen kam, erzählte Hank folgende Geschichte: „Ich hatte damals, zur selben Zeit, als Skipper auf die Welt kam, noch ein weiteres Hengstfohlen. Es war das gleiche Jahr, als der Film Showboat herauskam und ich nannte den kleinen gelben Hengst deshalb nach diesem Film. Wie auch immer, ich hatte die tragende Stute Hired Girl in einem Korral untergebracht, und nachdem sie abgefohlt hatte, beauf-

tragte ich einen Mitarbeiter, den Nabel des neugeborenen Hengstfohlens zu desinfizieren. Nachdem der Mann dies getan hatte, stand der Kleine auf, drehte sich um und schlug prompt schmerzhaft nach ihm aus. Ich sagte zu dem Cowboy: ‚Sieh dir das an, er weiß bereits, wer hier der Boss ist!' Da ich schon dieses Fohlen namens Showboat hatte, dachte ich, dass jedes Boot einen Boots- oder Steuermann (= Skipper) braucht – und so nannte ich das Neugeborene eben Skipper. Das beigefügte „W" steht für Wiescamp."

Abstammungen dieser Zucht sind nach dem Tod von Hank Wiescamp nun in vielen Ländern der Welt vertreten. In Deutschland stehen direkte Nachfahren dieser Blutlinie außer auf Circle L auch bei Diamond E Quarterhorse (Verden-Walle). Die Wiescamp-Pferde spiegeln durch ihr Aussehen und ihre Vielseitigkeit den originalen American Quarter Horse Typ wieder. Ihre Ruhe und Ausgeglichenheit, verbunden mit weichen, athletischen Bewegungen, machen sie zum idealen All-Around-Pferd für die ganze Familie bei Freizeit und Turnier.

Der Beginn einer einmaligen Zucht

Kirsten und Volker Laves bezogen ihren Hof in Wenden (Kreis Nienburg) im Mai 1983. Noch im selben Jahr importierten sie die ersten Pferde aus den USA. In der Folgezeit kamen etwa 15 bis 30 Pferde pro Jahr nach Deutschland. Im Nachhinein stellte sich heraus, dass in jedem Transport mindestens ein Pferd dabei war, das stark auf die Skipper-W-Blutlinie zurückzuführen war. Die Vorstellung von einem bestimmten Typ American Quarter Horse war vielleicht noch sehr vage, aber irgendetwas hatte sich bereits damals herausgearbeitet und wie sich herausstellen sollte, empfanden die Kunden von Circle L das genauso. Auf einer der ersten Einkaufstouren wurden bereits zwei Stuten gekauft, die von einem Züchter namens Hank Wiescamp stammten. Diese Pferde waren von der Qualität, von der Bewegung und der Struktur her so viel besser als die meisten Pferde, die vorher nach Deutschland kamen, dass Volker Laves das Gefühl hatte, sehr nahe an dem zu sein, was er sich für die Zukunft vorstellte. Zu diesem Zeit-

Die Circle L Ranch aus der Vogelperspektive

Kirsten Laves vor ihrer Ranch in Wenden. Sie hatte ein besonders gutes Verhältnis zu Hank Wiescamp.

Eine Szene wie aus einem Bilderbuch: Wolfgang Laves auf Silent Ark in jungen Jahren

© privat/Circle L

punkt war bereits sein Hengst Special Trick auf Circle L im Deckeinsatz, und Laves suchte deshalb gezielt nach Stuten, die im Typ zu ihm passten. Obwohl Special Trick direkt auf Skipper W zurückgeht, war die Verbindung zwischen den Züchtern diesseits und jenseits des großen Teichs noch nicht hergestellt.

Die erste Reise zu einer Züchter-Legende

Nachdem 1985 der erste Fohlenjahrgang von Special Trick da war, zeichnete sich ab, dass seine Töchter ab 1988 zum Decken zurückkommen würden. Die Kunden äußerten folgerichtig den Wunsch, auf der Circle-L-Ranch einen weiteren Hengst aufzustellen, da sie dort die Beratung und den Service schätzten. Nun war die Zeit gekommen, direkt zu Hank Wiescamp zu fahren. Kirsten und Volker Laves suchten einen Palominohengst, den sie mit den fuchsfarbenen Special Trick Töchtern verpaaren könnten, denn zu dieser Zeit war die Palomino-Farbe sehr gefragt. Sie trafen Hank dann tatsächlich in Alamosa (Colorado) an. Allerdings nur Dank eines

Zufalls. Denn der Züchter hatte den Brief mit der schriftlichen Ankündigung vergessen und war im Begriff, an diesem Tag anderweitig unterwegs zu sein. Glücklicherweise erreichte ihn Volker Laves am Vorabend telefonisch und erinnerte ihn an ihr Treffen am nächsten Tag. Damals machten bereits Geschichten die Runde, dass sich Hank Wiescamp nicht mit allen Leuten traf, die Pferde bei ihm kaufen wollten. Vielleicht weil sie ihm nicht sympathisch waren – keiner weiß es. Familie Laves gehörte jedenfalls zu den Auserwählten, die empfangen wurden.

Ganz besonders zwischen Kirsten und Hank stellte sich sofort ein positives Verständnis ein, welches auch in den folgenden Jahren anhalten sollte. Sie bekamen die „große Tour" von ihm. Das bedeutete, dass sie alle Hengste anschauen durften, plus sämtliche Zuchtstuten auf den Weiden und natürlich die Nachzucht. An diesem Tag sahen sie ungefähr 250 Pferde – und das war der „Augenöffner" schlechthin. Es war kein einziges Tier dabei, das sie nicht gekauft hätten. Jeder, der Volker Laves kennt, weiß, dass er ziemlich genau – um

nicht zu sagen „pingelig" – ist. Es war ein einschneidendes Erlebnis, diese Qualität an Pferden geballt in einer Züchterhand zu sehen.

Der Meister der Blutlinienzucht

Nach diesem Besuch kam Silent Ark auf die Circle L Ranch. Der Palomino-Hengst gefiel Volker Laves nicht nur wegen seiner Farbe, sondern vor allem im Bereich Oberlinie, Knochensubstanz und Bewegungsqualität. Er setzte ihn als ideale Komponente zu Special Trick ein. In den folgenden Jahren zeigte sich, dass die Special Trick Töchter mit Silent Ark, aber auch die Silent Ark Töchter mit Special Trick sowohl in der weiteren Zucht als auch im Sport ein „golden trust" waren.

Die nächste Idee war, einen Fuchshengst für die Palomino-Stuten zu erwerben, denn Special Trick hatte auch viele Palomino-Töchter gebracht. Zu diesem Zeitpunkt war Sonny Dee Bar der Hengst, der quasi das war, was Zippo Pine Bar später sein sollte, nämlich der Vererber für All-Around-Pferde. Also ging man fast zeitgleich zum Kauf von „Ark" auf die Suche nach einem direkten Sohn von Sonny Dee Bar. Seine Nachzucht war bekannt für seine lockere Bewegung. Volker Laves hatte drei Söhne angeschaut, aber es war nichts dabei, was den Vorstellungen entsprach. Daraufhin rief er Hank Wiescamp an, ob er nicht einen Fuchshengst für ihn hätte. Dieser antwortete knapp, er sollte am nächsten Tag noch einmal anrufen – dann könnte er ihm mehr sagen. Am folgenden Tag teilte Hank ihm mit, er hätte noch einen guten zweijährigen Fuchshengst, der ein Sohn von Skippa Lark wäre. Auch Silent Ark ist ein Sohn von Skippa Lark, und Volker fragte Hank, ob er dann nicht zu eng in der Blutlinienführung sei. Daraufhin wurde er vom Meister der Blutlinienzucht aufgeklärt, dass die beiden Hengste aus total unterschiedlichen Mütterlinien kämen, so dass es hinsichtlich der weiteren Zucht keine Probleme geben würde. Hank Wiescamp sollte Recht behalten.

Laves kauften also Sierra Scheme – übers Telefon. Das Geld schickten sie nach Colorado, in der festen Überzeugung, das Richtige getan zu haben. Während des Besuchs in Alamosa hatten sie keine schlechten Pferde gesehen, also könnte man nicht so danebenliegen. Bevor die Pferde nach der Quarantäne nach Deutschland ausgeflogen wurden, waren sie noch in Chicago aufgestallt. Die Familie Milkie in Wisconsin war für die Logistik zuständig. Als die Hengste – Silent Ark und Sierra Scheme – dort ankamen, riefen sie Volker Laves an, um zu fragen, was das denn für ein Fuchshengst sei?

Daraufhin bekam Volker es mit der Angst zu tun, weil er dachte, Hank hätte ihnen doch etwas „angedreht". Die nächste Frage überraschte dann schon: Ob sie diesen Fuchs wohl kaufen könnten? Damit war die Sorge dahin, denn die Familie Milkie ist für ihre hervorragende Pferdekenntnis bekannt. Und wenn diese den Hengst kaufen wollte, konnte es kein schlechter sein!

Der Kreis schließt sich

Das hat Sierra Scheme dann auch in Deutschland bewiesen. Er war als Zweijähriger Highpoint-Stallion, setzte als Dreijähriger seine Karriere fort und wurde als Fünfjähriger AQHA-Champion. Sierra Scheme war der erste in Europa „gemachte" AQHA-Champion und hatte Punkte in Halter, Pleasure, Trail, Hunter, Barrel Race und Reining. Damals ritt

Grischa Ludwig den Hengst, zeigte ihn zuerst in Barrel Race, und gewann zehn Minuten später mit ihm die Pleasure. „Stehen die Tonnen in der Arena, weiß er, es geht ums Rennen", sagte sein Reiter. „Und wenn keine Tonnen da sind, schaltet er auf ruhig."

Das spricht wieder für das positive Mitdenken der Pferde für den Reiter, wenn sie entsprechend vorbereitet sind. Beide Hengste – Sierra Scheme und Silent Ark – erregten, obwohl noch sehr jung, ziemliches Aufsehen. Das ermutigte Familie Laves, auch einige Stuten bei Hank zu bestellen. Kurz darauf konnten sie drei wunderschöne Pferde in Amsterdam abholen. Eine davon, Skip O Verse, ist auch die Urgroßmutter von Smooth N Cody, dem zweifachen Europameister in Halter 2009. So schließt sich langsam der Kreis.

Wolfgang Laves auf Special Echo (Special Trick x Echo of Sissy) in der Pleasure Futurity 2008

© privat/Circle L

© Carola Steen

Im Alter von 28 Jahren genießt Special „Tommy" Trick seinen Lebensabend auf der Circle L Ranch.

Kirsten und Volker Laves haben jedes Jahr zwischen sechs und neun Pferde aus den USA nach Deutschland geholt. Durch die Bank waren diese Pferde erfolgreich, sofern sie geshowt wurden. 1990 kam von Hank Wiescamp Silent Chaffer (Europameister Halter 1990) dazu. Seine Kinder und Enkel punkteten stark mit ihrer überragend guten Bewegung: schwungvolles Untertreten und flaches Vorderbein. Silent Chaffer hatte eine extrem gut gewinkelte Schulter – fast 45 Grad. Etwas, das Volker Laves sonst noch nie bei einem Quarter Horse gesehen hatte. Mit diesem Hengstbestand wurde dann weiter gezüchtet.

Urteil und Vorurteil

Als Kirsten und Volker Laves Hank Wiescamp persönlich kennen lernen durften, war der Jahrhundertzüchter bereits über 80 Jahre alt. Es war üblich, erst zwei bis drei Stunden lang seinen Geschichten zu lauschen. Diese wiederholten sich zwar über die Jahre hinweg, aber ohne sie immer wieder anzuhören, konnte man auch keine Pferde kaufen. Nachdem Circle L mit Wiescamp-Horses so erfolgreich war, fuhren auch andere Leute aus Deutschland dort hin und wollten Pferde kaufen. Darunter auch Kunden, die deutlich mehr Geld hätten investieren können als Familie Laves, die aber ohne Pferde nach Hause geschickt wurden.

Genau zu dieser Zeit beeinflusste ein anderer Hengst stark die Quarter-Horse-Zucht, der nicht von Wiescamp stammte: Impressive. Wenn es darum ging, Pferde mit einem guten Gebäude zu züchten, war der muskulöse Fuchs sehr gefragt. Als dann 1994 der Gen-Defekt HYPP mit Impressive in Verbindung gebracht wurde, brach das Geschäft mit Pferden ein, die diesen Namen im Pedigree hatten. Daraufhin verzeichnete Hank Wiescamp wieder große Nachfrage nach seinen Stuten. Er gehört zu den wenigen Züchtern, die nie mit Impressive oder dessen Nachkommen gezüchtet hatten.

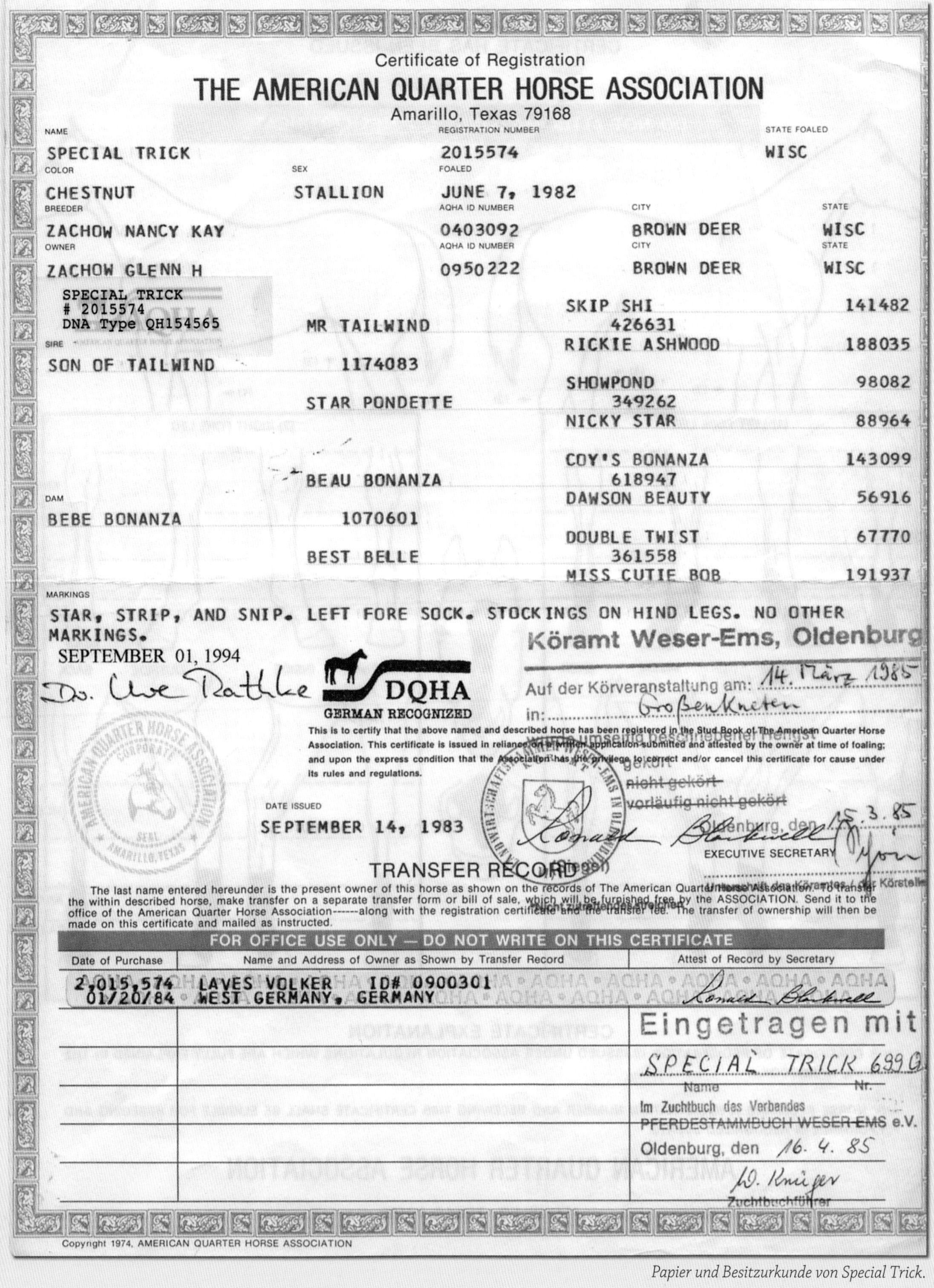

Certificate of Registration

THE AMERICAN QUARTER HORSE ASSOCIATION

Amarillo, Texas 79168

NAME		REGISTRATION NUMBER		STATE FOALED
SPECIAL TRICK		2015574		WISC
COLOR	SEX	FOALED		
CHESTNUT	STALLION	JUNE 7, 1982		
BREEDER		AQHA ID NUMBER	CITY	STATE
ZACHOW NANCY KAY		0403092	BROWN DEER	WISC
OWNER		AQHA ID NUMBER	CITY	STATE
ZACHOW GLENN H		0950222	BROWN DEER	WISC

SPECIAL TRICK
2015574
DNA Type QH154565

		SKIP SHI	141482
	MR TAILWIND	426631	
SIRE		RICKIE ASHWOOD	188035
SON OF TAILWIND	1174083		
		SHOWPOND	98082
	STAR PONDETTE	349262	
		NICKY STAR	88964
		COY'S BONANZA	143099
	BEAU BONANZA	618947	
DAM		DAWSON BEAUTY	56916
BEBE BONANZA	1070601		
		DOUBLE TWIST	67770
	BEST BELLE	361558	
		MISS CUTIE BOB	191937

MARKINGS

STAR, STRIP, AND SNIP. LEFT FORE SOCK. STOCKINGS ON HIND LEGS. NO OTHER MARKINGS.

SEPTEMBER 01, 1994

Dr. Uwe Rathke

DQHA
GERMAN RECOGNIZED

Köramt Weser-Ems, Oldenburg

Auf der Körveranstaltung am: 14. März 1985

in: Großenkneten

~~wurde umseitig beschriebener Hengst~~

gekört

~~nicht gekört~~

~~vorläufig nicht gekört~~

Oldenburg, den 15.3.85

(Unterschrift Vorsitzender / der Körstelle)

This is to certify that the above named and described horse has been registered in the Stud Book of The American Quarter Horse Association. This certificate is issued in reliance on a written application submitted and attested by the owner at time of foaling; and upon the express condition that the Association has the privilege to correct and/or cancel this certificate for cause under its rules and regulations.

DATE ISSUED

SEPTEMBER 14, 1983

Ronald Blackwell

EXECUTIVE SECRETARY

TRANSFER RECORD

The last name entered hereunder is the present owner of this horse as shown on the records of The American Quarter Horse Association. To transfer the within described horse, make transfer on a separate transfer form or bill of sale, which will be furnished free by the ASSOCIATION. Send it to the office of the American Quarter Horse Association------along with the registration certificate and the transfer fee. The transfer of ownership will then be made on this certificate and mailed as instructed.

FOR OFFICE USE ONLY — DO NOT WRITE ON THIS CERTIFICATE

Date of Purchase	Name and Address of Owner as Shown by Transfer Record	Attest of Record by Secretary
2,015,574 01/20/84	LAVES VOLKER ID# 0900301 WEST GERMANY, GERMANY	Ronald Blackwell

Eingetragen mit

SPECIAL TRICK 699 G.

Name Nr.

Im Zuchtbuch des Verbandes

~~PFERDESTAMMBUCH WESER-EMS~~ e.V.

Oldenburg, den 16. 4. 85

W. Krüger

Zuchtbuchführer

Copyright 1974, AMERICAN QUARTER HORSE ASSOCIATION

Papier und Besitzurkunde von Special Trick.

Hank Wiescamp ist heute der dritterfolgreichste Züchter in der Geschichte der AQHA von AQHA-Champions und ROM-Performance-Pferden. Dabei hat er seit den 1980er Jahren keine Pferde mehr aus der eigenen Zucht vorgestellt. Das hängt mit einer Geschichte zusammen, die sich 1987 zugetragen hat: Hank stellte einen vielversprechenden Hengst auf der World Show vor. Dieser wäre vielleicht Champion geworden, hätte ihn nicht ein Richter aufgrund einer früheren Auseinandersetzung ignoriert. Alle anderen Richter sahen ihn auf dem ersten oder zweiten Platz. Aber weil der eine Richter ihn gar nicht platziert hatte, wurde er nur Dritter. Daraufhin sagte Hank: „Wenn vier Richter ein Pferd vorne sehen, und ein Richter es gar nicht platziert, dann ist Politik wohl wichtiger als Qualität!" Daraufhin zeigte er nie wieder Pferde aus seiner Zucht auf Shows.

Für Hank Wiescamp standen drei Kriterien bei der Beurteilung eines Pferdes im Vordergrund: „Look, Brain, Speed" – Gebäude, Wesen, Athletik. Die Abstammung, also das Pedigree, kam, wenn überhaupt, an vierter Stelle. Wenn heute Reiter und Züchter über den Sinn von Halter-Prüfungen diskutieren, wird häufig genau das übersehen, was die Züchterlegende wusste: Gute anatomische Verhältnisse sind die Vorbedingung für gute Bewegungsabläufe. Exterieurmängel schaffen Probleme in der reiterlichen Ausbildung. Verantwortungsvolle Zucht bedeutet deshalb auch immer

			Skippers King	Skipper W
				Santa Maria
		Skip Shi		**Nick W**
			Shirley Nick	Joy Ann
	Mr Tailwind			Ashwood
			Rudy Ashwood	Peggy Denny
		Rickie Ashwood		Buckshot Mccue
			Rickie Fry	F S Susie
Son of Tailwind				Wimpy
			Showdown	Cacuchia
		Showpond		Pondie
			Pondora	Ellen H
	Star Pondette			**Bert**
			George Paul	**N R Jacci**
		Nicky Star		**Nick W**
			Nicks Nurse	Night Nurse
				Custus Rastus
			Jaguar	**Mame Taylor**
		Coys Bonanza		Little Joe the Wrangler
			Sparky Joann	Sparky
	Beau Bonanza			**Bert**
			George Paul	**N R Jacci**
		Dawson Beauty		Wimpy II
			EZ Dawson	Nancy Dawson
Special Trick				Cowboy
			Hard Twist	**Mame Taylor**
		Double Twist		**Hard Twist**
			Nancy Twist	Nancy Hance
	Best Belle			Three Bars
			Bobs Folly	Hot Heels
		Miss Cutie Bob		Smuggler
			Tammy Cue	Garvers Mexico Special
Bebe Bonanza				

Selektion. Selbstredend, dass das Interieur eines Pferdes, also die Charaktereigenschaften, genauso das wache Auge des Züchters benötigt. Hank Wiescamp züchtete AQHA-Champions – Pferde, die ihren Einsatz in Halter und Performance hatten. Wer wüsste also besser, worauf es bei der Bewertung eines American Quarter Horses ankommt.

Die Wertigkeit der Stutenlinien

Über die Jahre hinweg, in denen Familie Laves Pferde von Hank gekauft hatte, wurden immer einige behalten. Diese Stuten sind heute der Grundstock, mit dem weitergezüchtet wird. Überhaupt kann der Wert einer genau definierten Zuchtstutenherde – sozusagen handverlesen – nicht hoch genug eingeschätzt werden. Es war wieder der Altmeister der Linienzucht, Hank Wiescamp, der folgende Aussage traf: „Ich war immer davon überzeugt, dass die Fohlen guter Stuten 60 bis 70 Prozent Erbteil ihrer Mütter aufweisen, ca. 30 bis 40 Prozent gibt der Hengst in die Anpaarung." Ganz sicher hat der doppelte Vize-Europameister in der Jährlingshengstklasse CL Sailin Blues alle guten Gene mitbekommen. Dieser junge Hengst ist aus einer Wiescamp-gebrannten Mutter, nämlich Sailin Silent, die eine Vollschwester zu Silent Ark ist, und von Aint It The Blues, also einem „modernen" Hengst. Die Stute Sailin Silent ist auch Mutter von einem doppelten Superior Hunter-under-Saddle-Pferd von Special Trick, das seine Superior-Punkte in den Klassen Open und Youth bekam. Auch das ist wieder das einzige Pferd in der Geschichte der American Quarter Horses in Deutschland, das ein Open- und Youth-Superior in der Disziplin Hunter hat und AQHA-Youth-Champion ist. Diese Kombination – alte bewährte Foundation-Linie mal moderne Blutlinie – ist heute sehr beliebt. Tim McQuay ritt vor

Immer noch stolz präsentiert sich der Ausnahmehengst im Rapsfeld. Er zeugte 161 Fohlen. 39 davon haben 640 AQHA-Punkte zusammengetragen.

gar nicht langer Zeit einen jungen Hengst mit dem Namen Rawhide Banjo. Dieser ist drei Viertel Skipper W und ein Viertel Hollywood Dun It gezogen, und zwar über Dunit Rawhide, der von Hollywood Dun It aus einer Skip N Stage Mutter ist, gezüchtet von Jack Kyle. „Banjo" gewann die NRHA Non Pro-Futurity und das NRHA Non Pro Derby – mit Mandy McCutcheon im Sattel, der Tochter von Tim McQuay. Auch im heutigen Sport können Skipper-W-Nachkommen mithalten!

Zurück auf Circle L

Special Trick kam 1984 bereits mit seinem Rufnamen „Tommy" aus den USA nach Deutschland und er bezog seine Box in dem Viererstall auf der Circle L Ranch, der auch heute noch „Tommys Stall" genannt wird, obwohl der Hengst schon lange eine besondere Hengstbox mit großen Auslauf belegt. Dort kann er täglich mit den Stuten auf der einen Zaunseite flirten und sich über den anderen Zaun mit seinen

jüngeren Hengstkollegen im Imponiergehabe messen. In den ersten Jahren lief er im Herbst und im Winter immer mit seiner Lieblingsstute Broadway Isle auf einer Koppel. Aus dieser Verbindung gingen – wie wir bereits wissen – einige besondere Pferde hervor. Insbesondere die Anpaarung an Skipper-W-geprägte Stuten funktionierte über die Jahre hervorragend. Auch hier setzte sich die besondere Ausstrahlung, gepaart mit bester Oberlinie und flüssigen Bewegungen, von Special Trick unübersehbar durch.

So kann man noch heute aus einer Gruppe Pferde die „Tommy"-Kinder sofort herauskennen. Special Trick ist auch mit seinen 28 Jahren immer noch gut gelaunt und hat vielen Auszubildenden auf der Ranch beigebracht, wie ein Hengst zu führen ist und wie man ihn zum Decken an eine Stute heranführt. Dabei war er über all die Jahre immer vorsichtig und umsichtig mit seinen Menschen und den anderen Tieren.

★ CAROLA STEEN

★ ZÜCHTERPERSÖNLICHKEITEN ★

„DER WILLE ZUM SIEG SCHLÄFT NIE!"

Eleuterio Arcese – ein Visionär der Reining-Industrie

Wenn eine Vision auf den unbändigen Willen zum Sieg trifft, kann selbst das Unmögliche wahr werden. Eleuterio Arcese ist das lebende Beispiel dafür. Aus einem kleinen Transportgeschäft mit einem LKW machte er eines der größten Transport- und Logistikunternehmen Westeuropas. Aus der Begeisterung für Westernpferde das Imperium Arcese Quarter Horses.

Seit über 20 Jahren prägt Eleuterio Arcese entscheidend die weltweite Reining-Industrie. Seine Pferde gewinnen seit Ende der 1980er Jahre auf höchstem internationalem Level und machten ihn zum dritten Million Dollar Owner der NRHA USA. Als Präsident der Italian Reining Horse Association engagierte er sich stark für den Reining-Sport in Italien und dehnte dies dann auf internationaler Ebene aus. So garantierte Arcese auf vier Jahre das hohe Preisgeld der NRHA European Futurity und gab damit den entscheidenden Impuls zur raschen Umsetzung dieses wichtigen Turniers. Für seine Verdienste um den Reining-Sport wurde er in die NRHA Hall of Fame aufgenommen.

Arcese ist ein Self-Made-Man, wie er im Buche steht. Die Eigenschaften und Fähigkeiten, die ihn zu einem erfolgreichen Unternehmer machten, sind dieselben, die ihn zum Spitzenpferdezüchter prädestinierten. Der Wille zum Sieg treibt den heute 77-Jährigen noch genauso an wie in seinen Jugendtagen. Arcese wurde am 2. Juli 1933 in dem kleinen Dörfchen Arce, etwa 70 km südlich von Rom, als eines von elf Kindern einer Bauernfamilie geboren. Es waren schwierige Zeiten. Einsatzbereitschaft und Findigkeit waren gefragt – beides Eigenschaften, die der junge Eleuterio schon früh zeigte und die ihm später sehr zugute kommen sollten. Nach Kriegsende arbeitete er als LKW-Fahrer für eine Papiermühle in Arco nahe der österreichischen Grenze. Das Transportgeschäft florierte in der Nachkriegszeit und Arcese erkannte rasch die Chancen, die sich hier boten. Er kaufte seinen ersten eigenen LKW und baute sein Geschäft im Laufe der nächsten 50 Jahre zu einem riesigen Full Service Logistikunternehmen auf. Arcese transportiert heute Produkte aller Art über Land, per Schiff und Flugzeug in die ganze Welt und ist mit über 5000 Mitarbeitern, über 1500 LKWs und riesigen Lagerflächen eines der größten Transportunternehmen Westeuropas.

„Ein ganz großer Pionier für Europa!"

Die Pferde kamen 1983 ins Spiel. Damals suchte ein Freund und Geschäftspartner einen Platz für sein Pferd, einen American Quarter Horse Wallach, und Arcese half aus. Das Pferd gefiel ihm und er begann sich intensiv mit der Quarter-Horse-Industrie zu beschäftigen. Schon bald besaß er die ersten eigenen Turnierpferde, zunächst für Halter und Western Pleasure, dann für Reining. Der berühmte Funke sprang bei Arcese über, als er Bob Loomis kennen lernte. Ab dann stand fest: Spitzenmäßige Reining-Pferde wollte er haben,

Reining liegt bei den Arceses im Blut: Auch die Söhne Matteo (links) und Leonardo beschäftigen sich intensiv mit Sport und Zucht

© Cappy Jackson

Eleuterio Arcese (links) im Gateway of Champions nach dem NRHA Futurity Sieg von Wimpys Little Chic 2007. Neben ihm (v.l.n.r.) Züchterin Monica Watson, Shawn Flarida und Bill Horn.

und die sollten ganz vorn laufen. Wie schon im Transportgeschäft ging Arcese bei aller Begeisterung nicht planlos vor, sondern informierte sich sehr genau und entwickelte daraus seine eigene, wie sich herausstellte, sehr erfolgreiche Strategie. „Er ist ein unglaublicher Geschäftsmann", urteilte Loomis einmal über ihn. „Wenn man mit ihm Geschäfte macht, lernt man richtig etwas dazu. Er weiß genau, wann man nur das Beste nehmen muss. Für mich ist er ein ganz großer Pionier für Europa!"

Und so begann eine „Einkaufswelle" der besten Reining-Pferde bzw. viel versprechendsten Prospects. 1987 kaufte Arcese die legendäre Sophie Oak, mit der Loomis ein Jahr zuvor Futurity Champion geworden war. Wenige Monate später folgte Spirit Of Five von Frank Costantini, die unter Bill Horn

NRHA Futurity Champion wurde. Auf seiner Suche nach außergewöhnlichen Pferden fand Arcese schließlich den Hengst, der den Grundstock seiner Zucht legen sollte: Surprise Enterprise. Der Kauf ging wenige Tage vor der Futurity über die Bühne. Horn ritt den Hengst ins Finale der 1988er NRHA Futurity und zum NRHA Superstakes Champion 1989 und 1990 sowie zum AQHA World Champion Senior Reining. Surprise Enterprise, der mit einer Gewinnsumme von 60.000 Dollar die Reining-Arena verließ, machte rasch auch als Vererber von sich reden. Unter seinen Nachkommen sind ein Italian Reining Futurity Champion, NRHA Open und Limited Open Derby Champion, NRHA Breeders Futurity Champion, Italian Non-Pro Futurity Champion, Limited Open Futurity Champion sowie zwei NRHA World Champions.

Unzählige Siege in Reining und Cutting

In den 80ern und 90ern kamen herausragende Top-Pferde hinzu: Genuine Redskin, ein Vollbruder zu Shining Spark, den Arcese als Zweijährigen von Carol Rose kaufte (der Hengst war 1989 AQHA Congress Reining Futurity Open Reserve Champion und 1990 NRHA Open Derby Champion), und Playing It Out, ein Sohn von Hollywood Dun It, der NRHA Futurity und Derby Finalist wurde. Beide Hengste wurden sehr erfolgreiche Vererber in Europa.

„Eleuterios Energie ist unglaublich und sein Enthusiasmus ungeheuer ansteckend", so Frank Costantini. „Er ruht sich niemals auf seinen Lorbeeren aus. Konsequent verfolgt er die Verwirklichung seiner Vision. Für ihn st nicht nur wichtig, dass Arcese Quarter Horses die besten der Welt sind, sondern dass die Reining-Industrie ganz nach vorn kommt."

In den letzten zehn Jahren haben Arcese-Pferde einen Meilenstein nach dem anderen gesetzt. Unter den Toptrainern der USA wie Todd Bergen, Todd Crawford, Phil Rapp, Brent Wright, Tim McQuay und Shawn Flarida errangen sie unzählige Siege in NRHA, NCHA und NRCHA Prüfungen. Chic Please, Hickorys Holly Cee, Custom Mahogany, ARC Matt O Lena, ARC Sparkle Surprise, der NRHA Futurity Champion 2007, NRBC und NRHA Derby Champion 2008 Wimpys Little Chic, Walla Walla Whiz, Whizs Chic A Dee, Saturdaynight Custom, Custom Lena und Electrical Flash und natürlich Gunatrashya sind einige der großen Pferde, die dem Namen Arcese zu weltweiter Berühmtheit verholfen haben.

Ein Traum wird Wirklichkeit

Ende der 1990er Jahre dehnten die Arceses ihr Pferdegeschäft auf die Vereinigten Staaten aus. Der Betrieb im kalifornischen Clements wurde im Jahr 2005 ins texanische Weatherford verlegt – mitten ins Herz der Reining-Industrie. Zwei Jahre später gewann die Palominostute Wimpys Little Chic unter Shawn Flarida die NRHA Open Futurity und machte Arcese damit noch berühmter, als er es ohnehin schon war. Heute ist er der gewinnreichste Besitzer von Reining-Pferden.

„Mein 'American Dream' wurde 1986 geboren", sagt Arcese. „Damals hätte ich nie zu hoffen gewagt, dass wir einmal die Futurity mit einem unserer eigenen Pferde gewinnen würden. Ganz zu schweigen davon, dass wir unter die NRHA Futurity Top Open Owners kommen oder einen NRHA All Time Money Earner besitzen würden! Einen Futurity Champion zu besitzen, ist der Traum eines jeden Reining-Pferdebesitzers." Und er fährt fort: „Der Wille zum Sieg schläft nie. Man sollte niemals den Siegern ihren Erfolg missgönnen. Sie sind die, welche den Sport für uns promoten."

★ RAMONA BILLING

Arceses Wimpys Little Chic ist das gewinnreichste Reiningpferd aller Zeiten

© Wolfgang Rabe

GENTLEMAN IN COWBOYSTIEFELN

Er betreibt zwei Ranches und ein Sand- und Kieswerk, besitzt das Großgoldene Hundeführer-Sportabzeichen und war einer der ersten Importeure von American Quarter Horses in Deutschland. Nun wurde Johannes Orgeldinger zum ersten nicht-amerikanischen AQHA-Präsidenten gewählt. Porträt eines Horseman, der sich unermüdlich für das American Quarter Horse einsetzt.

„Souverän, positiv denkend und mit großem Weitblick." So beschreibt ihn ein Freund und lan-
ger Weggefährte. Spricht man andere Menschen auf Johannes Orgeldinger an, erhält man immer wieder dieselbe Beschreibung, nämlich die eines kompetenten, höflichen und hilfsbereiten Fachmanns in Sachen
American Quarter Horse. Unaufdringlich aber zielstrebig verfolgt Orgeldinger ein Ziel: Die Rasse American Quarter Horse und ihre vielseitigen Einsatzmöglichkeiten voranzutreiben. Durch sein jahrelan-

ges Engagement für diese besondere Pferderasse hat er sich seinen Weg an die Spitze der American Quarter Horse Association (AQHA) wahrlich verdient. Seit 2010 ist Orgeldinger neuer AQHA-Präsident. Seine Wahl ist eine kleine Sensation, denn bislang blieb das höchste Amt des Verbands mit Sitz in Amarillo, Texas, stets US-Amerikanern vorbehalten. Der Unternehmer, der neben seinem Sand- und Kieswerk die JOMM Ranches im fränkischen Großwallstadt sowie die Main River Quarter Horses in Gainesville, Texas, betreibt, wurde 2006 ins höchste AQHA-Gremium (Executive Committee) gewählt und steht seit März 2010 für ein Jahr an dessen Spitze.

Die ersten Westernpferde in Europa

Tiere und Sport spielten im Leben von Orgeldinger immer eine große Rolle. Sein Vater und er bildeten Deutsche Schäferhunde aus. Bereits mit 18 Jahren bekam er das Großgoldene Hundeführer-Sportabzeichen, die höchste Auszeichnung zu dieser Zeit. Auf den Bayerischen Jugendmeisterschaften war er Vizemeister und qualifizierte sich für die Deutsche Meisterschaft. Im Alter von 15 Jahren kaufte er sein erstes eigenes Pferd, eine Norwegerstute. Danach kamen einige Haflinger und andere Ponys dazu. Mit Freunden unternahm er Trailritte in der heimatlichen Umgebung. Später entschloss er sich sogar zum Springreiten.

Auf der Equitana 1975 in Essen wurden erstmals Westernpferde von Jean-Claude Dysli und Linda Tellington-Jones vorgestellt. Zu der damaligen Zeit gab es fast keine American Quarter Horses in Deutschland und Orgeldinger war sofort von der Vielseitigkeit dieser Rasse begeistert. Nicht nur die Pferde, auch die besonderen Sättel faszinierten ihn. Danach reifte in ihm der Entschluss, Westernreiter zu werden. Im folgenden Sommer verbrachte er einen Reiturlaub in Kalifornien, und ein Jahr später kaufte er sein erstes American Quarter Horse und brachte es nach Deutschland – und natürlich seinen ersten Westernsattel. Das war der „Startschuss" zu seiner Beteiligung an der Quarter-Horse-Industrie, wie er manchmal etwas ironisch erzählt. Bald importierten er und ein paar Freunde weitere Pferde. Die Nachfrage war groß. Dank einiger Quarter-Horse-Züchter in Alberta, Kanada, ging es mit dem Pferde-„Geschäft" schnell aufwärts.

„Einige der größeren Züchter in Alberta in den 1970er Jahren erinnerten sich an ihre europäische Herkunft", erzählt Orgeldinger, „und sie brachten Pferde mit

Das Executive Commitee der AQHA im März 2010 (von links): Don Treadway (Executive Vice President), Johnny Trotter (member Executive Committee), Johne Dobbs (member Executive Committee), Gene Graves (2nd Vice President), Peter Cofrancesco III (Vice President), Johannes Orgeldinger (President).

auf die Equitana. Ich kaufte eins davon und später hatte ich wirklich enge Beziehungen zu einigen der Züchter. Es gab eine Zeit, in der wir etwa 300 Pferde nach Europa importierten."

Orgeldinger und seine Freunde organisierten die ersten Verkaufsshows. Aber es dauerte nicht lange, da waren alle Pferde gekauft, die damals in Alberta zum Verkauf standen. „Also begannen wir, nach Pferden in den Vereinigten Staaten zu suchen, insbesondere in der Gegend um Dallas und Oklahoma City herum, weil dort die meisten angeboten wurden."

Mittlerweile importierten sie so viele Pferde, dass Probleme mit den Quarantäne-Vorschriften auftraten, die für die Einfuhr von Nutztieren nach Deutschland gelten. Es gab keinen Ort, der für die Aufnahme von zeitweise bis zu 50 oder 60 Pferden ausgestattet war. Um die Quarantäne-Anforderungen zu erfüllen, kaufte sich Orgeldinger 1991 eine Pferdefarm mit zehn Hektar Land außerhalb von

Gainesville in Texas. Die Ranch bekam den Namen Main River Quarter Horses – in Erinnerung an den Fluss, der sich neben Orgeldingers landwirtschaftlichem Betrieb in Deutschland befindet – und fungierte fortan als Quarantänestation. Von hier aus wurden die Pferde per Flugzeug nach Europa gebracht.

Die Anfangsjahre im Westernsattel

Bereits 1973 hatte Orgeldinger auf einer rekultivierten Fläche am Rande seines Kieswerks einen kleinen Stall mit vier Boxen, Futterlager und kleinem Reiterstübchen gebaut. Zug um Zug mit der Rekultivierung des Kieswerks entstand eine Reitanlage. „JOMM Ranches" wurde sie getauft, nach den Initialen Johannes Orgeldingers und Michael Marquardts, einer der ersten Trainer in Großwallstadt. Nach und nach kamen Reithalle, Außenplatz, Roundpen, Tierklinik mit Labor, Wiesen und Pferdekoppeln dazu. Wie viele Pferde er insgesamt importiert hat, weiß Orgeldinger nicht mehr, aber es waren „sehr viele".

„Hauptberuflich war ich nie Züchter und Reiter," sagt er, „es war immer mein Hobby." Aber eines, das er mit viel Leidenschaft und großem Engagement betreibt.

Als Orgeldinger und andere Quarter-Horse-Besitzer begannen, ihre Pferde in Deutschland zu zeigen, geschah das unter der Schirmherrschaft eines Verbands mit dem Namen „Vaqueros". Es waren rasseoffene Turniere. Geritten wurde zwar nach AQHA-Regeln, aber die Shows waren noch nicht von der Association genehmigt. Im Jahr 1979 bekamen die Deutschen ihre erste AQHA-Show genehmigt. „Ich werde es nie vergessen", erinnert sich Orgeldinger. „Damals wollte jeder einen eigenen Hengst, und wir alle zeigten unsere Hengste in der Halter-Klasse. Dr. Barry Wood kam aus den Vereinigten Staaten, um die Show zu richten, und etwa 20 Jahre später sah ich eine Kopie des Berichts, den er damals der AQHA ablieferte. Darin hieß es, dass es eine wirklich schöne Show war. Das Essen war gut, die Leute waren wirklich nett,

Johannes Orgeldinger und DJF Carol King auf der Europameisterschaft 1986.

Johannes Orgeldinger, wie man ihn kennt: souverän, positiv denkend und mit großem Weitblick.

aber in der Hengst-Klasse fürchtete er um sein Leben! Und ich war einer von ihnen." Heute kann der erfolgreiche Züchter darüber lachen. „Alle Hengste standen auf den Hinterbeinen und wollten gegeneinander kämpfen. Wir hatten wirklich keine Ahnung." Aber alle lernten dazu und 1982 half Orgeldinger eine Europameisterschaft ins Leben zu rufen, die eine der fünf größten American-Quarter-Horse-Shows war, gemessen an der Zahl der Starter. Er ritt seine Pferde in den Disziplinen Trail, Reining, Western Pleasure und Cutting. Neben vielen anderen Siegen und Platzierungen gewann Orgeldinger die Europameisterschaft und die Deutsche Meisterschaft in Pleasure, Trail und Cutting.

Vom Reiter zum Züchter

Im Laufe der Jahre zeigte Orgeldinger eine Reihe von guten Pferden, darunter auch einige Hengste, mit denen später auf den JOMM Ranches gezüchtet wurde. „Mitte der 1980er Jahre ist jeder in allem gestartet," erzählt er. „Wir hatten noch keine spezialisierten Reiter oder Pferde. Vielleicht hatten wir ziemlich gute Reining-Pferde, aber wir zeigten sie genauso in Halter, Western Pleasure und Trail." Jae Bar Fox war einer der ersten Hengste auf den JOMM Ranches. Er war ein Sohn von Doc's Jack Spratt von Doc Bar und lief in fast allen Disziplinen, einschließlich Reining und Western Riding. Dann kam Desperado Malbec dazu, ein Hengst von Doc's Bar Malbec ebenfalls von Doc Bar. „Wir zeigten ihn oft im Cutting," erzählt Orgeldinger, „aber er war auch wirklich gut in einigen Pleasure-Prüfungen." Der nächste Hengst war AQHA-Champion Demand Deposit von The Invester – „Er war ein großartiges Western-Pleasure-Pferd mit 143 AQHA-Punkten." Bevor er auf die JOMM Ranches kam, wurde er von John Hoyt in Working Cowhorse geshowt

© Guni

Fritz Power von Fritz Command aus der Beaus Sparkle steht an 5. Stelle der NRHA Leading Sire-Liste für Futurity-Nachkommen und auf dem 2. Platz der NRHA Leading Sire All Time Money Winner.

und Mike Moser zeigte ihn in Western Riding und Pleasure.

Und dann kam Fritz Power, ein Sohn von Fritz Command aus einer Tochter von Beau Bonanza. Fritz hat ein Superior in Reining und war dreimal qualifiziert für Senior Reining und Senior Working Cowhorse auf der World Show. Er ist All Time Leading Sire der Deutschen Quarter Horse Association. Die Ranch in Gainesville wird mittlerweile nicht mehr ausschließlich als Quarantäneeinrichtung genutzt, sondern ist ein Teil des Zuchtprogramms geworden. Unter der Aufsicht des Betriebsleiters Dick Herr befinden sich auf der Ranch eine Reihe von Topzuchtstuten, die in erster Linie von Reining- und Cutting-Hengsten gedeckt werden. Auf 120 Hektar Weideland werden die Fohlen großgezogen. Die Reitanlage bietet alles, was eine moderne Zucht- und Trainingsanlage braucht: Reithalle, Show- und Quarantäne-Stall, ein überdachter und zwei offene Round-Pens, Außenreitplatz mit 40 auf 100 Metern usw.

*Johannes und Astrid Orgeldinger. Alles hat bei Ihnen
„irgendwie mit American Quarter Horses zu tun".*

Orgeldinger: „Die Idee eines Zuchtbetriebs war immer in meinem Hinterkopf. Etwa 75 Pferde stehen auf Main River, sowie 160 Rinder zum Cutting-Training."

Die Frau an seiner Seite, Astrid, lernte Orgeldinger während einer Quarter-Horse-Show in Astrids Schweizer Heimat kennen. Unmittelbar nach der AQHA-Convention in den USA 1990 heiratete das Paar. „Alles hat irgendwie etwas mit Quarter Horses zu tun," erzählt Orgeldinger sichtlich amüsiert. Ihre eigenen Show-Aktivitäten haben die Eheleute mittlerweile zurückgefahren und konzentrieren sich stattdessen auf ihre züchterischen Aufgaben auf Main River. Obwohl Astrid Orgeldinger sagt, sie liebe es, ein Reining-Pferd vorzustellen. Manchmal startet sie auch noch im Cutting, wenn sie in Gainesville sind.

Ein Blick in die Zukunft

Orgeldinger war schon immer ein Befürworter der AQHA gewesen und erkannte früh den Wert von Approved Shows in Europa. Die Deutsche Quarter Horse Association wurde am 22. November 1975 in Erftstadt gegründet. Orgeldinger trat ihr 1977 bei und wurde 1983 zum Präsidenten gewählt. Im Vorstand der DQHA war er über 20 Jahre als erster und zweiter Vorsitzender und als Obmann des Zuchtausschusses tätig. Unter seiner Mitwirkung wurden die Futurity und die Stallion Service Auction ins Leben gerufen. Weiterhin ist er Gründungsmitglied der National Reining Horse Association (NRHA) in Deutschland – auf den JOMM Ranches wurde das erste NRHA-Turnier durchgeführt. Er war maßgeblich an der Gründung des DOKR-Reining-Beirats beteiligt und vier Jahre lang im FEI-Reining-Beirat, wohin er 2010 wieder gewählt wurde. 1996 wurde er auch in den AQHA-Vorstand gewählt, war in vielen verschiedenen Bereichen und Gremien tätig, unter anderem war er Mitglied des Affiliate Councils. Er ist die erste Person aus einem nicht-amerikanischen Land, die in das AQHA Executive Committee gewählt wurde.

Auf die Frage, wie er sein Amt gestalten möchte und ob er bestimmte Ziele verfolgt, antwortet Orgeldinger: „In meinen fünf Jahren im Executive Committee sind mir folgende Dinge besonders ans Herzen gewachsen: zu versuchen, die Gendefekte durch Zuchtselektion zu minimieren. Ein sehr wichtiges Thema ist der Tierschutz in unserem Sport. Die großen Ranches in

Ein Mann der Tat – Johannes Orgeldinger während eines Turniers auf seiner Ranch

wicklungen und Aktivitäten, um dann steuernd einzugreifen. Das war schon 1986 so, als er Ulli Vey, der Mit-Organisator der Americana war, in München auf der Pferd International ansprach und ihm die Vorzüge bayerischer Biergärten näher brachte – um dann im richtigen Moment sein Anliegen vorzubringen und ihn für die DQHA anzuwerben. Carola und Ulli Vey antworten auf die Frage, was ihnen zum Menschen Orgeldinger einfällt, unisono: „Es macht einfach Spaß, mit ihm zusammenzuarbeiten. Er hat immer über den Tellerrand geschaut und überlegt, wie es weitergehen kann. Insbesondere für die Jugend im Westernreiten hat er viel getan, hat die Werbetrommel gerührt, damit Geld reinkommt und oft selber gesponsert, damit der Nachwuchs es etwas einfacher hat."

Gemeinsam mit den anderen tanzen

Aktuell möchte Orgeldinger den Westernreitsport international weiter bringen: „Es ist enorm wichtig, dass zumindest eine Western-Disziplin FEI-, und somit weltweit, anerkannt ist. Wenn wir das Image der Möchtegern-Cowboys loswerden wollen, müssen wir auf derselben Bühne tanzen, auf der auch die anderen Pferdedisziplinen tanzen. Wir haben viele Jahre sehr hart daran gearbeitet, anerkannt zu werden. Wir arbeiten noch daran, eine olympische Disziplin zu werden – und dies verdient jede mögliche Unterstützung."

Die Teilnahme der deutschen Mannschaft an den Weltreiterspielen in Kentucky und deren Finanzierung spaltet 2010

die DQHA. Orgeldinger sieht dabei – wie so oft – nach vorne: „Wer bei der Siegerehrung der ersten FEI-Jugend-Europameisterschaft in Kreuth die Gesichter der Teilnehmer betrachtet und gesehen hat, wie die Freudentränen gekullert sind, wird mir sicher Recht geben."

Aber Orgeldinger wäre nicht Orgeldinger, wenn ihn nur die internationalen Angelegenheiten der Branche interessieren würden. Er möchte zum Beispiel mehr über das Quarter Horse Racing lernen, „weil dort die Wurzeln sind". Er ist besonders an der Geschichte der Rasse interessiert und wie die „Quarter-Horse-Industrie", wie wir sie heute kennen, ursprünglich begann. „Ich weiß, wie gut diese Ranchpferde gewesen sein müssen", sagt er. „Sie sind nicht in irgendetwas spezialisiert gewesen, sie konnten alles. Ich habe viel Respekt vor ihnen." Gibt es für den Menschen Orgeldinger, der so viel bewegt hat und noch bewegen wird, eine Persönlichkeit, die einen wichtigen Platz in seinem Leben einnimmt? Ja, die gibt es, und zwar den langjährigen Geschäftsführer der American Quarter Horse Association, Bill Brewer. In seiner 17-jährigen Amtszeit als AQHA Executive Vice President hat er über 2 Millionen der jetzt mehr als 5 Millionen eingetragenen Pferde bei der American Quarter Horse Association registriert und die Mitgliederzahlen von 276.500 auf über 350.000 ansteigen sehen. Nicht zuletzt ist für diesen Erfolg sein kundenorientiertes Management-Modell verantwortlich. Jetzt ist Orgeldinger seit 2007 in der DQHA Hall of Fame. Wie viel ihm diese Ehrung bedeutet, gibt er nicht preis. Aber sicher ist: Er ist nicht der Mensch, der sich auf Lorbeeren ausruht. Sondern einer, der immer weitermacht. Um dieser einmaligen Pferderasse die Bedeutung zukommen zu lassen, die sie verdient hat.

★ CAROLA STEEN

den Vereinigten Staaten müssen wieder mehr in die Verbandsarbeit und in die Turniere integriert werden. Wir müssen darauf achten, dass unsere Pferde sich wieder natürlich in den verschiedenen Disziplinen bewegen. Und last but not least: internationale Aktivitäten."

Aufgrund der wirtschaftlichen Lage sieht er auch im Westernsport derzeit eine Stagnation. Allerdings kommt schnell wieder sein Optimismus zutage: „Um die Zukunft des Westernreitens und der American Quarter Horses in Deutschland und Europa habe ich keine Bange. Wir werden weiter wachsen. Die Verbände müssen näher zusammenrücken, um effektiver arbeiten zu können." Orgeldinger war und ist der „Macher", wie man vielleicht sagen würde. Oft ist er im Hintergrund tätig, verfolgt die Ent-

★ ZUCHTWISSEN ★

Embryotransfer

MIET-MAMAS AUF DEM VORMARSCH

Was in den USA und in Argentinien längst gang und gäbe ist, gewinnt nun auch in Deutschland zunehmend an Bedeutung: der Embryotransfer. Im Klassischbereich bieten immer mehr Zuchtverbände und diverse Tierkliniken diese Möglichkeit an. Auf Westernpferde spezialisiert sind jedoch eher Anbieter aus Frankreich, Belgien und Holland.

Auf der Weide von Katja Jungfer in Niedersachsen grasen zurzeit zwei Stuten mit Fohlen. Kommen Besucher, so fallen manchmal Bemerkungen wie: „Das Kleine ist ja ganz die Mama!" Dann muss ihre Züchterin schmunzeln, denn die Stuten sind nicht die leiblichen Mütter der Fohlen. Weil diese noch relativ jung sind und erfolgreich im Reiningsport laufen, entschied Jungfer sich für einen Embryotransfer. „Wir wollten frühzeitig Fohlen aus unseren Stuten ziehen. Aber durch eine Trächtigkeit fallen sie mindestens ein Jahr aus. Zudem besteht bei jeder Geburt natürlich auch ein Risiko für die Stuten."

Die züchterische Nutzung wertvoller Pferde, parallel zu ihrem Sporteinsatz, ist der häufigste Grund, weshalb ein Embryotransfer vorgenommen wird. Darüber hinaus können pro Jahr von einer Stute mehrere Nachkommen gezeugt werden, und das von unterschiedlichen Vätern. Außerdem ermöglicht der Embryotransfer die Züchtung von Fohlen aus Stuten, die aus verschiedensten Gründen (z.B. zu hohes Alter oder Verletzung) nicht in der Lage sind, ein Fohlen auszutragen. Und auch von Stuten, die bereits mehrmals verfohlt haben, können gesunde, lebensfähige Nachkommen erwartet werden. Weil durch die Methode auch sehr junge, geschlechts- aber noch nicht zuchtreife Stuten Nachkommen bekommen könnten, werden die Generationsintervalle verkürzt. Alles Faktoren, die zu einem gesteigerten Zuchterfolg führen können. Auch unter dem Gesichtspunkt des Artenschutzes spielt der Embryotransfer mit dem Anlegen von so genannten Embryonenbanken eine wichtige Rolle.

Das Gen-Material von Stuten kommt oft zu kurz

Ein weiteres Argument dafür ist die Wiederherstellung des natürlichen Gleichgewichts zwischen der Weitergabe männlichen und weiblichen Genmaterials: Bei den natürlichen Vermehrungsverhältnissen bei Pferden in freier Wildbahn kommen auf einen Hengst pro Herde rund sechs bis neun Stuten (also maximal im Verhältnis 1:9), durch deren Bedeckung er sein genetisches Erbgut an diese Anzahl Fohlen weitergibt. Im heutigen Zuchtgeschehen werden die Gene der Vatertiere in ungleich höherer Relation weitergegeben. Grund dafür sind – neben der gezielten Auswahl des Hengstes durch die Züchter für ein ganzes Lot von Stuten – zum Beispiel die Absamung der Deckhengste, Kühl- oder Gefriersperma. Ein Verhältnis von 1:100 ist keine Seltenheit. „Manche Hengste", so die Tierärztin Dr. Kirsten Schwenzer, „bekommen sogar 500 Stuten und mehr pro Decksaison". Vor allem in dieser Hinsicht bedeutet der Transfer eine Chance, sich der natürlichen Relationen wieder anzunähern, und dem Genmaterial des Muttertieres dem ihn angemessenen Platz zurückzugeben.

Leihmütter müssen gesund und fruchtbar sein. Nach dem 50. Tag der Trächtigkeit können sie nach Hause geholt werden, damit die Geburt in heimischen Gefilden stattfindet.

TRANSFER IN SCHRITTEN

Der Embryotransfer erfolgt in einer Reihe von Schritten:

★ Zyklussynchronisation von Spender- und Empfängerstute bei Direktübertragung

★ Bedeckung der Spenderstute (Natursprung, Besamung mit Kühl- bzw. TG-Samen)

★ Embryogewinnung durch Gebärmutterspülung

★ Aufsuchen, Beurteilen, Waschen und Abfüllen des Embryos

★ A) Übertragen des Embryos in eine Empfängerstute
   B) Tiefgefrierkonservierung des Embryos wenn kein Direkttransfer

★ Evtl. Auftauen kryokonservierter (in Stickstoff gefrorener) Embryonen und Übertragen auf Empfängerstute

★ Trächtigkeitsuntersuchung der Empfängerstute

★ Austragen

★ Geburt

Gegner des Embryotransfers monieren hingegen, dass durch diese Methode vom Menschen ein zu großer Eingriff in die Natur vollzogen wird. Für Jungfer war das zunächst „kein Thema". Erst jetzt schaut sie manchmal die Leihmütter mit ihren Fohlen an und empfindet dabei „schon ein komisches Gefühl."

Das wiegt allerdings nicht die guten Erfahrungen auf, die sie mit den Wundern der Wissenschaft gemacht hat. Als sie rossig waren, brachte die Reiterin und Züchterin bereits dreimal Stuten zur Eifel Gold Ranch und Breeding Station Baeck in Belgien. Dort ging alles ganz einfach: „Man braucht sich um nichts zu kümmern", erzählt Jungfer. „Die suchen eine Empfängerstute aus, besamen die Spenderstute, spülen den Embryo aus und pflanzen ihn bei der Empfängerstute ein. Nach drei Wochen hatten wir unsere Stuten wieder."

In den USA ist Embryotransfer ein „big business"

Um den Embryotransfer erfolgreich durchführen zu können, müssen viele Voraussetzungen gegeben sein: So sollte es sich bei der Spenderstute um eine Stute mit überdurchschnittlichem Zuchtwert handeln. Ebenso der Hengst, der sich durch hochwertige Qualität und optimale Fruchtbarkeit auszeichnet. Allerdings ist es – darauf weist Expertin Dr. Schwenzer hin – aus rein ‚technischer' Sicht egal, ob Spenderstute und der Hengst von überdurchschnittlichem Zuchtwert sind: „Technisch funktioniert der Embryotransfer auch sehr gut mit ‚Wald- und Wiesenpferden'. Es ist lediglich eine wirtschaftliche Überlegung, ob sich solch hohe Kosten bei ‚normalem' Zuchtwert lohnen, aber das muss jeder Züchter für sich selber entscheiden. Für manche Züchter hat die Stute, aus der er noch gern ein Fohlen hätte, das sie selber vielleicht nicht mehr austragen kann, auch einen ideellen Wert".

Für den Embryotransfer muss eine ausreichende Anzahl potenzieller Leihstuten – die eigentlichen Hauptakteure der Übertragung – zur Verfügung stehen. Auf

Die Mütter laufen erfolgreich im Sport, ihre Fohlen werden von Leihmüttern aufgezogen: Im A Classy Whiz unter Katja Jungfer (oben links) und Charlys Cool Running unter Michael Jungfer-Schubert (oben rechts).

der Eifel Gold Breeding Station in Belgien sind das etwa 40 Quarter und Paint Horses. „Wir kaufen zu diesem Zweck gesunde Stuten zwischen drei und zehn Jahren", sagt der FEI-Tierarzt Koen Carrein, der die Transfers vornimmt. „Die meisten sind aus irgendeinem Grund nicht mehr reitbar, aber gesundheitlich in der Lage, ein Fohlen auszutragen." Was sich für europäische Verhältnisse nach einer groß angelegten Embryonenindustrie anhört, ist für die USA nicht der Rede wert. Carrein absolvierte nach seinem Studium ein Praktikum bei Royal Vista Southwest in Oklahoma. „Dort war Embryotransfer wirklich ein ,big business'", erzählt er. „Wir besamten rund 1000 Leihmütter im Jahr." Sowohl die Spender- oder „Donor"-Stute als auch die Empfängerstute sollten sich bester Gesundheit erfreuen, um eine maximale Chance auf einen erfolgreichen Embryotransfer zu gewährleisten. Aber auch Problemstuten können befruchtet und anschließend zur Embryogewinnung genutzt werden. Die Chancen allerdings sind dann deutlich geringer, denn ein Transfer ist nicht die Lösung für jedwedes Fruchtbarkeitsproblem. Bei der Empfängerstute muss es sich um eine genitalgesunde Stute handeln, deren Reproduktionsorgane einwandfrei funktionieren und die darüber hinaus regelmäßig normal rosst. Auch die Qualität des eingesetzten Hengstspermas hat einen entscheidenden Einfluss auf die Erfolgsrate des Embryotransfers.

Wirtschaftlichkeit realistisch abschätzen

Die Zyklussynchronisation von Donor- und Empfängerstute ist Grundvoraussetzung für einen erfolgreichen Direkttransfer. Darauf kann allerdings verzichtet werden, wenn der Embryo tiefgefroren und erst bei passendem Zyklusstand übertragen wird. Das Tiefgefrieren ist heutzutage

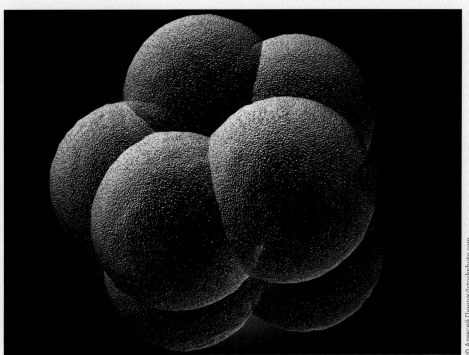

Etwa drei Tage nach der Befruchtung befindet sich der Embryo im 8-Zell-Stadium. Dann kann er ausgespült und der Empfängerstute eingesetzt werden.

jedoch noch nicht vollkommen problemlos möglich. Es gibt zwar schon erfolgreiche TG-Verfahren für Pferdeembryonen – aber dennoch ist es zum jetzigen Zeitpunkt noch mit allerlei Schwierigkeiten verbunden.

Die Grundkosten für einen Embryotransfer liegen bei rund 2.500 Euro bis 3.500 Euro. Darin enthalten ist die Miete der Trägerstute – und je nach Vertrag einige der notwendigen veterinärmedizinischen und technischen Arbeiten. Extra kommen die Decktaxe und das Futtergeld für die Trägerstute ab dem vertraglich abgestimmten Zeitpunkt dazu. Das scheint nicht allzu teuer. Um die Wirtschaftlichkeit realistisch abzuschätzen, muss man sich immer auch vor Augen führen: Die Embryogewinnung gelingt bei einer Durchschnittsstute nur in 50 Prozent der Fälle. Und auch die Trächtigkeitsrate nach erfolgtem Transfer liegt nur zwischen rund 70 und 80 Prozent. Jungfer hatte dreimal Erfolg: Alle Empfängerstuten nahmen die Embryonen problemlos an. Sie bezahlte 2900 Euro plus 1000 Euro Kaution für die Leihmutter. Ab dem 50. Tag nach

der Empfängnis ist es möglich, die trächtige Stute mit nach Hause zu nehmen. So kann der Besitzer sehen, wie sein Fohlen zur Welt kommt. „Mir war wichtig, in der Prägephase der Fohlen dabei zu sein. Natürlich hätte man sie auch bis zum Absetzen in Belgien lassen können. Aber dann hätte ich immer das Gefühl, einfach irgendeinen Absetzer gekauft zu haben", sagt Jungfer. Wie sie entscheiden laut Carrein die meisten Stutenbesitzer. „Gut für die Leihmütter, denn auf diese Weise sind sie so lange weg, dass sie nicht ständig neu befruchtet werden können. In der Regel bekommen sie deshalb nur alle zwei Jahre ein Fohlen."

Es empfiehlt sich, den Embryotransfer in speziell dafür ausgestatteten Tierkliniken oder Zuchtstationen durchzuführen. Denn hier kümmern sich erfahrene Experten um einen reibungslosen Ablauf, eine ausreichende Anzahl von Empfängerstuten stehen zur Verfügung und der Transfer kann direkt – also ohne zwischenzeitliches Einfrieren – stattfinden.

★ JESSICA KAUP/REGINA KÄSMAYR

ZUCHTSTUTENFÜTTERUNG
À LA CARTE

Trächtige und säugende Stuten pauschal „für zwei" fressen zu lassen, ist keine gute Idee. Die Gesundheit von Stute und Fohlen hängt ganz wesentlich davon ab, beiden genau das zukommen zu lassen, was sie in dieser Lebensphase brauchen.

Das wird ein Kracher. Ganz bestimmt. Nicht umsonst hat man Dutzende Hengste begutachtet, unzählige Abstammungen verglichen und so mühsam den passenden Vater für den künftigen Nachwuchs auserwählt. Womöglich gibt es auch schon einen Interessenten für das ungeborene Fohlen oder der Züchter hat einen bestimmten Ausbilder im Blick, der des Juniors Talente erstrahlen lassen soll. So vieles gibt es zu planen, wenn die Zuchtstute trächtig geworden ist. Und doch wird ein besonders wichtiger Bereich häufig vernachlässigt: die Fütterung. Dabei hat gerade sie einen ganz wesentlichen Einfluss darauf, ob die Stute Trächtigkeit, Geburt und Laktation gesund übersteht. Ob das Fohlen gut entwickelt zur Welt kommt. Und ob es zu einem gesunden Pferd heranwächst, das seinen künftigen Besitzer, Reiter und Trainer mit dauerhafter Leistungsfähigkeit erfreut.

Kleine Bausteine, große Wirkung

Tiermediziner und Fütterungsexperten haben sich gründlich mit der Fütterung von Stuten und Fohlen auseinander gesetzt. Weltweit untersuchen Forscher, wie sich ein Zuviel und ein Zuwenig von einzelnen Nährstoffen auf die Tiergesundheit auswirken. Sie haben herausgefunden, dass es vor allem die kleinsten Bausteine sind, die die größte Rolle spielen: Mineralstoffe, Vitamine, Spurenelemente, Aminosäuren. Der Bedarf der Stute an diesen Mikronährstoffen steigt jedoch nicht pauschal an, son-

dern sie benötigt in der Trächtigkeit ein spezielles Verhältnis der Nährstoffe zueinander. Um die Stute und den künftigen Kracher bedarfsgerecht ernähren zu können, muss der Züchter deshalb vier Faktoren berücksichtigen: Erstens muss er wissen, was seine Stute in welcher Phase braucht. Diese Daten liefern ihm die Erkenntnisse der Tierernährungsforschung. Um nach den Vorgaben füttern zu können, ist es zweitens nötig, zu wissen, was die Stute wiegt – dies sollte möglichst gewogen oder errechnet, aber nicht geschätzt werden – und wie viel sie von welchem Futter aufnimmt. Auch das muss genau ausgewogen werden, denn erfahrungsgemäß verschätzt man sich dabei sehr stark. Drittens müssen die Inhaltsstoffe des Futters bekannt sein. Bei industriell hergestelltem Futter sind sie auf dem Sackanhänger aufgeführt, bei hofeigenem Futter gilt: Die Inhaltsstoffe von Getreide können einigermaßen zuverlässig von Tabellenwerten abgeleitet werden. Raufutter wie Heu und Silage haben dagegen naturgemäß sehr stark schwankende Inhaltsstoffe – für eine genaue Fütterung führt hier deshalb kein Weg an einer Futtermittelanalyse in einem spezialisierten Institut vorbei. Kennt der Züchter nun den Bedarf der Stute und weiß, was er füttert, gilt es viertens auch noch, den Erfolg der Fütterungsmaßnahmen zu überprüfen. Dabei hat sich das so genannte Body Condition Scoring (BCS) durchgesetzt, eine Beurteilung des Ernährungszustandes, bei dem die Fettauflage an bestimmten Körperstellen geprüft wird. Der Pferdehalter oder Tierarzt tastet die Fettauflage an Hals, Schulter, Rücken, Brustkorb und Becken ab und ver-

gibt danach Noten von 1 (sehr mager) bis 9 (sehr fett). Für die Bewertung von Stuten ist diese Maßnahme sinnvoll, weil viele Züchter bei dem Versuch, die Stute mit ausreichend Mineralstoffen und Eiweiß zu versorgen, zu viel Energie füttern. Dies geschieht schnell, wenn man Futtermittel verwendet, die nicht die nötige Konzentration etwa an hochwertigem Eiweiß aufweisen. Zu fette Stuten können jedoch Probleme mit Schwergeburten, Milchmangel in der Laktation und schlechter Fruchtbarkeit bekommen. Aber auch beim wachsenden Fohlen ist es wichtig, den Ernährungszustand im Auge zu behalten, da eine zu starke Gewichtszunahme die Gesundheit des Jungpferdes belasten kann.

Trächtige Stuten füttern

Bei der Ernährung der trächtigen Stute gibt es zwei Phasen. In den ersten sieben Monaten müssen trächtige Stuten nicht anders gefüttert werden als güste (nicht tragende), also nach Erhaltungsbedarf, wenn sie nur auf die Weide gehen, bzw. nach der entsprechenden Leistung, wenn sie gearbeitet werden. Denn bis zum siebten Monat wächst das Fohlen im Mutterleib nur sehr langsam, es erreicht in dieser Phase gerade mal knapp ein Siebtel seiner endgültigen Masse. Aber dann geht es los! Im achten Monat legt das Fohlen so viel zu, wie in den sieben Monaten vorher zusammen, nämlich ca. 18 %, und im neunten Monat gleich nochmals. In den letzten beiden Monaten schließlich wächst vom Gewicht her fast das halbe Fohlen heran. Das bedeutet für die Stute eine hohe Leistung. Sie benötigt deshalb in

Säugende Stuten brauchen doppelt soviel Eiweiß wie ein Hochleistungssportpferd.

den letzten drei bis vier Monaten zusätzlich Energie und Protein für Masse und Zusammensetzung der Frucht, für die Fruchthüllen und um Reserven für die folgende Laktation anlegen zu können. Jetzt, am Ende der Trächtigkeit, muss sie tatsächlich schon fast „für zwei" fressen: Der Energiebedarf einer 500 kg schweren Stute steigt im achten Trächtigkeitsmonat im Vergleich zum Erhaltungsbedarf um knapp ein Viertel an, im elften Monat beträgt der Mehrbedarf etwa 40 %. Gleichzeitig benötigt die Stute im achten Monat über 40 % mehr verdauliches Rohprotein als im Erhaltungsbedarf und im elften Monat sogar fast 80 % mehr. Beim Rohprotein zählt dabei nicht nur die Menge, sondern auch die Qualität und die Zusammensetzung der Aminosäuren, der Bausteine der Proteine. Durch das starke Wachstum des Fohlens und die Minerali-

sierung seiner Knochen, die vor allem ab dem neunten Monat stattfindet, steigt der Bedarf der Stute an den Mineralstoffen Calcium, Phosphor, an Vitaminen und an Spurenelementen wie Zink, Kupfer, Mangan und Selen.

Bei der Fütterung hochträchtiger Stuten muss der Züchter bereits über den Zeitpunkt der Trächtigkeit hinausdenken – an die folgende Laktation, ja sogar an die Zukunft seines Fohlens. Die Stute selbst braucht gewisse Fettreserven (ohne dabei zu verfetten), um die Geburt in gutem Futterzustand zu überstehen. Dadurch setzt die Fohlenrosse früher ein, und die Stute hat eine gute Milchleistung. Was die Zukunft seines Fohlens angeht, sollte der Züchter ganz genau dosieren, wie viel Mineralstoffe und Spurenelemente er der

Stute in den letzten Trächtigkeitsmonaten füttert. Denn die Ernährung der Stute bestimmt unter anderem, wie stabil die Beinknochen des Youngsters sein werden. Vor allem Calcium, Phosphor, Magnesium, Kupfer, Zink und Mangan spielen hier eine entscheidende Rolle (siehe Kasten). Für die Spurenelemente gilt: Die Fohlen müssen schon im Mutterleib einen gewissen Vorrat in der Leber anlegen, denn sie brauchen in ihrer ersten Lebensphase nach der Geburt mehr davon, als sie über die Stutenmilch bekommen. Für Kupfer zum Beispiel haben Wissenschaftler in Versuchen einen Zusammenhang zwischen der Versorgung der Stute und dem Auftreten von Knochenproblemen beim Fohlen nachgewiesen: Bekamen die hochträchtigen Stuten Kupfer zugefüttert, zeigten die Fohlen nachweislich weniger Probleme wie z.B. Osteo-

Spurenelemente wie Kupfer in der Hochträchtigkeit sorgen für belastbare Fohlenbeine.

chondrose. Daher ist der Kupferbedarf bei der tragenden Stute relativ hoch, wie Dr. Ingrid Vervuert, Universität Leipzig, bestätigt. Er liege bei 15-20 mg pro 100 kg Körpergewicht der Stute und pro Tag.

Die Fütterungsexpertin appelliert an Züchter, nicht unreflektiert verschiedene Zusatzfutter zu verabreichen, die möglicherweise gar nicht zusammenpassen. Denn so können Imbalancen entstehen, die eine eigene Dynamik entwickeln, z.B. kommen sich Kupfer und Zink oder auch Calcium und Phosphor im Stoffwechsel schnell ins Gehege. Schnell entstehen so genannte Antagonismen, bei denen z.B. die Überversorgung mit einem Mineralstoff den Mangel eines anderen verstärken kann. Deshalb ist es so wichtig, dass das Futter den speziellen Bedarf von Zuchtpferden widerspie-

gelt. Vervuert empfiehlt, für hochtragende und laktierende Zuchtstuten ein spezielles Zuchtstutenfutter zu verwenden, um den Bedarf genau zu decken. Die Umstellung erfolgt meist in den letzten Wochen der Trächtigkeit und hat zum Ziel, dass die Stuten zum Zeitpunkt der Geburt an Futter und Futtermenge, die für die Laktation vorgesehen sind, gewöhnt sind.

Die Milchbar in Fluss halten

Säugende Stuten, die nach der Geburt scheinbar so gemütlich über die Weiden schlendern, erbringen in Wahrheit eine Höchstleistung. Sie decken über den eigenen Erhaltungsbedarf hinaus zu Beginn die komplette Versorgung des Fohlens ab. Dabei produziert eine Stute mit 500 kg Lebendgewicht im dritten Laktationsmo-

nat etwa 18 Liter Milch am Tag. Hinzu kommt, dass bereits wieder gedeckte Stuten auch schon für den Nachwuchs des nächsten Jahres sorgen müssen. Der braucht zwar noch nicht viel, ist aber dennoch anspruchsvoll: Stuten, die zu wenig Futter bzw. Energie aufnehmen, resorbieren häufiger, das heißt, die Frucht stirbt innerhalb der ersten Wochen ab – eine Einrichtung der Natur, die dem Nachwuchs schlechte Überlebenschancen einräumt, wenn schon zu Beginn der Trächtigkeit die Versorgungssituation nicht stimmt.

Weil sie diese Leistungen erbringt, benötigt eine Stute im dritten Laktationsmonat etwa doppelt so viel verdauliche Energie (DE) wie eine (nicht arbeitende) Stute ohne Fohlen, und mehr als dreimal so viel verdauliches Rohprotein. Oder anders ausgedrückt: Eine Stute mit einem drei Monate alten Fohlen bei Fuß muss genauso viel Energie aufnehmen wie ein schwer arbeitendes Sportpferd und etwa doppelt so viel verdauliches Eiweiß. Erhält die Stute zu wenig Eiweiß, sinkt nicht nur die Milchmenge, sondern auch der Eiweißgehalt, wodurch sich das Fohlen schlechter entwickelt. Neben der Eiweißmenge spielt auch dessen Qualität eine wichtige Rolle. Die Stute hat einen hohen Bedarf an essentiellen Aminosäuren wie Lysin und Methionin – diese sind lebenswichtig für das Tier und müssen ihm über das Futter zugeführt werden. Nicht jedes Futtermittel eignet sich hierfür, Hafer kann zum Beispiel die Ansprüche an die Eiweißqualität laktierender Stuten nicht erfüllen. Die typische Heu-Hafer-Ration sollte mit Sojaschrot (hoher Eiweißgehalt) und Mineralfutter (Mengenelemente, Spurenelemente, Vitamine) ergänzt werden, oder der Züchter verwendet spezielles Zuchtstutenfutter zur Raufuttergrundlage.

Futtergrundlage Weide

Aus welchen Futtermitteln man die Ration der Zuchtstute zusammensetzt, hängt sehr stark von der Jahreszeit ab. Da Weidegang für die meisten Zuchtstuten die ideale Haltungsform ist, spielt Gras auch eine große Rolle bei ihrer Ernährung. Hat eine Stute einen sehr späten Abfohltermin und kann in der Hochträchtigkeit auf die Frühjahrsweide, kann zum Beispiel ihr Bedarf an Vitamin A und D, der etwa doppelt so hoch ist wie bei der güsten Stute, komplett mit Gras gedeckt werden. Bei einem Geburtstermin im Winter und Stallfütterung müssen die Vitamine hingegen zugefüttert werden. Neben den Vitaminen liefert Weidegras den Stuten gerade zu Beginn der Weidesaison auch genügend Eiweiß in guter Qualität und ist somit das Hauptfuttermittel für säugende Stuten. Ob und was an Zufüt-

terung nötig ist, richtet sich danach, wie lange die Tiere täglich weiden und auch nach der Qualität des Grünlandaufwuchses. Zu berücksichtigen ist, dass der Futterwert von Gras stark schwankt: Zum einen verändert sich der Aufwuchs über die Vegetationsperiode hinweg, zum anderen hat fast jede Weide aufgrund der Bodenverhältnisse, Pflanzen sowie der Düngung und Pflege eine andere Zusammensetzung. Ist der Grünlandbestand lediglich durchschnittlich und dazu in einer schwachen Wachstumsphase, ist davon auszugehen, dass die Weide allein den Bedarf einer säugenden Stute nicht decken kann.

Wie Fütterungsberater berichten, gibt es einige typische Fehler, die Züchtern bei der Fütterung ihrer Stuten immer wieder unterlaufen. Dazu gehört, dass die Rationen säugender Stuten zu wenig Eiweiß, Kalzium, Phosphor, Natrium, Kupfer, Zink, Selen und Vitamin E enthalten. Hinzu kommt, dass manche Züchter lieber auf traditionelle Fütterung und Heu-Hafer-Weide Rationen setzen, anstatt neue wissen-

WAS HÄNSCHEN NICHT FRISST…

Was bei der Ernährung des Fohlens versäumt wird, kann später beim Pferd nicht mehr gut gemacht werden, lautet eine alte Faustregel der Pferdezucht. Dies beginnt schon, wenn das Fohlen noch im Mutterleib ist, und gilt ganz besonders für die Laktation. Wird eine Stute in der Säugephase falsch gefüttert, machen sich die Konsequenzen beim Nachwuchs oft erst Jahre später bemerkbar. Über die Stutenmilch wird das Fohlen mit den wichtigen Spurenelementen sowie Calcium und Phosphor versorgt, die dafür sorgen, dass die Knochensubstanz aushärtet, das Gewebe stabilisiert wird und die Gelenke ihre Stoßdämpfereigenschaft entwickeln können. Mangelhafte Ernährung wird zusammen mit genetischer Veranlagung und zu wenig Bewegung in der Aufzuchtphase dafür verantwortlich gemacht, dass viele junge Pferde Verschleißerscheinungen am Bewegungsapparat zeigen. Besonders in der Diskussion ist dabei seit Jahren die Osteochondrosis (OC), zu der neben den Gelenkchips (Osteochondrosis dissecans, OCD) auch Entzündungen der Wachstumsfugen und Knochenzysten zählen. Eine ausgewogene Ernährung der Fohlen, insbesondere mit Mineralstoffen und Spurenelementen, kann das Auftreten von Knochenproblemen reduzieren. Der zweite Ernährungsfaktor, der die Gesundheit des Bewegungsapparats beeinflusst, ist die Wachstumsgeschwindigkeit. Bekommt das Fohlen über die Stutenmilch und später über die Zufütterung viel Energie zugeführt, wächst es schneller. Jedoch halten nicht alle Gewebe mit dem schnellen Tempo Schritt, so dass an den Gliedmaßen zwar das Längenwachstum der Knochen verstärkt ist, das Breitenwachstum jedoch nicht. Das führt dazu, dass beim Laufen und Toben eine starke punktuelle Druckbelastung auftritt, welche den Knochenverschleiß begünstigt. Und auch hier läuft es wieder auf eine ausgewogene Fütterung der Stute hinaus, zumindest beim Saugfohlen: Über die Fütterung der Stute werden die Inhaltsstoffe der Milch und damit das Wachstum des Fohlens beeinflusst. Deshalb ist es wichtig, dass der Züchter immer die Körperkondition von Stute und Fohlen im Auge behält und die Ration entsprechend anpasst.

schaftliche Erkenntnisse zum Mineralstoff- und Spurenelementbedarf von Zuchtpferden aufzugreifen. Nicht zuletzt versucht der eine oder andere Züchter, an der Fütterung von Stuten und Fohlen zu sparen und z.B. auf die Futtermittelanalyse oder hochwertiges Eiweißfutter zu verzichten. Doch das bedeutet, genau an der falschen Ecke zu knausern – denn nur sorgfältig gefütterte Fohlen werden zu Krachern, und nur sorgfältig gefütterte Stuten können Generationen an gesunden Fohlen liefern.

★ JORINDE BUCK

Die Milch macht's – was die Stute frisst, bestimmt, wie schnell das Fohlen wächst.

© Melissa Anne Galleries/istockphoto.com

ENERGIE- UND NÄHRSTOFFBEDARF LAKTIERENDER STUTEN

Empfehlungen für die tägliche Versorgung laktierender Stuten (500 kg) mit verdaulicher Energie (DE) und verdaulichem Rohprotein (vRp).

	1. Laktationsmonat	3. Laktationsmonat	5. Laktationsmonat
DE (MJ)	118,2	126,6	104,2
vRp (g)	1117	1108	774
Calcium (g)	55	55	42
Phosphor (g)	42	42	31
Magnesium (g)	14	13	12
Natrium (g)	14	14	12
Kalium (g)	38	36	31
Chlor (g)	45	45	44

Quelle: Prof. Dr. Manfred Coenen, Institut für Tierernährung, Universität Leipzig

Empfehlungen für die tägliche Versorgung laktierender Stuten (500 kg) mit Spurenelementen und Vitaminen.

	1. bis 5. Laktationsmonat
Kupfer (mg)	100
Zink (mg)	600
Eisen (mg)	900
Mangan (mg)	500
Selen (mg)	1,5
Vit A (IE)	75.000
Vit. E (IE)	1.000

IE = Internationale Einheiten

Quelle: Prof. Dr. Manfred Coenen, Institut für Tierernährung, Universität Leipzig

Pferdebetrieb

Das Profi-Magazin

| HOME | TESTABO | ARCHIV | WERBUNG / MEDIADATEN | IMPRE |

Wo bekommt man alles?

Aktuelle Ausgabe
Vorschau aufs Ponyparadies:

[28 Jul 2010 | Kein Kommentar |]

Freuen Sie sich auf die
nächsten Pferdebetrieb
einer Reitanlage in der
berichten. Darin erfahre
Fakten des Projekts: W
von der ersten Idee übe
möglicher Zuschüsse v
hin zum fertigen Reit- u
Sie in der nächsten Aus
Familie Kirner nehmen
einem Aktivstall, einer I
und vielen weiteren Hig
Menschen zu verwirklic

zum Artikel »

Unsere Rubriken

aktuelles
Rund um das Pferd – für die
Profis im Reitstall

praxis
Maschinentests, Know-how und
Praxistipps für den Pferdebetrieb

betrieb &
Die richtigen P
mehr für den F

aktuelles »
Dopingkontrollen für Reiter

[12 Aug 2010 | Kein Kommentar |]

Die Nationale Anti-Dopingagentur (NADA) führt ab sofort auch Human-Wettkampfk
durch. Bislang wurden die Reiter der olympischen Disziplinen Dressur, Springen u
Training kontrolliert. Die entsprechende Vereinbarung zwischen der Deutschen Re
(FN) und der NADA wurde im Rahmen des CHIO Aachen auf den Weg gebracht u

eb

RSS ↻ | Q▾ Klicken Sie rein!

ative Funktionen
hwungvollem Design.

schwarz-pferd.de

schwarz e d i t i o n
P F E R D E S P O R T

Top-Themen

reportage im
ir über den Bau
n Augsburg
e wichtigsten
n Ihnen den Weg
nung, den Bau,
und Ländern, bis
onsbetrieb. Lesen
elche Hürden die
um den Traum von
fluteten Reithalle
ür Pferde und

Online-Erfolgs-Paket zu gewinnen
[12 Jul 2010 | Kein kommentar |]

Zubehör-Test für Pferdeanhänger
[5 Jul 2010 | Kein kommentar |]

Bequem transportieren: Schubkarren im Test
[9 Jun 2010 | Kein kommentar |]

Im Test: Geräte für's Kehren und Saugen
[9 Jun 2010 | Kein kommentar |]

kt
, Tipps und
ofi

veranstaltungen
Termine und Infos zu den
wichtigsten Pferdeevents

service
Vom Probeabo bis zum

en im Pferdesport
seitigkeit nur im
en Vereinigung
finalisiert.

DIE WEIBER-HERRSCHAFT

Nach außen hin ist der Hengst das dominierende Element in der Pferdezucht. Er soll Exterieur und Interieur des Fohlens bestimmen und die Schwächen der Mutter ausgleichen. Dabei sind sich Züchter längst einig: Stuten prägen das Fohlen mehr. Das hat nicht nur soziale, sondern auch biologische Gründe.

Seltsam. Der Hannoveraner-Fuchswallach E.T., der unter seinem Reiter Hugo Simon 3,2 Millionen Euro Preisgeld im Springen gewann, hatte eine unverkennbare Blesse. Sie war breit und kreiste in der Nähe des rechten Auges ein Stück Fuchsfarbe wie ein rotes Ei ein. Da E.T. als Wallach keine Nachkommen zeugen konnte, ließ sein Besitzer ihm Gewebezellen entnehmen und davon in den USA einen Klon herstellen. 2006 kam „E.T. Cryozootech-Stallion" zur Welt, eine 100-prozentige genetische Kopie. Und dennoch trägt der „neue" E.T. eine normale dünne Blesse. Äußerst seltsam. Gehen wir davon aus, dass Vater und Mutter, Hengst und Stute, dem Nachwuchs je 50 Prozent an Erbgut liefern. Und gehen wir weiter davon aus, dass das Erbgut allein die Ausprägung, zumindest der körperlichen, Eigenschaften des Fohlens ausmacht. Dann dürfte dieser Klon keine veränderte Blesse haben. Dass er es doch hat, hat mit der Stute zu tun, die das Klonpferd austrug. Denn die embryonale Entwicklung der Zellen läuft nicht immer gleich – sie ist nicht nur vom genetischen Material, sondern auch von den Bedingungen abhängig, die im Uterus herrschen. Doch dazu später mehr.

Die Stute liefert mehr Erbgut

Grundsätzlich bekommt ein Fohlen je einen haploiden Chromosomensatz (siehe Kasten) von Hengst und Stute geliefert. Die Chromosomen sind aber nicht die einzigen Träger der Erbmasse DNA. Auch Mitochondrien enthalten eine kleine Mengen DNA. Sie sind die Hauptenergielieferanten für den Zellstoffwechsel. Auch die große Eizelle der Stute besitzt Mitochondrien, während die kleinen Spermazellen des Hengstes praktisch keine liefern. Daher erhält das Fohlen nur die mütterliche mitochondriale DNA – immerhin 2 Prozent der

Der „echte" E.T. (links) hat eine unverwechselbare Blesse. Sein Klon (rechts) trägt ein deutlich anderes Abzeichen.

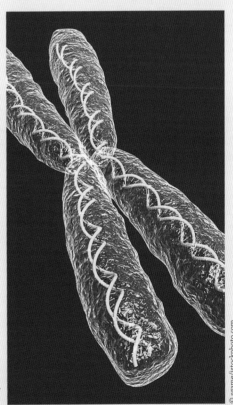

Computerbild eines Chromosoms. Im Inneren windet sich spiralförmig die DNA, die das Erbgut trägt.

gesamten zellulären DNA. In Wahrheit liefern also Hengst und Stute nur je 49 Prozent der Erbanlagen über die Chromosomen. Dazu kommen 2 Prozent über die mütterlichen Mitochondrien. Heißt im Klartext: Genetisch betrachtet liefert die Stute 51 Prozent Erbgut und der Hengst nur 49 Prozent.

Der Niederländer Jac Remijnse vom Stutbuch Zangersheide sagte kürzlich in einem Vortrag über die Bedeutung von Hengstlinien, Stutenstämmen und Vererberkombinationen: „Die Stuten geben die entscheidenden Merkmale zur Leistung weiter" – und erntete Zustimmung von sämtlichen anwesenden Züchtern. Auch dieser Erfahrungswert könnte mit der mitochondrialen DNA zu tun haben. Prof. Dr. Christine Aurich von der Veterinärmedizinischen Universität Wien sagt: „Mitochondrien sind die Kraftwerke der Zellen. Das könnte einen Einfluss auf Schnelligkeit, Leistung und Energie haben, der dann gezielt über die Stute vererbt wird." Wissenschaftlich bewiesen sei diese These aber nicht.

Sicher ist jedoch, dass zahlreiche Eigenschaften eines Individuums über sehr komplizierte genetische Vorgänge und mehrere Gene bestimmt werden. Bei diesem Vorgang werden nicht immer beide Erbanlagen von Mutter und Vater gleich „abgelesen". „Theoretisch können bei einem solchen Vorgang im Embryo die Gene an- oder abgestellt werden", sagt Aurich. „Die Umgebung im Uterus hat einen Einfluss auf diesen Prozess." Die Umweltbedingungen in der Gebärmutter werden bestimmt durch Haltungs- und Fütterungsfragen, sowie durch psychische Aspekte. Hat die trächtige Stute genügend Platz und Zeit zum Ausruhen? Bekommt Sie einwandfreies Futter? Atmet sie frische Luft? Ist sie körperlich gesund? Gerade bei Zuchtstuten ist

eine häufige Bewegung in den unterschiedlichen Gangarten für eine gute Durchblutung des Uterus vonnöten. Darüber hinaus muss genügend Platz für den Wälzvorgang vorhanden sein, da dieser für die Entwicklung des Fötus im Mutterleib von besonderer Bedeutung ist.

Stress wirkt sich bereits auf den Embryo aus

Horst Müller, mehrfacher DQHA Leading Breeder für Futurity- und Maturity Pferde vom Gestüt Drei Linden Hof in Hofbieber-Wiesen, achtet bei seinen tragenden

Ob ein Fohlen mehr oder weniger Temperament bekommt, hängt nicht nur von seinen Genen ab. Auch das Verhalten seiner Mutter während der Aufzucht spielt eine Rolle.

Stuten ganz instinktiv darauf, dass sie optimal gehalten werden. „Dazu gehört vor allem ein regelmäßiger Tagesablauf, regelmäßige Fütterung und genügend Ruhephasen. Um 17 Uhr ist bei uns Feierabend. In den meisten Privatställen hingegen geht dann noch mal so richtig der Trubel los", sagt Müller.

Ähnlich wie beim Menschen überträgt auch die Stute Stress über Hormone auf ihr ungeborenes Fohlen. Die Psychotherapeutin Inge Krens sagt: „Wenn die Mutter sich zum Beispiel ängstlich fühlt, werden vermehrt Stresshormone wie Adrenalin und Kortisol ausgeschüttet. Ihr Herz beginnt schneller zu schlagen, und möglicherweise wird die Sauerstoffzufuhr beeinträchtigt, weil Adrenalin die Blutgefäße der inneren Organe verengt. Alle Stoffe überschreiten ohne Probleme die Plazentaschranke und stimulieren im Fötus biochemisch die physiologische Reaktion auf genau dieses Gefühl von Angst und Furcht."

All diese Faktoren – und wahrscheinlich noch viele mehr – tragen zur Veränderung und Prägung des Embryos bereits in der Gebärmutter bei. Das betrifft nicht nur psychische, sondern auch körperliche Bereiche. Wie zum Beispiel die Blesse von „E.T. Cryozootech-Stallion". Die Anlage dafür hatten er und sein Erbgutlieferant 100-prozentig identisch. Doch die genannten Uterusbedingungen waren bei E.T.s Mutter anders als bei der Leihmutter seines Klons.

Ein weiteres Indiz für die Dominanz der mütterlichen Vererbung findet sich direkt in den Geschlechtschromosomen. Stuten besitzen zwei X-Chromosomen – eines von ihrer Mutter und eines von ihrem Vater. Hengste und Wallache dagegen ein X-Chromosom und ein Y-Chromosom – ersteres von ihrer Mutter und

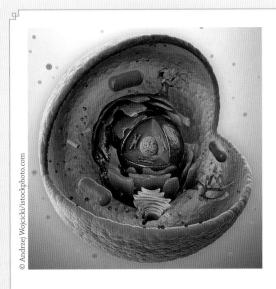

© Andrzej Wojcicki/istockphoto.com

Darstellung einer tierischen Zelle. Im Zellkern (Mitte) befinden sich die Chromosomen. Die Mitochondrien (blaue Ovale) haben im Inneren eine zweite Membran und tragen ebenfalls DNA.

Chromosomen sind Strukturen im Zellkern aller Lebewesen, die das Erbgut enthalten. Sie bestehen aus DNA und – als Grundbaustein – aus Proteinen. Pferde haben 64 Chromosomen in einer normalen Körperzelle. Dabei handelt es sich um 32 paarweise vorhandene Chromosomentypen. Teilt sich eine solche Zelle während einer Wachstumsphase, so verdoppeln sich zuvor sämtliche Chromosomen. Die beiden Tochterzellen erhalten wieder je einen gesamten Satz. Das nennt sich Mitose. Anders verhält es sich bei der Meiose, der Reifeteilung. Hier wird der Chromosomensatz halbiert. Eizelle und Spermazelle tragen beim Pferd also jeweils einen haploiden (einfachen) Chromosomensatz. Verschmelzen die Zellen bei der Befruchtung miteinander, so entsteht wieder ein diploider (doppelter) Satz.

DNA ist die Kurzbezeichnung für Desoxyribonukleinsäure. Sie ist die Trägerin der Gene, also der Erbinformationen. Bei allen Menschen, Tieren und Pflanzen befindet sich der Hauptteil der DNA in den Chromosomen. Ein kleiner Teil davon sitzt jedoch in den Mitochondrien und – bei Pflanzen – in den Chloroplasten.

Mitochondrien kommen in den Zellen aller Lebewesen vor. Sie fungieren als Energiekraftwerke, da sie der Zelle energiereiche Moleküle zur Verfügung stellen. Besonders viele Mitochondrien befinden sich deshalb in Muskel- und Nervenzellen mit hohem Energieverbrauch. Da sie im Plasma schwimmen, werden sie bei der Befruchtung fast ausschließlich von der großen, plasmareichen Eizelle weitergegeben. Die wenigen aus der Spermazelle importierten Mitochondrien werden zum Großteil von der befruchteten Eizelle eliminiert.

Rezessive und dominante Erbgänge treten bei der Vererbung einer bestimmten Eigenschaft auf. Eine dominante Eigenschaft setzt sich gegenüber der rezessiven durch. Damit beispielsweise eine Krankheit rezessiv vererbt wird, muss die Anlage dafür sowohl von der Stute als auch vom Hengst weitergegeben werden. Nur dann bricht die Krankheit beim Fohlen aus. Gibt nur ein Elternteil die Anlage weiter und das andere liefert ein „gesundes" Nicht-Träger-Chromosom, so trägt das Fohlen die Krankheit zwar weiter, doch sie bricht bei ihm selbst nicht aus.

letzteres von ihrem Vater. Während das weibliche X-Chromosom sehr groß ist und damit auch viele genetische Informationen beherbergt, ist das männliche Y-Chromsom vergleichsweise klein. Die Vererbungsexpertin Dr. agr. Dr. agr. habil. Ines von Butler-Wemken schreibt in einer Abhandlung über den Einfluss von Stuten in der Zucht: „Auf dem X-Chromosom können nun Erbanlagen liegen, welche dann beim Hengstfohlen, auch bei rezessivem Erbgang, schon in einfacher Kopie direkt wirksam werden. So wird zum Beispiel die Erbinformation zur Bluterkrankheit (...) mit nur einem X-Chromosom von der Stute an das dann kranke Hengstfohlen übertragen. Stuten sollten dagegen zwei solche X-Chromosomen mit dem Erbdefekt besitzen, sie also von der Mutter und von dem Vater erhalten haben, um nicht nur Krankheitsträger, sondern auch selbst von der Krankheit betroffen zu sein. Hinweise auf eine weitere solche X-Chromosom gebundene Erbkrankheit liegen beim Pferd für das Wobbler-Syndrom, eine Gleichgewichtsstörung, vor." Das bedeutet: Stuten geben gewisse Krankheiten über ihr X-Chromosom weiter. Doch nur beim Hengstfohlen bricht die Krankheit aus. Stutfohlen kompensieren das Problem durch ihr dominantes zweites X-Chromosom.

„Das Verhalten der Stute wird vom Fohlen kopiert!"

Das ist noch nicht alles. Bereits im Jahr 1938 fanden die Tierzuchtwissenschaftler Walton und Hammond heraus, das Stuten auch die Größe des Fohlens bestimmen. Für Ihre Studie kreuzten sie Shire-Horses und Shetlandponys miteinander. Die Fohlen aus den Kaltblut-Stuten und den Ponyhengsten hatten bereits bei der Geburt ein deutlich höheres Körpergewicht und wurden auch später größer als die Fohlen aus den Ponystuten und den Kaltblut-Hengsten. Ähnlich verhält es sich bei Hybriden aus Pferd und Esel. Das Maultier ist von der Größe und vom Exterieur seiner Pferdemutter ähnlicher, der Maulesel hingegen seiner Eselsmutter.

Bei Genetik und pränatalen Einflüssen hört die Weiberherrschaft aber noch lange nicht auf. Auch nach der Geburt prägt die Stute ihr Fohlen. „Das Verhalten der Stute wird vom Fohlen oft kopiert", sagt Johannes Orgeldinger, Besitzer der Jomm-Ranch in Großwallstadt und einer der führenden American-Quarter-Horse-Züchter in Europa. „Ist die Stute das Leittier ihrer Herde, so wird ihr Fohlen häufig ebenfalls der Boss seiner Fohlengruppe." Müller vom Gestüt Drei Linden Hof hat die gleiche Erfahrung gemacht. „Die Fohlen ahmen die Mimik der Stute nach und äppeln sogar in die gleiche Ecke wie sie", sagt er. „Insgesamt schreibe ich der Stute 60 Prozent des Vererberpotentials zu und dem Hengst nur 40 Prozent." Das gelte nicht nur für seine herausragenden Stempelstuten wie Marlana Glow und Magic Obsession, sondern für alle Quarterstuten, mit denen er je gezüchtet hat. Gerade deshalb sei es so wichtig, bei der Zucht auf die Auswahl der Stute zu achten. Die internationale Männergesellschaft hat vor allem unter Amateurzüchtern für die sehr verbreitete Auffassung gesorgt, dass in erster Linie der Hengst für eine gute Nachzucht sorgt. Orgeldinger glaubt außerdem: „Viele Leute schauen nicht so sehr auf die Stute, weil es ihre eigene ist. Da wird vieles schöngeredet. Beim Hengst gucken sie dann plötzlich viel genauer."

Orgeldinger und Müller sind sich einig, dass der größte Einfluss, den die Stute auf ihr Fohlen nimmt, auf soziale Aspekte während der Fohlenaufzucht zurückzuführen ist. Bei aller züchterischer Erfahrung warnt Aurich jedoch davor, die genetischen Faktoren zu unterschätzen. Neuere Untersuchungen an Leihmüttern und deren über Embryonentransfer entstandenen Fohlen haben gezeigt, dass selbst Charakter und Persönlichkeit eines Pferdes stark von der Genetik geprägt werden. „Die Leihmutter hat zunächst eine gewisse Vorbildfunktion", erklärt die Veterinärwissenschaftlerin. „Langfristig sieht man aber, dass die genetischen Einflüsse immer wieder durchkommen."

Am Ende dominiert die Genetik

Im Schweizer Nationalgestüt in Avenches grast eine eigene Herde von Freiberger-, Warmblut- und Traberstuten, um fremde Embryonen auszutragen – und zu Forschungszwecken. Die Besitzer der Transfer- Nachkommen werden regelmäßig nach den Eigenschaften ihrer Pferde gefragt. Sie sollen Nervosität, Sozialverhalten und Bewegungsdrang der Tiere bewerten. Dabei kam heraus, dass emotionale Qualitäten und Herdentrieb kaum von der Leihmutter beeinflusst werden. Die für ein Sportpferd entscheidende Bewegungsfreude ist zu zwei Dritteln genetisch festgelegt, also von der Mutter vererbt. „Der Einfluss der Empfängerstute scheint minimal zu sein", sagt der Veterinärmediziner Dominique Burger, zuständig für die züchterischen Belange in Avenches. Ähnliche Ergebnisse hätten auch die Arbeiten des britischen Forschers William Allen erbracht. Er hatte einer Pferdestute einen Zebra-Embryo eingepflanzt. Das kleine Zebra ließ sich von seiner braven Pferdemutter nicht beeindrucken und war vom Tag seiner Geburt an ein unzähmbares Wildtier.

Neben ihrem Gebäude, Leistungen und Verhalten sollte eine Zuchtstute auch nach ihren weiteren mütterlichen Eigenschaften ausgewählt werden. Dazu gehören zum Beispiel die nachgewiesene Fruchtbarkeit und eine hohe Laktationsleistung. Auch das Volumen der Gebärmutter spielt eine Rolle. Wie bereits erwähnt, bekommen kleine Stuten auch kleine Fohlen. Außerdem ist das erste Fohlen einer Stute meist kleiner als die nächsten. Auch ein hohes Alter der Stute bedinge häufig „mickerige Fohlen", so Aurich.

Wichtig ist außerdem, dass eine Stute gezielt als Zuchttier ausgesucht wird und nicht wegen Krankheit oder einer geplatzten Karriere als Sportpferd in die Mutterrolle gedrängt wird. Zahlreiche Krankheiten wie die Neigung zu Gelenkchips, Hufrolle, Spat, Dämpfigkeit, Kehlkopfpfeifen und Sommerekzem schließen Stuten eigentlich von der Zucht aus, da sie zumindest als Veranlagung an die Fohlen weitergegeben werden können. Absolut ungeeignet für die Zucht sind Stuten mit Erbdefekten wie etwa HYPP (hyperkaliämische periodische Paralyse) beim American Quarter Horse. 50 Prozent aller Nachkommen von HYPP-Pferden erben das Gen und werden mehr oder weniger stark erkranken (siehe Kasten „Gentests").

Fazit

Abschließend ist zu sagen, dass eine erfolgreiche Anpaarung letztendlich immer von beiden Elternteilen abhängt. Auch die beste Stute wird mit einem mittelmäßigen oder schlechten Hengst kaum eine überzeugende Nachzucht liefern. Stutenbesitzer tun deshalb gut daran, beim Betrachten ihres zukünftigen Muttertiers die rosa Brille abzunehmen und sich über Zuchtkriterien, Vererbung und Hengstauswahl schlau zu fragen. Ist einmal der perfekte Mann zum Superweib gefunden – dann macht Züchten Spaß.

★ REGINA KÄSMAYR

Jeweils ein bestimmter Abschnitt der DNA wird Gen genannt. Labortests können herausfinden, ob ein Pferd ein bestimmtes Gen trägt oder nicht.

Gentests können klären, wie hoch die Wahrscheinlichkeit ist, aus einer bestimmten Stute und einem bestimmten Hengst ein gesundes oder krankes Fohlen zu erhalten. Beide Eltern können Mutationsträger sein, obwohl die Krankheit bei Ihnen selbst nicht ausbricht. Die Wahrscheinlichkeit, dass ein solches Elternpaar ein krankes Fohlen zeugt, liegt bei 1:4. Bei bereits kranken Eltern und dominanten Erbgängen steigt die Wahrscheinlichkeit signifikant an.

Für Deckhengste und Zuchtstuten ab Geburtsjahrgang 1989 und jünger sind von der AQHA anerkannte DNA-Tests zur Abstammungsbestimmung Pflicht. Nachkommen des Hengstes Impressive müssen sich außerdem einem Test auf die in dieser Linie vererbte Krankheit HYPP unterziehen – es sei denn, beide Elternteile sind bereits negativ (n/n) getestet. Lohnenswert ist bei Zuchttieren auch ein Test auf PSSM, eine Stoffwechselerkrankung, die zu kreuzverschlagähnlichen Symptomen führt und ein Test auf GBED, einen Erbfehler bei American Quarter Horses und American Paint Horses, der zu Trächtigkeitsverlust und Totgeburt führen kann. Nicht ausschließlich, aber überwiegend betrifft auch die Krankheit HERDA Westernpferde. Sie verursacht Hautdefekte, besonders am Rücken, die die betroffenen Tiere unreitbar machen. American Paint Horses sollten außerdem auf OLWS getestet werden. Der tödliche weiße Overodefekt kann nicht lebensfähige Fohlen zur Folge haben. Der Test macht nicht nur für Overos Sinn, sondern auch für andere Schecken, wie Tobianos, da nicht jeder Mutationsträger äußerlich aufgrund seiner Scheckung zu identifizieren ist.

Die AQHA erkennt für den klassischen DNA-Test zur Abstammungsbegutachtung und den Test auf HYPP nur Tests an, die aus dem Labor der Universität von Kalifornien stammen. Die Test-Kits für eine Haarprobe können bei der DQHA bestellt werden und kosten zwischen 36 und 75 Euro (nur DNA-Test). Das HYPP Test-Kit kostet für DQHA-Mitglieder 45 Euro, für Nicht-Mitglieder 65 Euro. Ein zusätzlicher PSSM-Test kostet 67,50, bzw. 90 Euro. Alle anderen Gendefekte oder die genetischen Grundlagen der Fellfarbe können auch in Deutschland untersucht werden.

MITARBEITER AM BUCH

Rosina Jennissen

Sabine Wiencirz

Dr. Sabine Anders

Sabine Konhäuser

Daniela Lindner

Melanie Hahn

Susanne Krabbenhöft

Birgit Meinl

Christina Hubmann

Regina Käsmayr

Ramona Billing

Dr. Hedi Dessureault

Petra Roth-Leckebusch

Carola Steen

Jessica Kaup

Jorinde Buck

Alexander Engel

Christine Hartmann und Marlen Blaube

Burkhard Müller

ZIPPO PINE BAR

Er ist Western Pleasure Legende: der große Zippo Pine Bar. Der 1998 verstorbene Hengst prägte die Western Pleasure Industrie wie kein Zweiter und war zehn Jahre lang in Folge AQHA Leading Sire of Performance Horses.